现代智慧图书馆知识服务研究

王光辉 ◎ 著

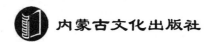

内蒙古文化出版社

图书在版编目（CIP）数据

现代智慧图书馆知识服务研究 / 王光辉著. -- 呼伦贝尔：内蒙古文化出版社，2023.5

ISBN 978-7-5521-2282-4

Ⅰ.①现… Ⅱ.①王… Ⅲ.①数字图书馆—图书馆服务—研究 Ⅳ.①G250.76

中国国家版本馆CIP数据核字(2023)第088320号

现代智慧图书馆知识服务研究

王光辉　著

责任编辑	黑　虎
装帧设计	万瑞铭图
出版发行	内蒙古文化出版社
地　　址	呼伦贝尔市海拉尔区河东新春街 4 付 3 号
直销热线	0470-8241422　　邮编　021008
印刷装订	天津旭丰源印刷有限公司
开　　本	787mm×1092mm　1/16
印　　张	13.25
字　　数	209千
版　　次	2024 年 10 月第 1 版
印　　次	2024 年 10 月第 1 次印刷
标准书号	978-7-5521-2282-4
定　　价	78.00 元

前　言

　　图书馆承担着保存人类文化遗产、为大众提供多样化公共服务的重任。随着"互联网＋"浪潮的兴起，图书馆应当顺应数字时代潮流，充分利用馆藏资源优势，借助互联网技术实现服务创新性转型，由传统服务向智慧服务发展。智慧型图书馆既不是数字图书馆，也不是移动图书馆。数字图书馆和移动图书馆是智慧型图书馆的基础，智慧型图书馆是图书馆发展的顶级形态。打造公共图书馆智慧服务将是图书馆服务方式变革、服务理念创新、内部管理形态转型的一场革命。图书馆智慧服务的实现离不开互联网平台的支持，众多图书馆都在积极探索基于互联网平台的服务模式。在智慧系统平台环境下，读者、馆员、资源、文献等之间的互动过程，不仅为图书馆数据的采集、积累和分析提供了基础，而且为图书馆的后续文献采购及规划、读者服务优化与改进、信息发布与管理决策等工作提供了更为科学、准确的依据。

　　随着社会的不断发展，人们生活水平的不断提升，读者的实际知识需求也发生了很大的变化，为了进一步满足当前读者的实际阅读需求，就要不断提升智慧图书馆的知识服务水平。本书从智慧图书馆的基础理论入手，针对智慧图书馆的技术及设计、智慧图书馆馆员队伍建设进行了分析研究，另外对智慧图书馆个性化服务、智慧图书馆移动服务模式及智慧图书馆知识服务做了一定的介绍，还对智慧图书馆知识服务延伸、情境建构及数字时代出版机构与图书馆知识服务融合做了简要分析，旨在摸索出一条适合现代智慧图书馆知识服务工作创新的科学道路，帮助其工作者在应用中少走弯路，运用科学方法，提高效率。

　　本书写作过程中，参考和借鉴了一些知名学者和专家的观点，在此向他们表示深深的感谢。由于水平和时间所限，书中难免会出现不足之处，希望各位读者和专家能够提出宝贵意见，以待进一步修改，使之更加完善。

目　录

第一章　智慧图书馆的基础理论

第一节　智慧图书馆的基本概念

一、智慧图书馆的起源

智慧图书馆的理论与实践起源于国外。最先将智慧图书馆应用到实践中的是一个名为"Smart Library"的图书馆联盟，其于2001年前后在加拿大渥太华建立。2001年10月，全球第一个"智慧图书馆网络"诞生，由澳大利亚昆士兰州立图书馆建立，旨在通过智慧图书馆的建设将物理与虚拟空间结合起来。2002年，新加坡图书馆成为全球首个使用无线射频识别（Radio Frequency Identification，简称RFID）技术的图书馆。2004年，北美地区就有超过130家图书馆使用RFID技术。可见智慧图书馆在国外的发展速度非常快，已经得到了广泛的关注。

智慧图书馆的理论研究，与实践相比稍显滞后。"智慧图书馆"的概念最早由芬兰奥卢大学图书馆的Aittola在其论文中提出。Aittola对"智慧图书馆"这个概念进行了阐述，指出智慧图书馆是借助新技术，如RFID技术、计算机网络技术和人工智能技术等，将传统的图书馆服务智慧化，从而使传统的图书馆服务成为不受时空限制、容易被感知的移动图书馆服务。2004年，拥有技术背景的Mark C.Miller公司指出智慧图书馆将软件质量工程和科学计算等技术应用到图书馆中，从而降低了读者与图书馆出错的概率，提升了他们的辨别及纠错能力。2004~2008年，国外关于智慧图书馆的理论探讨并不多，直到IBM于2008年11月发表了关于"智慧地球"的演讲，人们才开始对"智慧"这个概念投入广泛的关注。随后，2009年美国的学者Repanovici和Turcanu在第八届人工智能、知识工程和数据库国际会议上发表了报告，认为 RFID 技术将给图书馆服务带来巨大改变，让图书馆变得更智慧。

随着人们对智慧地球建设的重视，"智慧"一词已经深入各个领域，比如智慧城市建设等。智慧城市又涵盖了智慧医疗、智慧交通、智慧社区等方方面面，智慧图书馆不仅是智慧城市建设的重要组成部分，也是技术驱动发展的必然结果，已经得到了社会各界的普遍认可与支持。

二、国内关于智慧图书馆定义的主要观点

在"智慧图书馆"概念提出之前，国内有相关学者已对智能图书馆进行过研究。我国最早对智能图书馆进行研究的是学者张洁和李瑾，提出智能图书馆是将智能技术应用在图书馆建筑中的产物，也是图书馆建筑与数字图书馆相结合的产物。持有类似观点的还有学者陈鸿鹄，他指出智能图书馆是应用智能技术的现代化建筑，是智能建筑与数字图书馆的有机结合与创新。这些研究基本上将智能图书馆理解为在传统图书馆上应用智能技术的智能建筑。这种表述认识到智能技术对图书馆的驱动作用，并能不断推动图书馆向前发展，但该表述由于受到时代的局限，仅从图书馆智能建筑的角度进行论述，尚未涉及图书馆服务，也未提到智慧化图书馆建设。

智慧图书馆以一种更智慧的方法，通过利用新一代的信息技术来改变读者和图书馆系统、信息资源交流的方式，以便提高交流的明确性、灵活性和响应速度，从而实现智慧化服务和管理的图书馆模式。智慧图书馆——图书馆＋物联网＋云计算＋智慧化设备。它通过物联网来实现智慧化的服务和管理，这是国内首次对智慧图书馆概念进行系统论述，开启了我国智慧图书馆研究的热潮。

我国许多学者对智慧图书馆进行了大量的研究，并对该概念提出了自己的见解，认为智慧图书馆就是在原有数字图书馆的基础上，借助现有的信息技术、物联网等，通过具有专业技能的高素质馆员的复杂操作，来为读者提供智慧化服务。智慧图书馆的研究成果虽多，但尚未形成统一的定义，研究者往往根据自己的观点结合实际从不同角度给出不同的定义。本书将智慧图书馆的定义概括为以下几种。

（一）感知论

感知论的研究者着重强调智慧图书馆的可感知性。感知论重点突出利用物联网等感知技术让图书馆的建筑环境、文献资源以及读者等主要构成要素，能够实时主动地获取相关感知数据。智慧图书馆是感知智慧化与管理平台、数字图书馆服务智慧化的综合体，能实现人与人、人与物、物与物直接的对话。学者陈巧莲认为智慧图书馆能为读者提供一种无处不在的智能服务环境，包括图书馆的各种关键数据能被及时感知与妥当处理。这些关键数据包括图书馆的建筑环境、文献资源、读者和设备资产等。天津交通职业学院计算机系学者侯松霞对智慧图书馆的理解与陈巧莲的比较相似，认为智慧图书馆是数字图书馆发展到比较高级的一种形态，能利用 RFID 在内的多种智能技术，对分散的各种图书馆要素进行深度感知，并进行系统化服务和管理。她认为图书馆涉及的要素包括读者、各种形态的馆藏资源、图书馆工作人员和建筑设施等。内蒙古自治区文史研究馆馆长乌恩认为人物互联是智慧图书馆建设中最核心的环节，智慧图书馆是在该感知的基础上，在以 RFID 为代表的物联网环境下，以云计算为基础，结合智慧化设备，为读者提供智慧化服务。中国图书馆学会编译出版委员会委员邱均平认为智慧图书馆就是对资源和读者的感知，同时提供智慧化服务。学者胡海燕将智慧图书馆理解为流程化，先对读者需求的信息进行感知、捕捉和统计分析，再对其提供快速高效的智慧化服务。中国图书馆学会学术研究委员会委员王新才认为智慧图书馆就是在无须人工干预的状态下，实现图书馆的管理与服务的智慧化。感知论较具有代表性，是我国智慧图书馆研究学者关注较多的一种观点。

（二）智能技术论

智能技术论重点突出在智能技术下，以物联网为基础的设备、系统、流程之间的互联互通。因为智慧图书馆概念本身是由技术发展驱动而来的，所以智能技术论也得到了一些研究学者的关注。学者韩丽认为智慧图书馆最重要的是能利用物联网技术主动感知读者需求，并提供智慧化服务与管理，这是数字图书馆发展的终极目标与高级形态。智慧图书馆是融合技术、馆员、读者、服务与资源于一体的智慧协同体。

（三）人文服务论

人文服务论重点阐述图书馆馆员在利用新技术解决问题方面的主观能动性，突出了人在构建智慧图书馆中的重要作用。中山大学教授王世伟认为"智慧图书馆"具有以下特征：一是以数字化、网络化、智能化为技术支撑；

二是具有互联互通、高效快捷的沟通协调能力；三是追求数字惠民与绿色发展；四是整合集群与协同、服务泛在和跨越时空；五是具有模式创新和可持续性。从宏观与微观两方面探究智慧图书馆建设，即思想与技术属于宏观方面，资源建设与读者服务属于微观方面。学者朱强认为智慧图书馆是图书馆发展的新形态，是基于新的信息技术、能体现人工智能的一个知识服务系统。智慧图书馆——图书馆馆员＋智能建筑＋信息资源＋智能化设备＋云计算，其中图书馆馆员由技术专家和人文学者构成，可通过智能化设施充分利用各种信息资源。

（四）要素论

要素论重点研究构成智慧图书馆客观事物的存在基础以及维持其产生、发展、变化等运动的必要的基本系统单位，目前智慧图书馆主要有"三要素论"和"五要素论"。河北大学刘丽斌是智慧图书馆"三要素论"的提出者，他认为智慧图书馆由人、资源、空间三种要素组成，其中"人"这个要素处于最核心的位置，"资源"与"空间"两个要素是基本点。在"三要素论"中，技术是基础，服务是灵魂，通过技术改善服务。"五要素论"由学者陈进提出，他认为智慧图书馆应包含五大要素，包括资源、服务、技术、馆员和读者。其中在资源要素中，智慧图书馆必须做到多元、高效和优质，即为读者提供快、准、好的各种馆藏资源；在服务要素中，智慧图书馆必须做到智能、泛在和感知，即要感知读者需求，并随时提供智慧化服务；在技术要素中，智慧图书馆必须做到精准、智能和快捷，即要通过技术提升服务效率；在馆员要素中，智慧图书馆要做到专业、敬业和创新，即要求馆员利用新技术提供创新性服务；在读者要素中，智慧图书馆要具有实用性、协同性和敏锐性，即确保读者能乐于使用系统与图书馆进行协同互动。

（五）综合论

综合论并没有从单一角度对智慧图书馆进行定义，而是综合考虑了资源、服务、技术、物理实体等多种因素。我国资深图书馆学专家初景利教授并未对智慧图书馆作出明确定义，他认为数字图书馆、新型图书馆的核心内涵是智慧图书馆，这也是未来图书馆发展的最高形态，并驱动图书馆向前发展。对智慧图书馆的理解，图书馆研究馆员刘煜赞认为这是在复合图书馆基础上的一个更高级形态，智慧图书馆以信息技术和智能设备为基础，可实现图书馆内的人、文献、设备、建筑之间的互联互通，从而达到向读者提供智慧化服务的目的。学者孙利芳对智慧图书馆的概括更为全面，认为智慧图书馆的目的是让读者享受到图书馆的"5A"服务，即任何人（Anyone）、任何时候（Anytime）、任何地点（Anywhere），通过任何方式（Anyway），得到任何服务（Any service），其核心要素是智慧馆员、读者、管理与发现，手段是先进的技术设备。学者李玉海认为智慧图书馆是虚拟图书馆与现实图书馆的有机融合，通过信息化技术将图书馆的专业管理与智能设备的感知相融合，从而为读者提供快、准、好的各项资源和经过深加工的专业知识服务，让读者享受到智能空间和文化空间。

通过以上分析可知，我国关于智慧图书馆的认识包括感知论、智能技术论、人文服务论、要素论和综合论。这些仅仅是依据学者对智慧图书馆认识的不同角度进行划分的，并不是以文章发表的先后顺序进行划分的。也就是说，我国智慧图书馆的研究并不是经历了从感知论到智能技术论，又到人文服务论、要素论，再到综合论的发展阶段。但从文章发布的时间来看，我国对智慧图书馆的研究的确经历了由浅入深、从个体到整体、从局部到综合，以及从致力于智能化建筑实体研究到提供系统化、专业化智慧服务的转变过程。这也是我国智慧图书馆研究范畴不断向外延伸、扩展的见证，涉及的技术与理念不仅越来越先进，而且越来越综合。一般认为，图书馆经历了两次重大转型：一是传统纸质藏书的物理图书馆向数字图书馆的转变；二是数字图书馆向智慧图书馆的转变。目前，国内外图书馆正在不断努力向第二阶段转变。

三、对智慧图书馆定义的修正

（一）智慧图书馆的定义

随着技术的不断革新，智慧图书馆的定义也应是动态的、与时俱进的。因此，对智慧图书馆的定义不能简单地从某个独立的微观层面或单维度出发，还要结合多因素、多层面，从更高的宏观角度出发进行研究和诠释。同时，智慧图书馆的定义并不是固定的，由于时代的发展，其定义的正确性应从当下环境中进行分析，而历史上的定义可作为参考。

智慧图书馆是图书馆馆员通过物联网、人工智能、大数据、云计算等信息技术或智能设备，实现对读者与图书馆所有资源、设施的全面感知和智慧化管理，并向读者提供泛在、高效、便利的智慧化服务的图书馆模式。

1. 新定义的诠释

该定义也是智慧图书馆"五要素论"的延伸，明确了技术、读者、馆员、资源和服务是智慧图书馆的核心要素。其中，技术是途径，是手段；资源是前提，是基础；馆员和服务是核心，是关键。信息技术不再仅限于当下流行的移动互联网技术、RFID 技术和物联网技术，还包括现有的人工智能技术，第五代移动通信技术（简称 5G）、云计算技术、大数据技术、区块链技术等新兴技术，以及将来所运用的未知的更成熟的技术和设备。读者与资源的全面感知和交互具有明确性，揭示了资源推送的个性化和精准化，体现了智慧图书馆便利的特点，明确提出了智慧服务泛在、高效、便利的特点。智慧服务和管理是这些要素的中枢，是智慧图书馆的关键所在，具有服务效率高效化、服务对象泛在化、服务内容多样化、服务方式智慧化等特点。

2. 本定义与其他学者定义的差异

国内对智慧图书馆的定义众说纷纭，莫衷一是。但从近几年智慧图书馆的定义来看，它们越来越类似，基本内容、框架大体相同。学者普遍认为智慧图书馆是在新时期借助信息处理技术，对图书馆中的大量数据进行收集、存储与管理，向读者提供无时空限制服务的图书馆模式。这里涉及的信息处理技术主要包括大数据技术、云计算技术、物联网技术和互联网技术以及信息识别技术等。智慧图书馆建设的目的是更好地为读者提供服务，所以智慧服务必须是智慧图书馆的核心所在。智慧图书馆的一切技术都应紧紧围绕服务来进行，这也是智慧图书馆的价值。智慧图书馆的建设需要借助当下主流的各种信息技术，这些技术既是手段，也是途径。这些技术的升级能帮助图书馆更好地感知读者需求，挖掘他们潜在的需求，并给予及时的回应，从而使智慧图书馆成为由图书馆馆员的智慧加上物的智能而形成的一种新形态。

结合国内外其他学者的定义，智慧图书馆的核心是构建覆盖所有资源的智慧管理体系，借助先进的信息技术设备，实现图书馆高质量、高效性的智能化管理。在智慧图书馆的定义中，人的因素越来越重要，这充分体现出以人为本的核心要义，毕竟智慧图书馆建设的出发点与归属点都是人，即为了让馆员更好地为读者服务。智慧图书馆的建设是为了让馆员与读者之间有更好的沟通和协同感知，使得馆员的服务更便捷、更专业，读者的阅读体验更好，从而体现阅读服务的智慧化和个性化，让图书馆成为一个可持续发展的场所。

这些智慧图书馆的定义各有侧重，但都离不开信息技术。毕竟技术驱动着人类向前发展，正所谓科技是第一生产力，离开了技术，便谈不上智慧图书馆的建设。因此，信息技术是智慧图书馆的要素之一。除了技术，资源、服务与管理也是智慧图书馆建设的要素。资源是图书馆赖以生存与发展的基础，也是图书馆历史文化传承作用的体现，没有资源，智慧图书馆就失去了发挥作用的对象。服务是馆员面向读者的单向输出，是图书馆社会价值所在，也是智慧图书馆建设的关键所在。管理是图书馆服务的系统整合，只有实现了管理的智慧化，才能实现服务的智慧化。因此，我国有关智慧图书馆的定义基本上都包含以上几个构成要素。随着科学技术日新月异的发展，智慧图书馆所采用的技术已改变，由此带来的服务方式也发生了转变。这是技术发展的结果，也是时代进步的体现，但总体来说，随着时代的发展、技术的改进，智慧图书馆的定义也在更新和深入。智慧图书馆的理论基础在不断发展、更新和完善中，并逐渐演变成一个新的科学体系。

3. 对智慧图书馆定义的深度认识

智慧图书馆不是对现有图书馆形态的完全否定，而是基于服务支撑技术、人员和空间等各要素的不断发展，对现有图书馆形态的全面升级和发展。在社会快速发展的背景下，探讨智慧图书馆的核心问题既是图书馆内在发展的要求，也是出于现实的紧迫性，只有与时代发展保持同步、能推动并引领社会发展的图书馆，才能焕发出生机和活力，才能称得上是智慧的。智慧图书馆是虚拟图书馆与实体图书馆的有机结合体，可为读者提供5A服务。"虚"即虚拟，指读者可随时随地利用图书馆，不必考虑其物理存在；"实"即实体，指在提供智能化图书馆文献服务和空间服务等业务时，智慧图书馆又是一个实体建筑，它既可以是新建馆舍，也可以是现有图书馆的改造升级。在其设备和技术构成中，物联网实现感知功能，大数据、区块链支持记忆功能，智能计算支持思考分析与判断功能。智慧图书馆的出发点与落脚点都是为读者提供智慧化服务，这种服务类似于人工知识信息服务，甚至超越人工知识信息服务。

智慧图书馆的建设并不是对现有图书馆的全盘否定，而是对现有图书馆的改进与提升。智慧图书馆应更好地体现图书馆的基本职能,充分发挥其核心价值。随着时代的发展,技术在不断进步,读者的需求也在不断变化,对图书馆也提出了更多、更高的要求。读者需求的变化,要求的提高,传统图书馆很难回应,这也是智慧图书馆发展的动力源泉。

智慧图书馆就是利用新技术对整个图书馆的各环节进行改进与提升。在建筑设施和设备方面,利用先进的技术使图书馆建筑更加智能,让读者畅游在一个现代化、智能化十足的阅读空间中。

在资源建设方面,能够通过大数据分析,了解读者的阅读习惯,挖掘读者的潜在需求,从而对纸质图书与电子资源的采购起到指引作用,比读者需求更早一步,全面掌握服务对接的主动性。

在业务管理方面,通过智能化设备的管理,感知图书馆各种设备的运行状态,实现远程设备调试,并依据人流量的热感应对读者人群进行引导,特别是在节假日期间,人流管理显得尤其重要。

在读者服务方面,智慧图书馆能提供的帮助相当多:一是通过大数据分析,了解读者需求,并为读者提供个性化信息服务;二是通过地理信息系统和热感应系统将读者需求与馆藏资源位置进行对接,帮助读者快速找到所需资源;三是读者能及时方便地将遇到的问题向系统反馈,与馆员进行无障碍沟通。

因此,新兴技术的介入是智慧图书馆建设的前提,确保了智慧图书馆的发展;为读者提供以人为本的服务是智慧图书馆建设的终极目标和核心,也是其不断发展的原动力;协同共享是智慧图书馆在业务管理能力上的体现,也是智慧服务的保障。

新兴技术的出现,对传统图书馆来说是个好消息,它驱动了图书馆朝着更加智慧的方向发展,帮助图书馆抓住读者需求,从而更为精准地满足读者需求。在智慧图书馆之前,读者的一些需求即使能被图书馆发现,也没办法被满足。由此可见,智慧图书馆提升了服务水平,更好地传承了历史文化,正如一个生长着的有机体一样,实现了图书馆的可持续发展。

第二节　智慧图书馆的基本特征

一、智慧图书馆与数字图书馆、复合图书馆、智能图书馆、融合图书馆的比较研究

（一）智慧图书馆与数字图书馆之比较

研究数字图书馆的文献最早出现在 1992 年，而早在 20 世纪中期，数字图书馆的概念便已萌芽。数字图书馆是随着计算机的出现而开始萌芽的。要想数字化，就必须借助计算机，计算机的出现使数字图书馆的出现成为可能。对数字图书馆有许多不同的称呼，如网上图书馆或者虚拟图书馆等，这是与传统图书馆相对应的称呼。数字图书馆与传统图书馆相比具有以下特征：一是必须依赖于互联网而产生；二是能对传统图书馆的各种信息资源进行数字化编码，再加以存储，从而比传统图书馆更容易检索和利用；三是能提供参考咨询和信息资源服务等相对基础的服务。

与传统图书馆相比，数字图书馆具有优越性，如能对各种馆藏资源进行数字化处理，能实现信息传递的网络化，因信息可同时重复使用而具备信息共享特性，能对信息实体进行复合处理等。但数字图书馆与智慧图书馆相比，还有许多不足，可以从以下几点进行对比分析。

1. 数据采集方式

智慧图书馆基于互联网编码感知，向感知对象提供知识描述，而数字图书馆则直接使用数字编码技术开展资源的电子化、数字化。智慧图书馆能够通过对碎片信息的重新组合、联系，将相互独立的各个领域的文献与读者或馆员的信息形成关联，实现前台读者与后台馆员的智慧关联，从而对读者群体的感知更为智慧、更为宽广。而数字图书馆的对象则具有孤岛效应，与外部领域并不相连。因此，数字图书馆是一种孤岛状态，而智慧图书馆则是全域覆盖。这两种数据采集方式的差异还是比较明显的。

2. 关联性

关联性的特点也是数据采集方式的延伸。由于数据采集方式的不同，两者的关联性区别很大。数字图书馆的数据采集是固定的某个领域，像孤岛般存在，与外部并不相连，只能在特定领域使用，如专业网或政府网。数字图书馆的孤立性使它与外部失去联系，但也在一定程度上减少了对网络的依赖和网络安全受到威胁的可能。智慧图书馆与数字图书馆的数据采集方式完全相反，它具有互联互通的特点，强调共享、共建，提供不限时空的联系与服务，注重不同角色的人在系统中的互动与人机互联等。因此，智慧图书馆容易受到网络的限制，必须依赖稳定、安全、高速的网络才能发挥价值，这也为智慧图书馆的网络安全带来了潜在的风险。

3. 系统分层架构

数字图书馆采取系统分层架构，包括物理层、网络层、数据层和应用层；智慧图书馆同样采取系统分层架构。在系统分层架构上，智慧图书馆与数字图书馆不同的是增加了一个终端层。智慧图书馆通过各种智能设备的终端层对图书馆的各种信息进行感知、收集、分析，并反馈到应用层。终端层类似于人体的五官，能够感知外面的世界，然后进行分析，最后指导人做出相应的行为。

4. 使用方式

数字图书馆是物理图书馆的再现，主要以通过电脑桌面终端进行检索和查询的使用方式为主，而智慧图书馆则完全改变了这种使用方式。智慧图书馆与数字图书馆相比在使用方式上有以下不同：一是可使用的设备多，不仅限于计算机，还包括移动智能手机、平板电脑等智能终端，给读者带来了方便；二是由于设备的限制，数字图书馆使用的场景相对固定，而智慧图书馆可供任何年龄段的读者在任何时间、任何地点使用，提高了读者使用资源的效率。

（二）智慧图书馆与复合图书馆之比较

复合图书馆，又叫混合图书馆，是传统图书馆向数字图书馆发展的一个过渡阶段。复合图书馆是传统图书馆和数字图书馆的一种并存形式。英国图书馆学家苏顿于 1996 年提出了"复合图书馆"的概念。根据复合图书馆的概念可知，复合图书馆具有传统图书馆与数字图书馆并存的特征，所以其印刷型资源与数字化资源并存，同时图书馆涉及的信息资源、信息服务、服务设施、技术方法等都是复合的。在复合图书馆的发展中，大家越来越重视数字化发展，从而促进了复合图书馆向数字图书馆的转变。

可见复合图书馆是传统图书馆数字化服务转型的一种尝试、一种过渡。复合图书馆与智慧图书馆相比有以下不同：一是核心不同，复合图书馆侧重于传统图书馆资源的数字化与集成化，而智慧图书馆则借助最新的技术将整个图书馆的各要素进行智慧化、系统化管理；二是从发展形态上看，复合图书馆是两种图书馆的并存形式，存在信息沟通不畅、信息孤岛、使用不方便等问题，而智慧图书馆则强调资源、馆员、技术、设备等多种要素的互联互通，注重以人为本的读者服务导向，重视馆员与读者的互通有无，杜绝各种信息沟通不畅的情况发生。总之，智慧图书馆解决了复合图书馆遇到的各种短板问题，实现了图书馆管理的智慧化和服务的人性化。

（三）智慧图书馆与智能图书馆之比较

智能图书馆也是随着技术的发展而产生的，与智慧图书馆最相近。智能图书馆的英文为 Intelligent Library，而智慧图书馆的英文为 Smart Library。从英文单词来看，两者均有智能的意思，但 intelligent 更强调能力，而 smart 的含义则更为全面。我国对智能图书馆的研究要远远早于智慧图书馆。智能图书馆强调的是技术层面，即通过技术来改变图书馆，与数字图书馆相类似。但智慧图书馆不仅是技术的革新，更是在技术革新的基础上实现对建筑的物理空间、服务网络、协同创造等全方位的提升，从而达到读者环境友好、管理更智能便捷的效果。

1. 智能图书馆与智慧图书馆的区别

智能图书馆强调"智能"，而智慧图书馆则突出"智慧"，二者所处的高度不同。关于两者的主要区别，中国图书馆学会编译出版委员会委员初景利教授做过详细的阐述，认为"智慧"是宏观战略层面的，"智能"是微观战术层面的，它们在核心驱动力、功能属性、目的效果方面存在一定差异。

首先，核心驱动力不同。智能图书馆重点关注的是物的智能化和自动化，强调将智能技术应用于图书馆，以技术为主导因素；而智慧图书馆则是在物的智能化的基础上，更加注重人与物之间的相互融合和协作，强调人的智慧以及开展的智慧服务，以智慧服务（馆员智慧＋读者智慧）为主导因素。

其次，功能属性不同。核心驱动力的不同决定了属性的差异，智能图书馆的发展是由外部技术的发展驱动的，所以智能技术的应用对图书馆开展的服务及服务质量具有决定性作用。换句话说，智能技术的应用水平在一定程度上代表了图书馆的服务水平和管理水平。而智慧图书馆的发展则是内在驱动的，智能技术仅仅是服务的途径和手段，馆员智慧及其能力建设才是推动图书馆发展的关键所在。智慧图书馆并不是使用一系列最先进的技术即可，还需要充分发挥馆员在智慧图书馆建设中的主观能动性。因此，智慧图书馆建设不应仅仅投入大量的经费购买各种设备，还要提升馆员的服务水平，同时对馆员进行专业知识培训，包括如何使用智能设备，如何利用这些设备提供更专业的服务等方面的培训。没有提升馆员水平的智慧图书馆建设，或许只是花钱买了一堆高科技产品而已，并未从本质上提升图书馆的服务水平。

最后，目的效果不同。虽然图书馆存在的本质是为读者提供优质的服务，但在具体的发展过程中，不同的举措和策略所达到的目的与效果各不相同。智能图书馆将智能技术应用于图书馆中，最终目标是实现图书馆人力资源的充分解放和高效率运转，如通过智能技术实现无人值守。智慧图书馆建设虽然在一定程度上也解放了人力资源，但仅是将馆员的精力从低端重复性劳动中解放出来，转移到挖掘读者的需求上，并通过资源调配、个性化服务等方式来满足读者更高的需求，从而提升图书馆服务质量。

2. 智能图书馆与智慧图书馆的联系

虽然智能图书馆与智慧图书馆存在许多不同之处，但二者之间也存在着内在联系。智慧图书馆建设必须依赖智能图书馆的各种新技术，技术是智慧图书馆的基础和途径。智慧图书馆是智能图书馆努力发展的目标。智慧图书馆需要智能系统（技术）的辅助和支撑，智能系统（技术）可以优化图书馆的业务和管理工作，并且在与"人"交互的过程中，进一步激发主体潜能，从而创造出高质量深层次的服务。

（四）智慧图书馆与融合图书馆之比较

伴随着新一代信息技术的发展，图书馆空间、服务和人员的重塑促进了融合图书馆研究的发展。一些欧美图书馆开始对融合图书馆展开研究与探索，认为未来图书馆应是高度智能化的新形态，是一种万物互联的新模式。融合图书馆的灵魂具有融合互动化，中山大学教授王世伟对融合图书馆的特征进行了归纳和总结，认为其具有融合化、互动化、智能化、可视化和泛在化五大特点。将融合图书馆的特点概括为融合交互、泛在互联、高度智能和用户感知。由此可见，融合、交互、泛在、智能和感知是融合图书馆的最主要特征。智慧图书馆与融合图书馆有诸多相通相合之处，如融合共享、全面感知、立体互联和个性互动等。然而，二者也存在一定的差异，融合图书馆可以说是智慧图书馆的一种崭新发展形式，更注重高层次的人机交互和团队协作能力，能有机统一和运用各类高新技术与设备，真正地将人、资源与空间融合在一起，使实体空间和虚拟空间无缝对接，满足了个人与团体的学习、工作和设计等复杂的任务需求。因此，融合图书馆实现了资源、通道、平台等的显性融合，是智慧图书馆建设的更高级阶段和更深层次的创新发展。

（五）小结

智能图书馆与传统图书馆、数字图书馆不能割裂，但智慧图书馆无论在办馆理念、组织机构方面，还是在资源建设、技术服务、读者服务等方面都会在原有图书馆的基础上有很大提升，甚至飞跃。正如初景利教授所言，智慧图书馆是物理空间、数字空间和人类社会三维空间的立体结合，虚拟技术、智能技术等核心技术是其产生和发展的基础。因此，数字图书馆、智能图书馆、融合图书馆和智慧图书馆之间既有区别又有联系。智能图书馆既是数字图书馆的建设目标，又是智慧图书馆的建设基础，智慧图书馆是前两者发展的最终目标，融合图书馆又是智慧图书馆的高级阶段。它们之间不是简单的谁替代谁的关系，在现阶段或未来它们将长期并存，共同发展。智慧图书馆是一种综合性的生态系统，人的智慧和物的智能是智慧图书馆最基本、最核心的构成要素；数字图书馆和智能图书馆是智慧图书馆的基础，智慧图书馆是图书馆发展的顶级形态，融合图书馆是智慧图书馆的升华阶段。

二、智慧图书馆的基本特征

（一）主要研究概述

智慧图书馆是全方位开放式的图书馆、综合性的学术资源信息服务中心、配套齐全的活动中心、高效便捷的智慧中心。它具备三个主要特征：一是沟通智慧化，智慧图书馆不仅可以利用现有的互联网开展文献信息服务，还可以利用物联网技术实现更大范围的信息资源共享。二是建筑智慧化，指对图书馆内的各种机器、设备进行智慧化程序控制与综合管理，进而形成一个智慧化建筑物系统，比如智慧系统能根据监测出的空气中有害污染物的含量，自动通风和消毒，确保馆内人员的安全和健康，还能对温度、湿度、照明度加以智慧调节，控制背景噪声等，从而为读者提供一个舒适的环境；同时，智慧系统使图书馆内各种机器、设备的运行、保养、维护更加智慧化，优化了人力和物质资源的配置，达到了降低成本、节能减排的目的。三是服务智慧化，在智慧图书馆中，物联网把各项独立的待处理事务通过信息交换和资源共享联系起来，构建了一个具有处理、管理和决策功能的服务智慧系统。馆员利用它，以科学、全新、高速的方式学习和接受各种知识技能，提高了对各种信息的分析、比较、提炼的能力，从而实现了服务智慧化。

王世伟教授对智慧图书馆的特征分别从内外两方面进行了表述，认为智慧图书馆的内在特征包括互联、高效和便利，外在特征包括数字化、网络化和集群化。其中互联强调智慧图书馆能够实现人与人、人与物之间的感知、联系和协同；高效是指智慧图书馆能够提升管理效率、服务效率等；便利是指智慧图书馆能使信息触手可及、服务个性化等；数字化是智慧图书馆建设的技术保障、技术前提；网络化是指智慧图书馆必须依赖互联网才能做到信息互通，是信息互通的基础；集群化是指对图书馆相关的建筑、人、服务等全部要素进行集成化、系统化管理。这些内在与外在的特征，互相联系、不可分割。

从我国各学者对智慧图书馆的特征的论述可知，国内学术界对智慧图书馆的研究还尚浅，主要是从定义中理解智慧图书馆的特征，这些特征仅仅是围绕图书馆的功能总结的。虽然国内不少学者对智慧图书馆的特征进行过论述，但大同小异，很少有比较独特的视角，基本上都是从服务、管理、环境和沟通的智慧化等方面进行论述的。

（二）智慧图书馆的具体特征

智慧图书馆的特征可分别从服务、管理、感知与沟通的智慧化等方面进行论述。

1. 服务智慧化

服务智慧化是智慧图书馆最重要的特征，因为服务智慧化是智慧图书馆建设的出发点与落脚点。如果不能实现服务智慧化，智慧图书馆建设将没有任何意义。图书馆的一切建设均应体现"以人为本，读者利益至上"这一图书馆安身立命的原则。这是图书馆的服务导向所决定的，也是图书馆的使命与职责所决定的。因此，服务智慧化是智慧图书馆必须具备的特征。图书馆服务智慧化的程度是智慧图书馆建设成效最主要的考核指标，不能体现出服务智慧化的智慧图书馆建设肯定是失败的。

图书馆的服务智慧化，又可以通过一些具体特征来表现，如高效、便捷、协同创新等。高效是指图书馆通过新技术能更快地响应读者的需求，进而减少读者从发出需求到收到图书馆准确回应的时间差。这里的服务高效化不仅指读者获取信息与服务的速度得到大幅度提升，还指读者需求得到正确回应的概率有所提高。由于技术的限制，在传统的图书馆服务中，馆员与机器或多或少会对读者的信息理解不到位，造成提供给读者的结果并不是读者想要的。但在智慧图书馆建设中，通过大数据分析、读者用户画像分析等，结合读者的搜索习惯、阅读习惯，馆员与机器能为读者提供匹配度更高的结果。

便捷包含两层含义：一是指读者能通过智能设备、互联网等技术便捷地获取信息以及体验图书借阅等服务；二是指馆员能便捷地与读者进行沟通，了解馆内设备的运营情况和藏书分布情况等，从而远程管控图书馆的各项设备与服务。

协同创新是指智慧图书馆能够提供传统图书馆所不能提供的服务，进而提升整个图书馆的服务水平，实现服务创新。这种协同创新主要体现在以下几方面：一是单纯依靠技术提供以往不能提供的服务，实现技术上的创新；二是馆员依靠新技术提升个人信息素养、专业素养，从而为读者提供创新性服务，实现服务上的创新；三是通过智慧图书馆平台，馆员与读者协同合作，实现管理、科研与教学等方面的创新。

2. 管理智慧化

智慧图书馆建设在很大程度上将馆员从低技术含量、高重复性的服务中解脱出来，所以有不少人认为随着技术的发展，图书馆没有存在的必要：一是由于互联网的便利性，读者不用去图书馆就可以获取信息；二是由于技术的快速发展，馆员没有必要存在于图书馆中。如国内外出现了许多无人超市，也有不少无人图书馆。实际上，随着技术的发展，智慧图书馆不需要"人"这个要素是一种错误的观点。虽然许多智能设备能替代人的服务，但这些设备不具有智慧性，更不可能离开人而提供创新性服务。因此，随着智慧图书馆的建设，馆员的角色将发生改变，低技术含量、高重复性的服务可交由智能设备来完成，但创新性服务正是馆员最高价值所在。随着技术的发展，馆员也要提升自我修养和专业素养，紧跟时代发展潮流，运用最新技术对读者进行大数据分析，从而为读者提供主动的个性化服务，实现智慧化管理。智慧图书馆的存在在很大程度上促使图书馆的服务水平得以提升，只有将最新技术与高质量管理相结合，才能真正最大化地体现图书馆服务智慧化特征。

3. 感知智慧化

感知智慧化的特征相对比较好理解，主要是对整个环境的感知。由于智慧图书馆比数字图书馆多了一个感知层，所以其能通过各种智能终端抓取信息，从而实现监控与服务的对接。智慧图书馆所体现的环境智慧化主要包括以下几个方面：一是整个图书馆各种设备的智能监控能实时了解其运行状态；二是能为读者提供各种场景的智慧化服务。如门禁的人脸识别系统能够让读者不需要刷卡即可进入图书馆借阅图书；依据读者用户画像进行个性化信息推送；依据地理位置系统和物联网系统帮助读者快速地找到图书；通过智能机器人进行业务咨询、位置导引等；通过 3D 打印机等各种智能设备来享受创新空间服务；通过热感应系统进行读者人流引导；根据读者位置为其提供不同的信息指引，以及根据读者人数进行在馆人数统计与控制等。

4. 沟通智慧化

一般图书馆与读者进行沟通的方式有 QQ、邮箱、笔记本留言和网络留言本等。除了 QQ 这类即时通信工具，其他沟通方式的信息反馈相对比较滞后，不能及时解决读者问题。但是 QQ 这类即时通信工具仅能通过文字、图片等方式进行沟通，较难真正解决读者的问题。智慧图书馆建设下的沟通依赖物联网等多种新技术，在与读者沟通时能够快速直接掌握读者的其他信息，如读者所在位置、最近有过的行为，从而以最快速度了解读者的问题，并给予解决。因此，智慧图书馆沟通智慧化体现在以下几个方面：一是沟通更为流畅、直接，可通过多个平台进行；二是能掌握读者的其他信息，从而更全面地了解问题和解决问题；三是能通过系统远程指导读者解决问题。

第三节　智慧图书馆的构成要素

一、构成要素概述

资源是图书馆最基础的构成要素。图书馆藏有大量的优秀历史文化资源，发挥着传承人类历史文化的作用。不同形态的图书馆，其资源存在形态表现不一。在智慧图书馆下，传统的纸质资源以数字化的形式呈现，通过云计算、大数据、数字人文、移动通信、互联网等技术的支持对数字资源进行存储及深度加工，并匹配读者需求，从而快速地为读者提供个性化资源。

技术是智慧图书馆建设的前提，也是其必不可少的构成要素。计算机的出现推动了数字图书馆的出现与发展。技术推动着图书馆从传统图书馆向数字、复合、智能、融合图书馆发展，现在处于介于智能图书馆和融合图书馆之间的智慧图书馆阶段。智慧图书馆建设是时代发展的必然结果。科技是第一生产力，改变了人类的发展进程，使人类进入了智慧地球、智慧城市的建设阶段。当前使用较多的先进技术有智能感知技术、大数据挖掘技术、云计算和泛在智能技术等。由于技术的出现，数字图书馆等各种形态的图书馆才具有了明显的技术特征。

服务是图书馆最基本的构成要素。无论图书馆以什么形态存在，都必须提供服务。我国图书馆学专家柯平认为我国图书馆服务经历了文献服务、信息服务和知识服务的发展阶段，分别依赖文献资源、技术工具和人的智慧进行服务。在传统图书馆中，资源为王，馆藏数量与质量决定了服务水平；在信息服务阶段，图书馆主要依赖各种技术将纸质资源数字化，并提供各种形式的服务；在智慧图书馆建设中，馆员的智慧显得尤为重要，更重视馆员的专业素养和其提供的智慧性的知识服务。智慧图书馆中的知识服务更多的是一种知识增值服务，即将多源数据进行异构处理，再以读者能够理解的形式呈现出来，从而达到快速响应和服务精准、个性化等效果。

馆员是智慧图书馆建设中最核心的构成要素。离开了馆员，技术再先进也无法体现智慧性。在初期的智慧图书馆概念中，馆员的因素未被纳入其中，随着智慧图书馆研究的深入，馆员的因素越来越重要，其不可或缺性日益突显。在许多人的印象中，馆员的工作就是借书、还书、整理图书上架、咨询等基础性业务，许多人甚至认为馆员会被技术取代。以上的这些服务，随着技术的进步，技术能取而代之，甚至比馆员做得更好，但这并不意味着馆员在智慧图书馆中毫无价值，相反，在智慧图书馆建设中更能发挥馆员的价值，使其从低层次服务向高层次服务转变。在智慧图书馆建设中，馆员要掌握最新的技术、最前沿的理论，具有活跃的创新精神，充分发挥沟通协调的作用。随着技术的发展，智慧图书馆对馆员的要求也越来越高。如馆员要更加积极主动地了解读者需求，将服务由被动转向主动；从读者的多元需求出发，通过过硬的技术和专业知识，进行知识挖掘和加工集成，然后以读者期望的形式进行个性化呈现。以往的图书馆通常提供规模化、批量化、标准化的服务，而智慧图书馆将以个性化的服务为主。

读者是智慧图书馆建设的出发点与落脚点，是智慧图书馆不断发展的动力源泉。资源只有得到利用，才能充分发挥其价值，而读者便是资源利用的主体，所以许多图书馆将读者到馆数量、图书借阅数量、活动参与人数、电子资源下载量等作为重要的评估指标。读者是智慧图书馆赖以生存的构成要素，一切有关智慧图书馆的建设都是围绕更好地为读者服务而展开的。在传统图书馆中，阅览图书、借阅图书的用户被称为读者。随着数字图书馆、智慧图书馆的发展，人们对数字资源的需求越来越大，"读者"这一范畴扩大到使用图书馆及其资源的用户，即图书馆的服务对象均可称为读者。读者既是智慧图书馆的服务对象，也是智慧图书馆建设与发展的参与者，与馆员协同互动和发展。

二、技术要素

在智慧图书馆的五个构成要素中，技术的变化最大，也最具时代发展特色。

技术驱动着图书馆向前发展，我国非常重视科技的发展，在技术领域虽起步晚但发展速度非常快。在很多领域，我国已经处于世界发展前沿，如移动支付、5G、人工智能、区块链和云计算等，也涌现出一大批对世界影响较大的科技公司，如华为、阿里巴巴和腾讯等。但也存在短板，如芯片生产领域。为了促进科技进一步健康发展，我国提出重点发展 5G 网络、数据中心等技术。其中与智慧图书馆相关的技术有人工智能、RFID 技术、物联网技术、5G 技术、大数据技术、云计算、虚拟现实技术和增强现实技术等，这些技术也成为国内图书馆技术研究的热点与前沿。

（一）人工智能技术

1. 政府持续推出利好政策

人工智能的概念最早出现于 1956 年，标志着人工智能学科正式诞生。人工智能其实是计算机科学的一个分支学科，主要研究计算机如何模拟人的思维过程和智能动作，让计算机去做只有人能做的事情。人工智能技术已经成为当前三大尖端技术之一。我国政府也非常重视人工智能技术，国内纷纷整合资源，组建人工智能院系或研究机构，培养人工智能领域的专业人才。这些政策中有教育部、科技部、工业和信息化部等多方参与，说明我国认识到人工智能技术的重要性，陆续从各自职能角度推出相应的支持政策，帮助我国人工智能领域在与外国的竞争中实现弯道超车。

2. 人工智能技术为图书馆服务带来重大机遇

人工智能技术已经在很多领域得到广泛应用，如人脸识别、智能搜索、智能推荐、机器视觉、自动驾驶等。人工智能技术在图书馆服务领域也有很多应用，为图书馆服务带来了发展机遇。智慧城市建设让人们的商务、学习、生活越来越方便，人们也越来越依赖智能化的社会。随着人工智能技术的普及，人们希望这些技术能够在图书馆中得到应用，这也是读者对图书馆技术方面的期待。图书馆只有跟上技术发展的步伐，才能满足读者随时代发展而不断变化的需求。当人工智能技术在图书馆中的应用早于在社会上的普及时，就能达到技术引领和科普的效果。这不仅能给忠实读者带来令人惊喜的阅读服务体验，还能吸引到一些科技迷及追求新鲜事物的潜在读者，所以人工智能技术给图书馆带来的不仅是技术流，还是读者流。除此之外，人工智能技术还给图书馆带来许多转变，使文献交流更方便、信息传播更快捷、信息存储量更大等。这些改变在人工智能技术出现以前的时代是无法想象的。人工智能技术为图书馆带来了无限可能，激发了图书馆的潜能，也为图书馆发展带来了重大的发展机遇。

（二）物联网与 RFID 技术

1. 物联网技术

（1）物联网的概念

物联网最早的雏形为 1985 年美国可口可乐公司在自动售卖机上所实现的互联网连接设备。同年，美国思想家彼得·刘易斯（Peter T.Lewis）首次提出"物联网"的概念，认为物联网将人、流程、技术及可连接设备集成化，从而实现了对设备的远程监控、操纵和趋势评估等。经过几十年的发展，物联网技术已经广泛应用到医疗保健、运输、智能家居、制造业、能源管理和环境监测等多个领域。从物联网的定义可知，其包含两层含义：一是实现人与物之间的联系，能够远程对物进行监控和操纵；二是实现物与物之间的联系，能让物与物之间进行交流、协同运作，并将这些状态展现在互联网上。要实现物联网，必须在设备上嵌入各种智能设备，如 RFID、定位系统等，从而让其接收人发出的指令。物联网从本质上看是泛在网络协同工作的一种延伸，但物联网也存在不少隐患，如平台碎片化、隐私和安全问题等。

（2）物联网的特点

一般而言，物联网技术包括传感设备、网络传输及应用控制三个层次，从而表现出泛在感知、可靠传输和智能化处理等特征。

泛在感知：又叫全面感知，因为在设备上嵌入了 RFID 等各种感知设备，所以才能对技术范围内的信息进行获取与识别。信息获取与识别是物联网的前提条件，只有获得这些信息，才能进行后续传输和指令执行。

可靠传输：一般而言，物联网是通过互联网进行信息传输的，能将感知设备识别与记录的信息通过互联网传输给用户。互联网传输一般包括无线传输和有线传输。

智能化处理：通过云计算和大数据技术对随时接收到的跨地域、跨行业的多源海量信息进行智能化分析，从而为决策者提供重要依据。许多图书馆通过 RFID 技术实现了对馆藏纸质图书的智慧管理，这也是物联网技术在图书馆中使用的例子之一。

2.RFID 技术

（1）RFID 的概念

RFID 技术是一种非接触、通过无线电波传递信息和交换信息、自动识别的技术。RFID 具有无屏障读取、可重复使用、高存储量、耐环境、便捷、安全可靠等特点。

（2）RFID 技术在国内图书馆的应用情况

国内已经有不少图书馆使用 RFID 技术，最早将 RFID 技术应用到图书馆的是厦门集美大学诚毅学院图书馆。同年，我国第一家全面采用 RFID 技术的图书馆——深圳图书馆正式对外开放，吸引了许多图书馆业内人士前往参观学习。深圳图书馆 RFID 技术的成功运用，让越来越多的图书馆也开始考虑引进 RFID 技术。2007 年 5 月，我国首个采用"RFID 国产设备"的图书馆——武汉图书馆正式落成并对外开放。这是我国图书馆在 RFID 实践领域的又一次突破，实现了 RFID 技术在我国图书馆应用的国产化，同时也标志着我国图书馆 RFID 技术已经基本成熟。随着技术和材料成本的下降，将会有更多的图书馆引进 RFID 技术。引进 RF1D 技术的图书馆还只是早期创新者和接受者，更多的图书馆还在慎思观望，大众化时代还远没有来临。

3. 物联网技术在智慧图书馆建设中的具体应用分析

物联网技术是实现智慧图书馆的基础技术之一，在实践中已得到广泛应用，相关方面的理论研究也很多，国内一些图书馆界人士包括陈定权、田丽梅、蒋玲等就曾专门撰文对物联网技术在智慧图书馆建设中的具体应用进行了详细论述。

（1）自助借还系统

自助借还系统在智慧图书馆建设中得到了最广泛的应用，其核心技术是 RFID 技术、网络传输技术和软件工程技术。物联网技术将上述几种技术进行整合，并应用到自助借还系统。条形码识别和 RFID 是智慧图书馆自助借还系统中的常见类型。前者的造价低，抗干扰能力强，但操作步骤略多，较多应用在早期的自助设备中，具有一定的局限性，主要表现为条形码如果粘贴不正就会给读者扫描造成不便，条形码磨损后也会给读者扫描带来困难，并且每次操作只能扫一个条形码，即一册图书，效率不高。RFID 分为高频和超高频，主要有方块型和磁条型两种，虽然它们的造价较高，抗干扰能力不强，会受到周边金属磁场的影响，但使用起来非常方便，可以实现多册图书同时操作，效率较高。二者虽各有利弊，但 RFID 技术具备较明显的高效和便捷的优势。随着技术的进步，相信 RFID 技术将不断克服自身的技术瓶颈，成为今后图书馆应用的趋势。无论是省市级公共图书馆还是普通图书馆，其藏书量均有几十万册至几百万册，每年图书借还的流通量也可达数十万册次。在借还图书时，有传统图书条码的图书需要管理员对读者的借书卡进行读取与核对，然后再一本本扫描，使管理员的工作相当烦琐。图书馆引进 RFID 技术后，读者只需自己把所要借还的图书放在机器上，根据提示即可一次性自助完成办理，不仅简化了操作流程，给读者提供了舒适、便利、人性化、高质量的服务，而且大大减轻了管理员的工作量，让其将更多的精力放在读者咨询和藏书管理方面，有效提升了图书馆的整体现代化水平和服务能力。因此，采用 RFID 技术的自助借还系统，打破了图书馆原有的服务模式，标志着传统图书馆向智能图书馆的转型。

（2）智能书架系统

智能书架系统是一套高性能在架图书实时管理系统，可利用高频 RFID 技术实现在架图书识别，具有监控、清点、查询定位、错架统计等功能，以及检测速度快、定位准确等特点，已大范围应用于图书、档案、文件管理等领域。智能书架系统是针对图书管理领域馆藏图书清点难、放错架图书查找难等问题研发的，其工作原理是在书架上安装 RFID 设备，利用该设备读取书架上每一本图书的 RFID 标签，不仅可以对馆内图书进行实时清点，还能够对馆内图书进行实时定位，既节省了读者查找图书的时间，又解放了馆员的生产力。具体使用流程是先在每个智能书架的侧面安装两个电子屏幕，这两个电子屏幕分别是供借书者使用的查询触摸屏和为还书者提供指路服务的感应屏。读者借书时，只要在触摸屏上输入书名、作者或关键词等图书信息，系统就会显示该图书的在架情况，并提供准确详细的 3D 路线导向图，帮助读者快速到达图书所在的书架。读者还书时，只要查看每本图书背面的标签信息，就可以知道该图书要放在第几排第几列，或者使用射频读写机器，当读者刷图书背面的电子标签时，该图书所属书架的侧面感应屏就会闪烁，从而帮助读者快速找到所还图书所属的位置。智能书架系统的使用，提升了读者自助借还图书的体验感，降低了图书错架率，减轻了管理员的工作量，但存在成本高的问题，所以仅在部分公共图书馆使用，使用范围较小。

（3）图书定位和盘点

针对图书应用的特点及对图书顺架、盘点功能的要求，利用 RFID 书架、层标标签，读者可以通过网络在任何地方查询每本图书的位置，得到精确的图书导航服务，方便阅读。在借阅一体化的今天，一些读者从书架上取下书后，随意上架，容易造成乱架。采用电子标签后，馆员只需手持阅读器，逐层扫描，就可以把放错位置的图书找出来，将其放回正确的位置。图书自动盘点系统包括手持式和推车式盘点机，可以完成图书自动盘点、新书上架、图书剔除、架位层位变更、错架管理等工作，极大地降低了馆员的工作强度。同时，还可以利用其可批量读取多个标签的特点，对馆藏图书进行快速清点工作，提高了工作效率。将 RFID 技术嵌入图书自动输送系统，可以让馆员轻松、快速、准确地完成图书分拣工作。

（三）5G 技术

1.5G 的概念

5G，又称第五代移动通信技术，是 1G、2G、3G、4G 之后的最新移动通信技术。5G 不仅能实现人与人之间的联系，还能实现人与物的连接，且几乎囊括了所有的人与物的连接。5G 具有数据传输快、延迟超低、可靠、网络容量超大、可用性更高等特点。5G 基站已经在国内大中小城市全面开通。我国 5G 用户数量居世界第一。5G 已经被应用到工业、自动驾驶、能源、教育、医疗、文旅、金融和智慧城市等领域。5G 也被应用于图书馆，国内不少图书馆已经开通了 5G 服务，中国国家图书馆、株洲市图书馆等已经利用 5G 助力传统图书馆向智慧图书馆迈进。

2.5G 技术对图书馆智慧服务变革的影响

（1）智能核心技术的变革

5G 是 2G、3G、4G 的延伸，能够满足当下比较流行的无人驾驶和智慧制造等行业的需求，已经被广泛应用于这些行业中，并在产业融合方面具有较大的发展空间，对全球经济与技术发展起着重要的推动作用。5G 标准在第二阶段中要达到 20 Gbit/s 的速率，还要具备大容量多进多出系统和宽信道带宽，因此被国际电信联盟选为第五代移动通信技术。5G 的发展在一定程度上推动着智能互联网的快速发展，特别是对无线传感网络、知识网络及物联网的发展起着重要的促进作用。5G 推动着各个领域海量数据的涌现，也促使各种智能平台的快速研发与推广。在以 5G、移动边缘计算等为代表的多元信息技术的驱动下，人类在技术上实现了较大的突破，能对技术资源进行灵活配置，对神经网络进行深度学习，对各种智能设备进行远程监控。通过高清摄像头进行各种空间信息的动态采集与传输，促使智慧城市、无人驾驶等多个应用场景变成现实，将智能技术真正落地，造福人类。由于 5G 能够大幅度扩大信息传播范围，故其成为读者获取高质量信息不可或缺的渠道。泛在知识环境下交互式网络资源共享平台的建设离不开 5G 的支持，同时 5G 为智慧图书馆建设下硬件空间的再造、信息呈现方式的提升等提供了技术支持，也为给读者营造智慧生态场景及深度融合的情感感知提供了重要基础。

（2）给资源组织模式变革带来影响

由于5G具有"双高一低"的特点，它成为各种设备连接的重要的宽信道带宽媒介，特别是超级设备之间的连接。智慧图书馆背景下的智能信息通信技术是以知识流和算力共享为目标的。在智慧图书馆中拥有多种多源异构的数据资源，而这些资源由原来的被动获取向主动感知转变，从而能够基于智慧平台向读者进行智慧推荐，充分发挥数据与资源的价值，体现出智慧图书馆的智慧性。通过人工智能、大数据可视化等多种技术，智慧图书馆能够对拥有的多源异构和异源异构的数据进行收集、分析和索引，从而对数据进行综合管理。智慧图书馆通过对这些数据进行各种技术处理的支持，帮助读者通过元数据对这些数据进行自动获取与组织，从而提高数据的分析利用率。这也是智慧图书馆的基础功能之一，为读者带来了全新的智能体验，使读者可同时开展多种业务。

（3）给信息传输方式带来变革性的影响

5G对图书馆信息传输方式带来了变革性的影响。由于5G在信息传输方面具有多天线和高频高速的特点，故其在云数据传输方面具有相当的优势，为虚实相融合的空间共享建设提供了良好的技术基础，从而拓宽了在信息传输时空场景方面的应用范围，实现了万物互联。5G在支持组播技术等方面也具有很强的优越性，能够为智慧图书馆的发展带来创新突破，支持图书馆各种融媒体进行云端课堂教学及多媒体文化推广，为读者营造良好的网络冲浪体验。5G为智慧图书馆中的各种读者活动、超高清会议直播、影视服务与艺术展览等提供了可能，也为当下流行的图书馆直播带来了机会。

（4）给通信终端带来变革性的影响

随着5G、云计算及人工智能的发展，读者在智慧图书馆中所使用的通信终端也将越来越多元化。在面向读者的服务中，通信终端的所有权与使用权是分离的，具体表现为其所有权在图书馆，而使用权在读者。这种分离状态在一定程度上最终将改变读者的智能终端的使用行为。具体而言，在智慧图书馆下，可增强5G在主题展览、教育教学等场景中的应用，并努力做好5G在知识共享、资源导航、个性化推荐等方面的应用，从而实现多个智能终端之间的协同发展。当智慧图书馆中的所有智能终端都能够支持5G等技术时，全息交互甚至元宇宙时代就将到来，这也为图书馆的未来发展带来了无限可能。

（5）对数据应用平台产生变革性的影响

未来智慧图书馆所支持的技术将与当下有所不同，主要体现在：未来智慧图书馆的技术特征以 C-RAN 和 EMC 为代表，其中 C-RAN 是指云无线接入网，而 EMC 是指移动边缘计算，当下仍以有线接入网为主。未来智慧图书馆集成云平台会取代当下流行的 APP，这将成为重要的知识集成与信息组织模式。在未来智慧图书馆中，常用的书目管理系统、智慧服务平台等必须支持 5G 的服务端口，才能接入智慧图书馆系统，持续为读者提供服务，让读者体验到智能服务。

（6）给智能空间服务带来变革性的影响

数字孪生技术下的孪生图书馆是虚拟与现实融合交互的结果，其在一定程度上与智慧图书馆有着千丝万缕的关系。随着 5G、人工智能等技术的发展，智慧图书馆也将向着虚拟与现实相融合的方向发展，为其向泛在智慧知识空间方向发展奠定基础。在智慧图书馆建设中，图书馆将成为高效快捷、高水平的知识服务中心，可与相关部门或院系共享教学与科研等方面的数据，并对这些数据进行归纳、整理，然后依据读者需求提供数字资源、科研数据等，使馆员、读者、数字资源、设备和物理空间等进行深度融合。

由于 5G 具有大容量和低功率的优势，智慧图书馆内所有智能设备均可以实时在线运行，实现对馆内所有智能设备的实时监控，以及对采光、温度、湿度等指标的监控和调节，同时 5G 也为智慧图书馆提供了人流控制、安全预警、绿色节能与读者导航等服务。在 5G、数字孪生等技术的支持下，智慧图书馆可为读者创建虚实融合的虚拟体验馆，让读者沉浸其中，体验沉浸式阅读、学科咨询与虚拟教学等服务。

（四）大数据技术

随着国外大型社交网站的发展，人们发现产生了大量的数据，而这些数据是传统的数据集成难以解决的。2005 年，一个专门为存储和分析大数据而创建的开源框架 Hadoop 开始研发，NoSQL 也开始逐渐被使用。这些技术的发展对大数据的发展起着重要的推动作用，因为这些技术可以让大数据的存储更方便、成本更低。后来云计算的出现，进一步推动了大数据技术的发展。一般而言，大数据具有大量、高速和多样的特点。大量是指必须处理的低密度和非结构化数据，目前大数据要处理的数据往往呈 TB、PB 级。这是传统数据库解决不了的。高速是指接收数据和处理数据的速度，大数据并没有将数据流刻入硬盘，而是直接放入内存，提升了数据接收的速度。多样是指大数据处理的数据并不仅仅是结构化数据，更多的是非结构化和半结构化的数据，传统数据采集的是关系型的结构化数据，对非结构化数据很难进行分析。

在智慧图书馆建设中，需要处理大量的数据，包括结构化、非结构化和半结构化的数据。智慧图书馆出现之前主要是结构化数据，如图书馆提供的各种电子图书、期刊、读者借阅记录等。图书馆中涉及的半结构化数据主要包括在新媒体使用中产生的相关数据，如读者在官网、微博、微信公众号和论坛等平台的留言或图书馆的业务咨询信息。图书馆的非结构化数据是指读者的图书检索记录、读者的浏览官网记录、读者在图书馆的行为轨迹等。结构化数据在对读者进行分析的时候往往具有更大的价值。智慧图书馆通过对这些数据的采集、存储、清洗、加工和分析，挖掘出对图书馆服务有价值的信息，从而了解读者需求的走势，以便为图书馆资源采购和个性化服务提供重要依据。

从大数据服务的最终走向看，可以将大数据分为读者型、科研型和业务型。读者型大数据主要了解读者的潜在需求，再有针对性地提供个性化服务，这也是大数据最主要的应用。科研型大数据主要为了满足科研需求，对科研成果进行规范化保存和开发利用，同时通过对科研项目的分析有效提供全过程的专业服务。业务型大数据主要面向馆员，包括如何通过大数据改进服务水平、调整管理架构、优化业务流程，从而提升竞争力。

（五）云计算

云计算是一种分布式计算技术，可帮助人们无须精通每一项技术却依然可以使用这些技术，从而使用户专注于自己的核心业务，而不被技术所困。美国国家标准与技术研究院认为云计算具有以下标准：按需自助服务、广泛网络访问、资源池、快速弹性和测量服务。云计算的服务模型有基础设施即服务、平台即服务、软件即服务、移动"后端"即服务、无服务器计算或功能即服务等几种服务模式。目前在云计算方面，国内阿里巴巴和腾讯的云计算发展前景也很广阔。

　　云计算也被广泛应用到智慧图书馆的建设中。随着移动通信技术、信息技术的快速发展，图书馆所拥有的数据也在快速增多。这些数据包括图书馆自己采购的各种数字资源数据库、读者使用系统产生的数据，以及业务管理运行所需的软件资源等。如何对各种类型的数据，如结构化、非结构化和半结构化的数据进行采集、保管、分析？这就需要云计算的支持。离开云计算，智慧图书馆建设中的大数据分析则无从谈起。在云计算的支持下，图书馆才能对海量的多源数据进行有效整合，才能进行数据挖掘并寻找出有价值的信息，进而提供个性化服务。在图书馆数据库建设方面，云计算不仅提升了管理效率，也在很大程度上降低了采购与运营的成本。综上所述，云计算对智慧图书馆建设起着非常重要的作用。

　　（六）虚拟现实技术和增强现实技术

　　1. 虚拟现实和增强现实的概念

　　"虚拟现实"一词最早出现于 20 世纪 70 年代法国导演阿尔托的著作《残酷戏剧——戏剧及其重影》中。在那个时代还未出现虚拟现实技术，虚拟现实技术由第一个真正意义上使用该技术的 VPL Research 公司于 20 世纪 80 年代开发，于 1991 年因《虚拟现实》小说而开始成为世界研究的热点。虚拟现实是通过电脑产生的虚拟三维空间世界，能够让用户有身临其境的感觉，可实时、无限制地观察三维空间内的事物，集合了电脑图形、仿真、感应与网络并行等技术，具有沉浸式、交互式与构想式等最基础的三个特征。虚拟现实集中应用在影视、网络直播、线下主题馆、数字展馆、文物保护、科研教学、运维巡检、安全消防和自动驾驶等领域。

　　增强现实帮助用户在现实世界中通过计算机生成的感知信息得到一种增强的现实世界环境的交互式体验。这种体验往往可以跨越多种感官模式，如视觉、听觉、触觉等。一般而言，增强现实具有三个最基本的特征：一是将现实世界与虚拟世界相结合；二是实时交互；三是将现实世界与虚拟世界准确 3D 配对。增强现实的最主要贡献在于将数字世界的感知方式不断融入人们的现实世界，通过沉浸式感觉，将虚拟与现实整合。增强现实已经应用在应急救援、视频游戏、社交联系、工业设计、导航、旅游观光等多个领域。

2. 虚拟现实技术和增强现实技术在智慧图书馆中的应用

（1）提升找书与信息检索的服务体验

读者在使用书目查询系统时，先输入自己想要找的图书名称，再通过虚拟现实技术，便可查询到该书在虚拟书架中的状态，如图书所在的位置及具体内容，确保是否为自己所需的图书。一方面可以让读者实现检索即所视的愿望，实时看到自己检索图书的虚拟物理状态，避免陷入到达所在书架才发现不是自己所需图书的困境；另一方面可以起到导航作用，帮助读者快速找到图书所在的具体书架。

图书馆通过增强现实技术，为读者提供了 3D 信息检索服务；通过增强现实技术和位置定位系统，帮助读者减少了图书查找与文献检索的时间，提升了图书馆的服务质量。增强现实技术在图书馆文献检索中的应用较少，更多的是停留在理论探讨中。

（2）立体资源展示

通过虚拟现实技术对实体图书馆进行虚拟化，使虚拟图书馆与实体图书馆的环境、布置保持一致，即通过虚拟现实技术再造一个实体图书馆，使读者通过虚拟图书馆在线了解图书馆的物理布局、各服务场所的位置以及所提供的服务内容。因此，虚拟现实技术可应用于新生的入馆教育，虚拟图书馆能够让新生通过智能手机、平板或电脑对实体图书馆有身临其境的体验。

关于图书馆的珍贵文献，由于馆藏的稀缺性，图书馆一般不对外借阅，甚至不对外开放。虚拟图书馆可以解决这个难题。通过虚拟现实技术，读者可在智慧图书馆系统中进入珍贵文献的馆室进行阅读，使图书馆在保护好珍贵文献的前提下，依然能为读者提供相同感受的服务。

（3）图书馆导航

公共图书馆的面积一般比较大，包含多个功能分区，来得次数少的读者往往会感觉迷茫。正如立体资源展示部分提到的，虚拟图书馆可呈现出与实体图书馆一一对应的画面，让读者有身临其境的感觉，从而帮助读者快速了解图书馆的环境。读者进入图书馆后会收到来自图书馆的各种信息推送和服务指引，从而帮助读者了解图书馆的服务及物理位置。我国已有不少图书馆使用图书馆导航功能。首都师范大学图书馆是国内首个提供 3D 虚拟图书馆服务的图书馆，实现了图书馆在线漫游、了解馆藏布局、阅读电子期刊和定位、查询书刊等功能，得到了在校读者的广泛好评。

（4）智能咨询

虚拟现实技术与增强现实技术在图书馆业务咨询中也得到了应用。通过虚拟现实技术，图书馆可借助虚拟馆员为读者提供面对面的服务，利用系统进行实时在线咨询，让读者有身临其境进行业务咨询的体验。通过增强现实技术，图书馆可将常见的读者问题，通过大数据分析，结合读者需求，及时、准确、主动地将信息传送给读者。

（5）教育、培训与交流

教育是虚拟现实技术落地应用最快的领域。在教育领域，图书馆可通过虚拟现实技术将抽象的内容可视化、形象化，以期为读者提供传统教材与教学中无法感知的沉浸式学习体验，从而让读者主动地获取知识，获得更好的学习效果。通过虚拟现实技术，读者之间以及读者与馆员之间形成了虚拟交流学习场景，增强了交流学习的积极性与主动性。首都师范大学图书馆的3D虚拟图书馆已经囊括了读者在线聊天、视频与图片分享等功能，提升了虚拟图书馆的交流体验。

（6）为视障读者提供良好的服务体验

使用增强现实技术和虚拟现实技术，通过模拟人类视觉，从根本上改善了视障读者的剩余视力。主要通过相机来处理传入的图像，然后将增强的信号投射到视障读者的视网膜上来实现。增强视频源旨在让视障读者感觉就像是用自己的眼睛在看，并且通过一系列的处理做到尽可能自然。关键技术元素包括加大每秒帧数以增加图像平滑度、减少延迟来避免读者产生恶心的感觉，并通过一致处理以消除图像质量的任何变化。虚拟现实技术和增强现实技术可帮助有视力障碍的读者了解图书馆的布局、区域分布及馆藏分布等，从而帮助其在图书馆服务中拥有更多的自主性，使其阅读需求得到满足。虚拟现实技术与增强现实技术已经在一些图书馆中应用，以帮助视障读者，如为其提供实时的指引服务，从而最大化地帮助他们使用图书馆空间资源。

第二章　智慧图书馆的技术及设计

第一节　智慧图书馆的智能化技术

一、物联网技术

（一）物联网的概念和特点

中国物联网校企联盟将物联网定义为当下几乎所有技术与计算机、互联网技术的结合，实现物体与物体之间环境以及状态信息实时的共享以及智能化的收集、传递、处理、执行。广义上说，当下涉及信息技术的应用，都可以纳入物联网的范畴。

国际电信联盟（ITU）发布的 ITU 互联网报告，对物联网做了如下定义：通光扫描器等信息传感设备，按约定的协议，把任何物品与互联网相连接，进行信息交换和通信，以实现智能化识别、定位、跟踪、监控和管理的一种网络。

综上所述，物联网有两个关键点，一是通过相关设备将物品和物联网连接起来，二是将物品的信息输入互联网中实行相关管理。物联网其实就是一种物与物交换自身信息前提下的网络模式。智慧图书馆利用物联网技术，就是通过手机、电脑、射频识别装置、红外感应器、全球定位系统、扫描器等感知设备，实现对印本资源、数字资源、图书馆运行设备以及用户信息服务等信息的深度感知、采集和处理。

（二）物联网的关键技术

1. 互联网技术

互联网技术是在计算机技术基础上建立的一种信息技术，由传感技术、通信技术和计算机技术三大部分组成。网络是图书馆一切资源的载体，它不仅是信息存储的媒介也是信息传输的通道，在图书馆智能化过程中担当着重要角色。

　　传感技术是计算机应用中的主要技术，计算机需要传感器将物品信息中的模拟信号转换成数字信号才能处理。传感器是一种检测转换装置，可从光、电、声、力、运动、温度、湿度、震动等信号来感知信息，然后将感知到的信息按照一定的工作原理变换成为电信号或其他所需形式的信息，从而为物联网的实现提供最原始的信息。传感器是实现物联网应用、服务的基础，如果没有传感器感知和处理信息，一切智能控制都无法实现。在图书馆应用中主要是感知 RFID 标签，用于读者借还书服务、门禁服务等；也有感知用户移动手持设备的，只要用户带移动设备到图书馆附近，就可以向用户推送新书预告、过期书预警信息、个性化文献推介信息等。

　　2.RFID 技术简介

　　（1）RFID 概念及特点

　　RFID 的全称为 Radio Frequency Identification，又称无线射频识别，是一种通信技术，可通过射频信号自动识别目标对象，快速进行物品追踪和数据交换。标签、阅读器、天线组成一个基本的 RFID 系统。标签用以标识目标对象，由耦合原件及芯片组成；阅读器用以读取或写入标签信息；天线用来在标签和阅读器间传递射频信号。在使用 RFID 系统的图书馆，凭借 RFID 标签及相关设备识别特定目标并读写相关数据，RFID 技术在运行的时候并不需要直接和书籍接触，一定距离内也能够正常运作。这样的技术在智慧图书馆的构建当中主要使用其两个分支，一种是高频无线射频识别技术，另一种是超高频无线射频识别技术，不管是在国内市场还是在国外市场，这两种技术都有着相当的受用群体。

　　对于图书馆来说，这种技术主要替代了传统图书馆的扫描仪和条形码。RFID 具有以下几个特点：①它的存储容量极大，一次可以读取多个标签，这使得读者可以一次性借还多本图书；②RFID 标签使用寿命长，防水、防磁、耐高温，并且 RFID 标签的内容可以修改，可以反复利用；③ RFID 标签能够实现图书定位，这一功能主要应用于读者寻找图书，防止图书被盗等。

　　（2）RFID 技术在图书馆中的应用

　　近几年，很多国家的图书馆采用了 RFID 系统，深圳市图书馆新馆就是国内第一家全面采用 RFID 系统的图书馆，从流通设备、门禁系统、典藏设备到文献的采编、加工、流通、典藏和读者、书架的管理和维护，并借助移动归架书车确保文献和书架号一一对应，从而实现读者自助借还书、文献典藏和书籍归位的工作。全国百家以上的各类图书馆应用了 RFID 系统，接下来以西华师范大学图书馆的 RFID 系统为例，介绍一下 RF1D 系统主要包括的部分。

第一，射频标签。标签由耦合元件及芯片组成，每个标签具有唯一的电子编码，射频标签一般会安贴在每本书和书架的每一层的层标里，用以标识目标书籍。这些标签可以设计成自带电源的有源标签或不带电源的无源标签。射频标签的作用是记录书籍和层标的信息，以便用于书籍内容信息和位置信息读取。同时通过标签，可以统计分析用户利用文献情况和阅读喜好，从而为用户提供更好的咨询及推介等智能化服务。

第二，将书籍内的射频标签的内容录入的子系统。这个子系统包括一个标签注册的硬件模块和一个标签转换软件。在需要对书籍内的射频标签进行注册或者注销等操作的时候，需要将书籍放在标签注册的硬件模块上，在计算机的软件上进行图书注册或者注销的操作。

第三，用于存储 RFID 信息的数据库及其所安装的服务器。

第四，由于 RFID 系统必须和图书馆原有的金盘数据库进行同步。所以有一个用于两个数据库之间同步的 SIP2 接口及其所在的服务器。这个 SIP2 接口非常重要，是 RFID 系统能够正常运行的前提之一。

第五，自助借还书机。自助借还书机通过对书籍内射频标签的信息读取和写入来实现读者的自助借还书的操作。

第六，门禁监测系统。RFID 标签与门禁检测系统的红外线感应相连，以此来监测读者是否将未完成借阅操作的图书带出图书馆。

第七，盘点机。这些盘点机是图书馆的馆员用于对书籍的上架、下架、层位倒架的操作。

在以上 7 个部分中，自助借还书机、门禁监测系统以及盘点机都通过网络和存储 RFID 信息的数据库所在服务器相连接，以此发挥其功能。对于应用 RFID 技术的图书馆来说，一方面实现了图书借阅的自动化，读者可自行使用自动借还书机进行借还书操作，加快了图书的流通速度，便捷了读者的借还书途径。另一方面，阅览室的流通台不需要太多人工，极大地节省了人力资源，减轻了图书馆馆员的工作压力，同时剩余人力可用于延长开馆时间。

（3）M2M 技术

M2M（Machine to Machine）技术实际上就是机器对机器的通信技术。其工作原理即在两台机器上分别嵌入一个"会说话"的 M2M 硬件，通过通信网络（有线或无线）平台，实现机器之间的"对话"。M2M 技术涉及一系列关键技术，包括系统架构、终端管理平台技术、专用芯片技术、模块与终端技术等，也是所有增强机器设备通信和网络能力的技术的总称。M2M 技术重点在于机器对机器的无线通信，主要有机器对机器、机器对移动电话（如用户远程监视）、移动电话对机器（如用户远程控制）等形式。中国电信历时 5 年开通了其第一个 M2M 平台，该平台包含了 10 余项国家专利技术，实现了中国电信现有网络在物联网业务中从管道向智能管道的跨越，标志着我国成功利用 M2M 技术的开始。

M2M 的市场潜力绝不仅限于通信业。由于 M2M 整合了无线通信和信息技术，可用于双向通信，如远距离收集信息、设置参数和发送指令，因此 M2M 技术应用在了多个领域，如安全监测、自动售货机、货物跟踪等。M2M 技术的出现使网络中的连接体除了自然人、计算机、IT 设备，还加入了众多的 IT 机器和设备。此外，还有一些其他技术，如 XML 和 Corba，以及基于 GPS、无线终端和网络的位置服务技术。M2M 技术可以为智慧图书馆的发展提供技术基础，尤其可以使相关设备增加远程通信能力，其与RFID 系统相结合，可应用于安全门禁、自动还书、馆藏自动清点、远距离安全检测等日常工作。

物联网技术的出现给图书馆的发展注入了新的活力，利用物联网技术构建智慧图书馆是未来图书馆的发展趋势，同时面临更多的挑战，涉及系统、设备、网络、人员、服务的创新，需要图书馆与设备供应商、网络公司、软件开发商共同合作开发，也需要各图书馆之间、协会之间的互相沟通与学习，相信随着物联网技术的不断精进和推广，图书馆全面步入智能化的时代为时不远。

二、云计算技术

（一）云计算技术的定义

云技术是指可以在广域网或局域网将硬件、软件、网络等系列资源整合起来，对数据进行计算、储存、处理和共享的一种托管技术，其中包括网络技术、信息技术、整合技术、管理平台技术、应用技术等，这些技术组成资源池按需所用，灵活便利。

云计算是一种超大规模、虚拟化、易扩展、按需提供、低成本的网络服务交付和使用模式。它是网格计算、分布式计算、并行计算、网络存储等信息技术的综合、融合和提升，云计算服务商通过网络把多个计算实体整合成具有更强大计算能力的基础架构。根据维基百科的定义，云计算是一种计算方式，通过互联网将资源以"服务"的形式提供给用户，而用户不需要了解、知晓或者控制支持这些服务的技术基础架构（"云"）。

整合来说，云计算是网格计算、分布式计算、并行计算、网络存储等多种计算机技术和网络技术发展、融合的产物。以互联网网络为载体把多个成本较低的计算实体整合成为强大的计算能力系统，并借助 laaS、PaaS、SaaS、MSP 等先进的商业模式把这种强大的计算能力分布到用户终端。

（二）云计算中的主要技术

云计算这种超级大规模的计算方式有多种特殊的技术，如虚拟化技术、分布式海量数据存储技术、海量数据管理技术、编程方式、云计算平台管理技术等。这里主要对上述的 5 种技术做主要介绍。

1. 虚拟化技术

虚拟化技术将计算机原件运行在虚拟的基础上，它可以扩充硬件的容量，优化软件的重新配置过程，支持更广范畴的操作系统，同时相对减轻了软件虚拟机的相关费用。通过虚拟化技术可以实现软件设施和硬件平台的分离，能将单一资源划分成多个虚拟资源的裂分模式，还包括将多种资源整合组成一个虚拟资源的聚合模式。虚拟化技术根据对象可分网络虚拟化、计算虚拟化、存储虚拟化等，计算虚拟化又分为应用级虚拟化、桌面虚拟化、系统级虚拟化。虚拟化技术的应用方面包括 CPU、操作系统、服务器等多个方面，是提高服务效率的最佳解决方案。

2.分布式海量数据存储技术

大量的云端服务器组成了云计算系统，这些云端服务器被用户分配给大量的小用户使用，分布式存储的方式存储数据成为云计算系统采用的重要方式，用冗余存储的方式（集群计算、数据冗余和分布式存储）保证数据的可靠性。通过冗余的存储方式实现任务分解和集群，使用低配设备代替超级计算机的性能来确保降低成本，这种方式保证分布式数据的高可用、高可靠和经济性，即为同一份数据存储多个副本。云计算系统中流行使用的数据存储系统是 Google 的 GFS 和 Hadoop 团队开发的 GFS（Google File System）的开源实现 HDFS。

3.海量数据管理技术

云计算需要处理、分析分布的、海量的数据，因此，数据管理技术必须能够高效地管理大量的数据。云计算系统中的超大规模数据管理技术主要是 Google 的 BigTable 数据管理技术和 Hadoop 团队开发的开源数据管理模块 HBase。

但数据管理技术也面临新的问题：第一，云数据存储管理形式有别于传统的 RDBMS 数据管理方式，如何精准地在超大规模、分布式数据中找到指定的数据；第二，如何确保对大量分布式数据的安全和高效访问；第三，由于管理形式的不同，传统的 SQL 数据库接口和云管理系统的无法兼容，研究也应关注为云数据管理提供 RDBMS 和 SQL 的接口，如基于 Hadoop 子项目 HBase 和 Hive 等。

4.编程方式

云计算应用了分布式的计算模式，必然需要有配套的分布式的编程模式。云计算采用了由 Google 公司发布的 C++、Python、Java 编程模型，即分布式并行编程模型 Map-Reduce。这种模型简化了设计理念，具有高效的并行运算能力和并行任务调度性，可并行运算大于 1TB 的单位量。因为该编程模型的严格特点，使得在云计算环境下用户只需要自行编写 Map 函数和 Reduce 函数即可进行并行计算。Map-Reduce 模式的过程就是先用 Map 程序将数据分割成不同板块定义各节点分块数据的处理方法，达到分布式计算的目的，然后通过 Reduce 程序整合各节点结果的保存方法及最终结果的输出方法。

5. 云计算平台管理技术

云计算资源规模庞大，服务器数量众多并分布在不同的地点，又同时应用于多个领域，如何有效地运行这些服务器，保证整个云系统不间断地提供服务，是该领域需要解决的一大难题。

云计算系统的平台管理技术能够使大量的服务器协同工作，方便地进行分布式计算和任务分配，快速发现和恢复系统故障，通过自动化、智能化的手段实现大规模系统的可靠运营。

（三）云计算技术在图书馆中的应用

云计算系统的应用给图书馆的未来发展带来冲击的同时也带来了机遇。云计算为图书馆资源的长期保存、资源的有效利用、资源的合作共享等提供了强大的支撑，这为今后图书馆的飞速发展注入了新的活力。图书馆利用云计算进行技术和服务改革主要体现在以下几个方面。

1. 资源存储方面

在云环境中，云中心可以通过任务分配策略将数万甚至上百万普通计算机整合起来，从而为图书馆数字资源的存储提供了海量的存储空间。这种超大规模的分布式计算机群可以容纳无限大的数据，并且其支持随时更新和增加数据，可满足数据量的增长需求。另一方面，云计算系统有可匹配的超强计算能力，当用户提交检索、计算请求时，云计算中心利用高速网络同可用的计算机资源进行链接，运用各种不同的方法为用户提供尽可能完善的搜索结果。

图书馆利用云计算系统这两方面的优势可以实现价值最大化。一方面，所有的存储服务都在"云"上运行，各类资源随时获取、按需付费，图书馆只需花较少的费用就可享用云计算系统中的海量存储空间及高性能响应服务，同时不用担心服务器瘫痪和软件升级等问题；另一方面，存储及检索服务的软、硬件设施和服务都由云计算服务商提供，可省去图书馆设备购买、软件升级、维护等的人力和物力，可大大降低图书馆的运行成本。

云计算系统的强大存储功能及响应速度，使图书馆纷纷加入应用该技术的行列。

2. 资源整合方面

通过云计算平台，图书馆不仅可以实现对数字资源的存取，还可以完成数字资源的信息组织和加工。利用这一平台用户可以根据统一标准对数字资源进行组织、描述和关联，从而为用户一站式检索服务、信息资源导航、馆际互借、信息资源共享等奠定基础。

3.资源保障和共享

云计算系统可以调动数以万计的计算机上的信息资源，将不同地域的信息资源整合在一个资源池中，只要用户提交检索请求，可在这个海量的资源池中搜索资源满足用户的信息需求。这样的一个过程可以屏蔽信息资源格式的多样性，做到在云端存储图书馆资源，同时云端也支持信息资源的无障碍传输，消除了信息孤岛，全世界范围内的图书馆都可将本馆资源存储在"云"中，而其合作馆可以通过云计算技术快速获得所需资源。用户可随时随地使用全世界各地图书馆内的资源，这样就真正保证了数字资源的全面共享，大大提高了图书馆资源的利用率。

4.用户服务方面

云计算系统随时待命为用户服务，其也可以全程跟踪用户的信息行为。云计算改变了各个图书馆数据库分布式访问的问题，将这些异构数据整合起来，为用户提供统一的资源检索入口，实现一站式检索服务。系统同时自动跟踪用户的检索行为和需求，可通过 RSS 技术跟踪指定的期刊、网站、出版社、研究机构的最新动态，另外通过分析用户的信息行为可以为其提供更精准的智能服务。

总而言之，各类型图书馆将云计算技术有效应用，可建立全国或区域性质的共享"云端"，真正实现资源的长期保存和合作共享，促进图书馆服务模式的全面改革。计算机云计算技术的日趋成熟，定将促进图书馆朝着智能化方向有序、健康地发展。

三、资源整合技术

物联网环境下实现了人与人、文献与文献、文献与人之间的相互连接，为智慧图书馆的数据采集、数据分析工作提供了极大的便利。面对海量增长的文献信息、用户服务信息，如何快速有效地帮助用户从智能化搜索系统中获取信息资源，并进行综合分析、推理、判断是智慧图书馆面临的一大难题。Google、Baidu 这样的搜索引擎，其提供的一站式便捷知识服务体系给图书馆检索系统提供了借鉴，各类型图书馆也已注意到了一站式知识发现服务所展现出的竞争优势，已通过应用 Summon、Primo，World Cat Local 与 Encore 等知识发现系统来提供知识与资源发现服务，而这些系统实现的技术基础就是资源、数据的语义索引与数据关联、数据挖掘。在现有的结构化数据环境下，关联数据、语义化、本体等技术的发展，为全面高效的知识发现与获取、组织与整合、开发与利用提供了便利。

关联数据是建立数据之间关联的一种规范。一方面，基于关联数据的智慧图书馆和传统的数字图书馆不同，传统数字图书馆的数字资源是以超链接的形式展示的，每个资源之间没有智能关联，孤立存在；另一方面，用户检索完成，呈现的检索结果不会根据用户的知识背景、检索习惯、兴趣爱好等进行智能排序和推介。

解决上述问题，找到一种数据语义化的表示方式，通过对传统数字资源的语义化处理，实现资源之间的智能关联。关联数据结合数据挖掘技术，可以根据用户的借阅、检索等海量日志信息挖掘分析用户的浏览习惯、兴趣爱好等个性化信息，同时根据用户提交的个人信息，为用户提供更加智能化和个性化的检索结果和推荐服务。此外，大数据时代许多数据信息结合了位置信息，位置信息可以从活动轨迹上体现用户的意图、行为模式等，图书馆及数据库商也抓住了这一趋势，在检索系统中引入了位置信息。如 OPAC 系统中引入全球定位信息，结合数据挖掘技术分析用户的位置信息，从而为用户提供智能化的 OPAC 服务。

在利用关联数据、语义化、本体等技术进行资源整合的过程中，出现了两种现象。有的图书馆认为将图书馆系统作为一整个产品套件更有效率，他们更愿意投资于一个统一全面的系统而不是多个孤立系统，除非技术部门在 API 的应用上有足够信心可以使数据获取更有效率。但有的图书馆仍将其图书馆管理系统和资源发现系统分开布置，他们认为资源整合强调的是互操作能力，图书馆不希望在自己的图书馆服务平台上加入第三方发现系统去整合资源，他们更愿意利用其他的方式将资源进行整合。

四、移动图书馆技术

随着移动互联网技术的不断进步，人们生活、工作的方式更加多元化，用户对图书馆的要求越来越多，期望也越来越高。尤其是移动智能设备的发展，用户要求图书馆提供的服务更加专业、经济和有针对性，其中一点希望在任何时间、任何地点实现馆藏资源的快速查询。各大公共图书馆等均发布了移动图书馆，其中图书馆大多以超星移动图书馆为模板开发了特色移动图书馆。移动图书馆可以使读者在任何地点实现快速查询功能，它可以具有PC机客户端的大部分功能，比如查询资源、阅读全文、修改账户密码等功能，同时还拥有独有的提示书籍阅读期限到期等提醒功能。

移动图书馆的成功主要依靠的技术包括云存储、分布式处理、无线射频技术、近场通信技术、二维码技术、增强现实技术等。这里介绍一下移动图书馆需要解决的关键技术。

首先是资源揭示技术，这种技术主流的主要有基于APP的解决方案和基于WAP的解决方案。APP的解决方案起源于苹果公司，用户只要在移动设备上安装喜欢的APP应用程序，就能通过该程序与后台服务器实现信息交互，起到信息揭示的作用。WAP技术在目前移动图书馆应用中比较普及，保持了用户在互联网环境下检索、浏览、下载的习惯，易于构建、易于应用。

其次是移动阅读技术，为了解决用户在移动客户端上读取网页、文献的难题。移动阅读技术主要包括以下三种。一是文档转换技术，北京书生公司推出了针对各种电子资源的移动授权解决方案，其核心技术就是非结构化文档库技术和文档转换标记语言技术（UOML）。通过UOML文档转化器，用户就可以在移动终端看到以文字、图像形式呈现的网页和文献资源。二是资源整合技术，这种技术主要应用于图书馆的"资源门户"中，目前主要采用的是元数据收割、关联数据、本体等信息组织技术，与开放链接、资源导航、个性化服务、用户认证和权限管理等功能组成了移动图书馆的数字资源整合系统。三是移动中间件技术，该技术主要解决互操作问题，中间件是一组连接软件组件和应用的计算机软件，通常用于支持分布式应用程序并简化其复杂度。

最后，移动图书馆的运行离不开大数据，这里就需要应用到云存储等技术。另外，现在的移动图书馆可以基于移动设备的感知技术实现相关的功能，例如GPRS定位感知用户物理位置，二维码扫描技术便捷了用户的下载使用。

这里以超星移动图书馆为例，介绍一下相关技术及产品功能。超星公司采用Java2平台企业版（J2EE）架构，通过在图书馆网络内设置自身的代理服务器获得电子资源的IP授权，依托"超星百链"后台知识库作为统一资源检索平台的元数据基础，建立移动图书馆系统。该系统的核心模块包含用户认证子系统、代理子系统、页面转换子系统和资源探测分析子系统。移动图书馆系统有如下作用：①与 OPAC 系统的集成，实现纸质馆藏文献的移动检索与自助服务。②与数字图书馆门户集成，实现电子资源的一站式检索与全文移动阅读。系统应用元数据整合技术，主要应用元数据收割、存储、管理的方案对馆内外的中外文图书、期刊、报纸、学位论文、标准、专利等各类文献进行了全面整合，在移动终端上实现了资源的一站式搜索、导航和全文获取服务。③与全国共享云服务体系集成，实现馆外资源联合检索与文献传递服务。④构建读者信息交流互动平台，实现公告信息发布与读者个性化服务定制。⑤集成 RSS 订阅功能，有效地为用户提供个性化信息服务。

移动图书馆是图书馆融入移动互联网时代的契机，是实现智慧图书馆的必经道路，移动图书馆的精细化、人性化，需加入更多的智能化元素。移动图书馆走向云服务和联盟化，才能保证其稳定性、有效性和安全性。

图书馆用户接触和理解信息化社会愈加深刻，他们获取信息的途径不断增多，用户服务意识的不断增强，要求图书馆提供更加多样化、个性化的产品和服务，去满足他们科研和学习的需求。因此，图书馆如果不重视服务质量和信息的高效性，很可能会丧失部分用户，依托物联网技术、云计算技术、资源整合技术、移动图书馆系统等技术的智慧图书馆是未来图书馆的发展方向。

第二节　智慧图书馆的建筑设计

一、智慧图书馆建筑节能设计

节能研究十分重要，节约能源同时在后期的投入使用过程中节约经费。

建筑节能是指建筑物的规划、设计、新建、扩建、改造以及使用的材料和产品，可提高保温隔热性能和采暖供热、空调制冷制热系统效率，可加强建筑物用能系统的运行管理。建筑选址、建筑结构以及建筑材料等各方面都是影响建筑能效的关键因素。

（一）建筑选址

建筑的选址直接影响了建筑节能的效果，同时对使用者的舒适性以及建筑的性能也有着重要的影响。建筑物所处位置的地形地貌，如位于平地还是坡地，山谷还是山脊，江河还是湖泊旁边，将直接影响建筑室内外的热环境和采暖制冷能耗的大小。

选择合适的馆址，对于图书馆各方面的工作关系极大。好的馆址能促进图书馆功能的发挥，长期使用；不好的馆址可能造成长期使用不便，留有后患，甚至有无法使用的可能。

图书馆选址一般原则是位置适中、方便读者。图书馆宜建在地势较高、通风良好的地方，有利于馆藏资源的保存。图书馆建筑周围可种植不同种类的绿色植物，以达到吸收噪声，调节温度和湿度的作用。

一般来说，公共图书馆建筑应与周围景观融为一体，同时又为周围景观锦上添花。例如广东省立中山图书馆，充分利用现有资源和条件，同时拓展强化原有的生态绿化空间，实现图书馆内主要空间都可以享受到清新的绿化景观；同时还考虑到了广州的气候特征，建筑物与环境、朝向相适应；馆址的选择还满足了生态循环要求及节能观念，最大限度地节约能源；此外，馆址的选择充分体现了尊重城市整体规划，与周边环境及建筑物的良好契合。总之，该馆的选址对其悠久的历史、丰富的人文资源和多处文物保护单位进行合理而有效的保护和利用，将图书馆建设成具有浓郁人文特色和文化底蕴，同时体现岭南建筑风格和时代风貌的文化基地。

图书馆在选址时应优先考虑周边的环境，要远离喧闹嘈杂的公共场所、污染严重的厂矿企业。绿色植被系统的引入，除了出于节能等考虑，也是在追求一种与自然保持亲近、和谐共生的阅读生活。绿色植被系统不但具有令人愉悦的视觉效果，而且给使用者带来舒适温馨的感觉，有助于帮助人们在紧张的状态下得到适当放松，这是难以利用某种技术指标加以衡量的纯心理因素。因此，我国很多公共图书馆都选址在绿色植被丰富的区域。例如中国国家图书馆，选址紧邻紫竹院公园，并在建筑内部庭院中运用水池、叠台、花木、瘦石等方法再现自然，体现现代图书馆古朴大方的书院特色，突出"馆中有园，园中有馆"的环境主题，并且在馆址的东南角保留两棵400多年树龄的珍贵银杏树，用以象征中华文化的深厚底蕴。

图书馆建筑的选址，除了要注意与自然融合为完美和谐的统一体，使广大读者置身其中有尊严感、温馨感、归属感和人情味，作为城市标志性建筑的图书馆，还必须位于绝大多数读者期望的地方，特别是公共图书馆，这样才会产生最大的社会效益，并带来一定的经济效益。至于中心地带所引起的噪声问题和建筑物今后扩建的预留土地问题，完全可以通过建筑设计和今后图书馆"网络化"的发展来解决。人们普遍希望图书馆能够建在人口比较密集、接近服务对象、交通方便、无空气污染的中心地带，这样才能更好、更方便地为读者服务。需要注意的是，图书馆建筑选址更应坚持因地制宜的原则，尤其是公共图书馆，要充分考虑所在地文化背景传统、城市建筑风格及周围环境，决不能脱离当地当前的实际情况而强调选址的某一方面，或照搬其他城市的做法，这都是不可取的。还有一个值得关注的问题，即现在公共图书馆建筑在选址规划中经常碰到馆址的选择与城市的发展规划之间的矛盾问题。我国各城市建设规划都是 10 ~ 20 年的中长期规划，如果按照城市规划在新区选择图书馆建筑馆址的话，图书馆的建成时期很可能与当地城市建设规划建成期不同步，进而造成读者到馆不方便、读者流量少，图书馆的功能、作用不能完全充分发挥的局面。国际图书馆协会联合会就公共图书馆的选址曾做过如下规定："中等城市的中心图书馆，应设在城市的中心区；小城市的公共图书馆则应建在人流量较大的街上"。这是中小型城市公共图书馆建筑选址应该注意的问题，应优先考虑能吸引读者和方便用户，便于尽快、尽早地发挥多种功能和综合服务作用。

（二）建筑结构

合理设计建筑形体，如建筑整体体量和建筑朝向等，可以充分利用建筑室外微环境来改善建筑室内微环境，一般主要通过建筑各部件的结构构造设计和建筑内部空间的合理分隔设计得以实现。

根据我国的气候特征，我国处在北半球，夏季多刮偏南风，图书馆应尽量采用南北朝向开窗，从而使室内空气对流加强，促进自然通风，不必过于依赖空调。

由于现代建筑通常使用的多为中间转轴开启式窗户，其自然通风面积就受到很大的限制，而不得不依靠空调系统或机械换风系统来维持室内的温度和湿度。为此，宜采用内平开和内倒开两用开启式的活动窗户，从而增加活动窗户的开启面积，用以解决中间转轴开启式窗户开启后通风面积过小的问题。在设计封闭式窗户与活动式窗户数量时，在保证建筑规范的前提下，尽量多设置可开启的活动式窗户，以增加自然通风的面积，相对减少对空调系统或机械换风系统的依赖。另外，在流行的"大进深"模式的建筑中，可适当引进中庭和天井的设计，以增加建筑内部的自然通风，同时也满足了人们亲近自然的需求。

图书馆属于甲类公共建筑，因此在图书馆结构设计中应参考该标准进行设计。

其中建筑围护结构组成部件的设计对建筑能耗、环境性能、室内空气质量与用户所处的视觉和热舒适环境有根本的影响。

围护结构分透明和不透明两部分：不透明围护结构有墙、屋顶和楼板等；透明围护结构有窗户、天窗和阳台门等。

根据在建筑物中的位置，围护结构分为外围护结构和内围护结构。

内围护结构如隔墙、楼板和内门窗等，起分隔室内空间的作用，应具有隔声、隔视线以及某些特殊要求的性能。围护结构通常是指外墙和屋顶等外围护结构。

外围护结构包括外墙、屋顶、侧窗、外门等，用以抵御风雨、温度变化、太阳辐射等，应具有保温、隔热、隔声、防水、防潮、耐火、耐久等性能。

因此，在满足使用功能的前提下，合理确定图书馆形状，严格控制体形系数。理论上，在其他条件相同的情况下，体形系数越大，其单位建筑热散失面积就越大，能耗越大。体形系数每增加0.01，耗热能指标约增加2.5%。通常，降低体形系数的方法是图书馆外形设计宜简洁、完整，要尽量避免复杂轮廓线及外形凹凸过多，尽可能地减少外表面积。门窗的设计不合理导致的高耗能也占很大比例。公共建筑合适的窗墙比不应大于0.7或小于0.4，可见光的投射比不应小于0.4，合理布置开窗位置，通过控制开窗面积，能有效降低能耗。

（三）建筑材料

在合理的建筑结构设计的基础上，在设备材料等方面采用高新技术，可以更好地减少能源消耗，提高能源的使用率，例如采用新型的保温材料包敷供暖管道，以减少热量的损失。

对建筑能耗、环境性能、室内空气质量与用户所处的视觉和热舒适环境有根本影响的建筑围护结构来说，能量损失主要来自外墙、门窗、屋顶三部分。利用高效、经济的保温隔热材料和切实可行的构造技术，以提高围护结构的保温隔热性能和密闭性能。

就墙体节能而言，传统的用重质单一材料增加墙体厚度来达到保温效果的做法已不能适应节能和环保的要求，而复合墙体越来越成为墙体的主流。复合墙体一般用块体材料或钢筋混凝土作为承重结构，与保温隔热材料复合，或在框架结构中用薄壁材料加上保温隔热材料作为墙体。建筑用保温隔热材料主要有岩棉、矿渣棉、玻璃棉、聚苯乙烯泡沫、膨胀珍珠岩、膨胀蛭石、加气混凝土及胶粉聚苯颗粒浆料发泡水泥保温板等。这些材料的生产、制作都需要采用特殊的工艺、特殊的设备，而不是传统技术所能及的。值得一提的是胶粉聚苯颗粒浆料，它是将胶粉料和聚苯颗粒轻骨料加水搅拌成浆料，抹于墙体外表面，形成无空腔保温层。聚苯颗粒骨料是采用回收的废聚苯板经粉碎制成，而胶粉料掺有大量的粉煤灰，这是一种废物利用、节能环保的材料。墙体的复合技术有内附保温层、外附保温层和夹心保温层三种。中国采用夹心保温做法的较多。

门窗具有采光、通风和围护的作用，还在建筑艺术处理上起着很重要的作用。然而门窗又是最容易造成能量损失的部位。为了增大采光通风面积或表现现代建筑的特征，建筑物的门窗面积越来越大，甚至有全玻璃的幕墙建筑。这就对外围护结构的节能提出了更高的要求。

对门窗的节能处理主要是改善材料的保温隔热性能和提高门窗的密闭性能。从门窗材料来看，近些年出现了铝合金断热型材、铝木复合型材、钢塑整体挤出型材、塑木复合型材以及 UPVC 塑料型材等一些技术含量较高的节能产品。

其中使用较广的是 UPVC 塑料型材，它所使用的原料是高分子材料——硬质聚氯乙烯。它不仅生产过程中能耗少、无污染，而且材料导热系数小，多腔体结构密封性好，因而保温隔热性能好。

20 世纪 90 年代以后，塑料门窗使用量不断增大，正逐渐取代钢、铝合金等能耗大的材料。为了解决大面积玻璃造成能量损失过大的问题，人们运用了高新技术，将普通玻璃加工成中空玻璃，镀贴膜玻璃（包括反射玻璃、吸热玻璃），高强度低辐射镀膜防火玻璃，采用磁控真空溅射方法镀制含金属银层的玻璃以及最特别的智能玻璃。智能玻璃能感知外界光的变化并做出反应。它有两类，一类是光致变色玻璃，在光照射时，玻璃会感光变暗，光线不易透过；停止光照射时，玻璃复明，光线可以透过。在太阳光强烈时，可以阻隔太阳辐射热；天阴时，玻璃变亮，太阳光又能进入室内。另一类是电致变色玻璃，在两片玻璃上镀有导电膜及变色物质，通过调节电压，促使变色物质变色，调整射入的太阳光（但因其生产成本高，还不能实际使用）。这些玻璃都有很好的节能效果。

屋顶的保温、隔热是围护结构节能的重点之一。在寒冷的地区屋顶设保温层，以阻止室内热量散失；在炎热的地区屋顶设置隔热降温层以阻止太阳的辐射热传至室内；而在冬冷夏热地区（黄河至长江流域），建筑节能则要冬夏兼顾。保温常用的技术措施是在屋顶防水层下设置导热系数小的轻质材料用作保温，如膨胀珍珠岩、玻璃棉等（此为正铺法）；也可在屋面防水层以上设置聚苯乙烯泡沫（此为倒铺法）。在英国有另外一种保温层做法，就是采用回收废纸制成纸纤维，这种纸纤维生产能耗极小，保温性能优良，纸纤维经过硼砂阻燃处理，也能防火。施工时，先将屋顶的钉层夹层，再将纸纤维喷吹入内，形成保温层。屋顶隔热降温的方法有架空通风、屋顶蓄水或定时喷水、屋顶绿化等。以上做法都能不同程度地满足屋顶节能的要求，但最受推崇的是利用智能技术、生态技术来实现建筑节能的愿望，如太阳能集热屋顶和可控制的通风屋顶等。

"申纽丽"外墙施工在宁夏大学图书综合实验楼的工程实践中取得了良好的效果。"申纽丽"外保温系统由模塑膨胀聚苯乙烯泡沫塑料阻燃保温板、外墙外保温系统专用黏结剂、耐碱玻璃纤维网格布、保护涂层和辅助材料等组成。整个系统外覆盖装饰性涂料，通常为厚塑性涂层。其专用黏结剂与外饰涂层均为纯丙烯酸系列产品，具有优异的耐候性与耐碱性，是外墙外保温系统稳定性的根本保证。其阻燃保温板和网格布均是通过粘贴方式，或用金属件、螺钉或其他装置（如特殊金属件、插件、连接件等）固定于墙面。该施工方法的优点是适用范围广、保温效果明显，保护主体结构，有利于改善室内环境，扩大室内的使用空间，便于丰富外立面。

二、智慧图书馆的空间分布

建筑空间，它是为了满足人们生产或生活的需要，运用各种建筑要素与形式所构成的内部空间与外部空间的统称。建筑空间设计的好坏是评价一个建筑作品的好坏的基础。如果一座建筑的内部空间很吸引人，很令人振奋，那么，人的行为活动、思想思维都将受到巨大的影响；如果一座建筑内部空间很美观，而其室内的装饰不美观，那么该空间的美好性就算被破坏了。但是很明显，装饰只是装饰，它可以改变，而设计好的空间则是固定的，因此，一个好的空间设计是一座建筑所必不可少的。

在我国，由于智能建筑的理念契合了可持续发展的生态和谐发展理念，所以我国智能建筑主要凸显的是智能建筑的节能环保性、实用性、先进性以及可持续升级发展等特点，追求的是智能建筑的高效和低碳。

（一）智慧图书馆建筑空间的设计

对于常见的智能建筑空间分布的设计来说，主要的存在形式表现为以下几个方面。

1. 决策空间

对决策空间进行设计，主要是将较为良好的工作环境以及信息环境、辅助决策支持手段等提供给相应的决策者，打造更为合理的空间布局。

2. 会议空间

在现代智能建筑的室内空间分布的设计中，对会议空间进行设计是较为重要的环节。增加智能化的通信手段对于办公效率至关重要。可以通过对通信的网络空间进行合理的使用，使得不同地域的人员进行会议交流，可以使得与会人员通过声音或者影像的方式来举行会议。会议空间通常选择比较安静的位置，具体来说，可以将会议空间的位置设置到较高的楼层。会议空间的面积大小，要根据参与会议人员的数量来决定，同时还要考虑到会议设备存放空间或者摄像的范围等因素。需要注意的是，会议室的背面最好不要出现窗户，要利用遮光设备对强光进行阻挡，同时要安置一定的隔音或者吸声、防止回声的设备，这样可保证在开会期间不受外界的干扰，提高会议的质量。

3. 休息接待空间

在智能建筑中的休息接待空间要进行合理科学的布置，要预留出谈话和站桌的空间，在休息接待室可以进行一些小型的会议，可以方便员工之间的交流。

4.办公空间

建筑平面布置合理、采光设计良好，具有安全、健康、便利等特点，配备先进的信息环境、自动化办公条件。

此外，智能建筑内部空间还包括发电机室、电脑机房、空调主机室、电池室、空气调节室、管道间、简报室、不断电设备电源设备室等部分，其功能跟其相关专业有着较为密切的联系。

智能建筑空间设计理念要求图书馆的建筑设计必须充分考虑图书馆各种功能空间的组织与布局关系，合理制定空间面积，正确处理空间使用的主次关系，以达到空间面积利用的最大效率。

（二）智慧图书馆建筑空间的分布区域

结合以上理念，智慧图书馆建筑空间分布可以分为以下几个区域。

1.共享服务大厅

共享服务大厅是图书馆重要的引导和服务空间。读者通过门禁系统进入大厅，大厅内设有咨询服务、证件管理、总借还书处、公共查询、新书展示、自助借还系统及各种导向标记等，如果条件具备（包括面积、硬件设施等），还可把工具书阅览、数字阅览都设在大厅，形成传统印刷空间环境和现代数字空间环境的有效整合与布局，为读者自由、高效地利用资源提供最大的方便。共享大厅可成为图书馆的管理核心，使图书馆的一系列服务尽可能在大厅中完成。有的图书馆共享大厅利用率不高，是因为设计与布局只注重空间的规模，而忽视了功能性、灵活性和综合性，从而不能满足读者的多种需求。

2.普通借阅区和研究区

普通借阅区和研究区是图书馆最主要的部分，也是读者利用率最高的场所。根据读者的需求和文献载体及文种不同可分为中文图书阅览室、报刊阅览室、外文图书阅览室等。这些阅览室空间宽敞，并融藏、借、阅、管为一体，阅览室内还提供咨询、电子文献查询、随书光盘、复印、打印等服务，读者在阅览室就可享受到"一站式"服务。这些读者流量较大的阅览室一般都设在图书馆的一楼和二楼。为了满足不同读者的需求，在大阅览室内一般都设有研究区。研究区有着不同于一般阅览室的含义，它能够为读者提供个人或研究小组集体讨论需要的独立空间。图书馆可在研究室内提供电脑和网络信息点等服务。

3. 特藏区和名人捐赠区

图书馆的珍贵藏书如古籍、民国文献、名人赠书和手稿等，都应特殊保管。这些特藏区需要独立的空间，并要具备防火、防盗、恒湿恒温的条件。除了书库，在阅览室内还应设置一些展柜、橱窗，可展出一些珍贵的文献供读者欣赏。

4. 纸质阅览区和数字阅览区

纸质阅览和数字阅览既可采用单独设区管理也可采用分区管理的模式。单独管理应尽量用软隔断（如矮书架、沙发、花架）将纸质阅览和数字阅览相对隔开，也可围设在阅览室内的柱子旁。总之，数字阅览区应尽量与纸质阅览区分开，以避免噪声对读者的影响。

5. 公共活动服务区

公共活动服务区是指图书馆为学术和社会活动服务提供的一个动态空间。一般由报告厅、接待室、会议室、培训室、书吧、展厅等组成。公共活动服务区的出现，不仅是对传统图书馆功能布局模式的突破，也是社会进步的表现和社会发展的需要。它为读者和社会活动提供了便利条件，形成了图书馆以文献服务为主并兼顾学术和其他社会活动的新的空间布局模式。为避免公共场所的人流和噪声影响到图书馆的读者，所以，一般公共活动区，既要和图书馆相连，又要有自己独立的空间和独立的出入口，一般设在图书馆的底层或一角，既要方便管理，又不影响图书馆的正常使用。

6. 基藏书库区

虽然现代图书馆已实行开架阅览服务，但图书馆的藏书不可能全部放在阅览室供读者使用，特别是大中型图书馆，如果把馆藏图书全部放在阅览室里，不仅造成空间的浪费，也会给读者找书带来极大的不便。因此，图书馆大多还在采用"三线藏书"的方式，以供不同读者的需求。所以，图书馆的基藏书库空间对绝大多数图书馆来说是不可缺少的。为节省空间，现在书库一般都以密集型书库为主。基藏书库的空间可自成一区，考虑到地面的荷载，一般设在图书馆的底层，但要靠近电梯，方便与读者区的联系。另外，也可在基藏书库里设一些阅览座位，方便读者使用。

7. 办公区

办公区分行政办公和馆员业务办公，区域相对独立和稳定。办公区对空间的容量要求比读者区要小得多。在模数式图书馆设计中，办公室通常是用大开间分隔而成的，行政办公用房需求相对稳定；馆员办公用房将会根据图书馆业务的拓展而产生新的使用需求。所以，固定不变的馆员办公用房已不能适应变化发展的需求。因此，图书馆对业务发展要有前瞻性，适当放宽业务办公用房，如果增加新的业务，可用软隔断隔出新的空间，以便使用。同时，还应考虑馆员办公用房要以业务流程线路的顺畅和管理的方便性为原则，并相对接近读者。

8. 技术设备区

随着现代化的发展，图书馆计算机、网络等现代技术被广泛应用，图书馆的技术设备空间也成为必不可少的用房区域。主机房、配电房、空调机房、监控室等一般都设在图书馆的底层一角。因技术设备的管线与技术要求复杂，所以技术设备用房不但要独立一体，也要相对固定。为避免其噪声、振动带来的干扰，技术设备用房还应尽量远离读者阅览区域和办公区域。另外，大楼每层的交换机房也应设在走廊的一角，既要方便检修，也要尽量减少对读者的影响。

智慧图书馆建筑的空间分布特别强调了现代化图书馆建筑在使用上的灵活性，不仅满足当前图书馆功能使用的需要，同时又能充分考虑图书馆未来发展的需求。因为图书馆建筑面积不可能无限制扩大，因此在设计上要考虑在不改变建筑结构的情况下实现功能上灵活调度的最大化。图书馆的这种功能灵活性，形成图书馆建筑设计的新理念。近年来，模数式设计已成为国内图书馆建筑设计的主流，表现为通透、开阔的大开间设计，实现了藏、借、阅、咨询一体化布局，改变了图书馆功能分割、建筑格局固定不变的模式。随着建筑材料和建筑设计的进步，今后图书馆在功能使用上将会获得更大的灵活性。另外，高效率也是现代图书馆设计中不可忽视的一面，要以遵循提高效率，节约读者和工作人员的时间为设计原则。合理设计读者、书籍和馆员的三条流线，既要使之联系方便，又要避免流线相互冲突和交叉。内部工作流线要便捷明确，注重实用，提高建筑面积的使用率。

我国图书馆空间结构多数采用国外"三同一大"设计模式，即同一柱网、同一层高、同一荷载、大开间。其设计优势在于大空间，将图书馆的馆藏、咨询、阅览、借还几种功能一体化，但是这也意味着任何一个地方的照明、采暖,都要按照最高要求设计,造成极大浪费。这就需要设计者突破现有模式,改进结构设计。

在智慧图书馆建筑的室内布局设计上,应充分体现社会文明和人文关怀。首先,注重休闲空间的设计与利用,预设共享大厅、园艺区等休闲场所,利用过厅、楼梯厅或走廊一角,避开人流路线做适当陈设安排,为读者提供休息场所,并辅以艺术雕塑及文化装饰等,形成"人在园中,园在馆内"的氛围,为读者提供方便、舒适、优美的环境。其次,尽可能利用自然环境,坚持以自然采光和自然通风为主,既提高读者使用的舒适度,又降低了日常运行费用。基于实际情况有些阅览室进深过大,考虑局部用人工照明和机械通风加以补充,力求实现光线充足,通风流畅,读者视线不受干扰。再次,对无障碍设计予以充分考虑,具体包括在图书馆入口处设置轮椅坡道、盲道、扶手、防护栏杆、盲文标志、音响信号等设施,在各楼层内设置残障者专用卫生设施等。另外,图书馆设计除了强调考虑读者的意愿和需求外,对员工在工作和生活中的实际问题也予以充分考虑,如设置专门的员工休息室和清洁卫生间等。

图书馆内的交通流线是否通畅,直接关系到图书馆的使用效率。图书馆内道路应简明直接、标识明确,正常情况下人流通行顺畅,紧急情况下要保证人流疏散安全。交通组织要合理、畅通、方便;人车货分流清晰,以便于日常使用和管理。在图书馆建筑功能组织中,人流交通组织也是极其重要的一环,应动态地考虑图书馆的发展变化,为新的运行机制留有余地。现代图书馆的设计,往往更注重大开间、全开放、"藏、借、阅、咨"一体化的服务与管理模式,这就使阅览区变得越来越大;同时,为了调节呆板的阅览环境,创造活跃的阅览氛围,圆形、S形等颇具艺术性、时代感的异型书架,得到了越来越广泛的使用,这些都加大了读者查找文献的难度。因此,就需细化设计好图书馆的内部布局和交通流线。可以根据本校读者的使用规律,有针对性地安排馆藏布局和服务布局,对于圆形、S形等不易精确排架的异型书架,宜放置新书或休闲类图书,以降低对其精确排架的要求;对于大开间阅览区,宜进行精确的排架并做出明晰的标识,或借助智能图书馆的RFID技术,精确确定图书的收藏位置,使读者能方便直接地找到自己所需要的资料。建筑布局要求功能齐全、动静分区,遵循物流、馆员人流和读者活动流相对分离的原则。预设读者流向和流量，藏书、读者、工作人员三大流线设计顺畅便捷，内部功能要达到适用性、方便性、灵活性、科学性、安全性的要求。各建筑物之间要有风雨走廊连接，便于人流物流交通。尽量不采用高层建筑，以避免集中大人流垂直交通对电梯的依赖。设计书刊的物流线路时，在没有垂直升降电梯的地方应保持同一平面，以免运书车辆通行困难。设计电梯时，宜考虑设置一部货梯，以供运输一些超长、超宽的家具设备等。

同时，图书馆是一个人员密集的场所，紧急情况下的人员疏散问题，也是交通流线设计时必须考虑的，特别是阅览室、书库、报告厅等人员最密集处，疏散大门前消防前室的设计往往被忽略了，从而增加了疏散压力，限制了救援的空间。因此，在设计交通流线时，应该有意识地为疏散重点部位，留出足够的空间。

三、智慧图书馆建筑智能系统

建筑智能化是采用计算机技术对建筑物内的设备进行自动控制，对信息资源进行管理，为用户提供信息服务，它是建筑技术适应现代社会信息化要求的结晶。

图书馆建筑智能化是指综合采用电子信息技术、计算机技术和现代通信技术，对图书馆建筑内的机电设备进行自动监控，优化工作参数，对信息资源实施科学管理，为读者提供优质、高效的信息服务。

图书馆建筑的智能化，不仅方便了对大楼建筑的管理，提高了工作效率，降低了公共能耗，而且还方便了广大读者能更好地享受图书馆所提供的多元化的公共文化服务。所以，图书馆智能化已经成为现代化图书馆发展的必然趋势。

智能化是社会发展的必然趋势，它应用于图书馆，体现了图书馆功能的转化。现代计算机技术、现代控制技术、现代通信技术和 CRT 图形显示技术，即 4C 技术在建筑平台上的应用，使智能化建筑具有监控、控制、管理及信息传输与信息处理等能力。相比于一般的智能化建筑，图书馆智能化建筑的系统结构更为复杂，图书馆建筑智能化系统中要求图书馆信息化应用系统的配置应满足图书馆业务运行和物业管理的信息化应用需求；信息网络系统应满足图书阅览和借阅的需求，业务工作区、阅览室、公众服务区应设置信息端口，公共区域应配置公用电话和无障碍专用的公用电话。图书馆应设置借阅信息查询终端和无障碍信息查询终端；会议系统应满足文化交流的需求，且具有国际交流活动需求的会议室或报告厅宜配置同声传译系统；建筑设备管理系统应满足图书储藏库的通风、除尘过滤、温度、湿度等环境参数的监控要求；安全技术防范系统应按图书馆的阅览、藏书、管理办公等划分不同防护区域，并应确定不同技术防范等级。

智慧图书馆建筑智能系统一般可分为综合布线系统、信息发布系统、多媒体会议系统、公共广播系统、视频监控及报警系统、门禁一卡通系统以及楼宇自控系统等几方面。

（一）综合布线系统

综合布线系统包括楼宇自动化（BA）、消防自动化（FA）、安保自动化（SA）、通信自动化（CA）和办公自动化（OA），也就是所说的5A智能化建筑。这一系统是图书馆建筑智能化的基础。为了实现物尽其用和经济性、实用性最大化，智能化图书馆建筑的综合布线系统应当采用先进配套设施，按照各类信息的传送要求使用多种传送媒介，以形成高速的信息通道和集成化的管理网络。

综合布线系统应满足建筑物内语音、数据、图像和多媒体等信息传输的需求；应根据建筑物的业务性质、使用功能、管理维护、环境安全条件和使用需求等，进行系统布局、设备配置和缆线设计；应遵循集约化建设的原则，并应统一规划、兼顾差异、路由便捷、维护方便；应适应智能化系统的数字化技术发展和网络化融合趋向，并应成为建筑内整合各智能化系统信息传递的通道；应根据缆线敷设方式和安全保密的要求，选择满足相应安全等级的信息缆线；应根据缆线敷设方式和防火的要求，选择相应阻燃及耐火等级的缆线；应配置相应的信息安全管理保障技术措施；应具有灵活性、适应性、可扩展性和可管理性。

图书馆智能建筑内数据传输主干应采用多模主干光缆，按照传输速率万兆或以上进行设计，并结合智能化其他子系统的需要，对数据传输线路进行统一规划。数据终端信息点按图书馆馆员工作站、信息发布、书目查询、自助办证、自助借还书、电子阅览等设备摆放位置进行有线覆盖；会议室、开放式阅览区、公共活动区等采用无线方式覆盖，并充分预留有线信息点点位。普通信息面板的标高遵循相关施工规范，对部分具有特殊使用情况的应按照图书馆专用家具的使用工艺的需求进行配置。

（二）信息发布系统

信息发布系统应具有公共业务信息的接入、采集、分类和汇总的数据资源库，并在建筑公共区域向公众提供信息告示、标识导引及信息查询等多媒体信息发布功能。宜由信息播控中心、传输网络、信息发布显示屏或信息标识牌、信息导引设施或查询终端等组成，并应根据应用需要进行设备的配置及组合。应根据建筑物的管理需要，布置信息发布显示屏或信息导引标识屏、信息查询终端等，并应根据公共区域空间环境条件，选择信息显示屏和信息查询终端的技术规格、几何形态及安装方式。播控中心宜设置专用的服务器和控制器，并宜配置信号采集和制作设备及相配套的应用软件，软件应支持多通道显示、多画面显示、多列表播放和支持多种格式的图像、视频、文件显示，并应支持同时控制多台显示端设备。

图书馆信息发布系统可采用不同类型的显示终端，如全彩 LED 屏、双基色 LED 屏、标准或嵌入式 LCD 屏、触摸屏等，可布置在总服务台、中庭、会议室、报告厅、阅览区服务台和公共活动区，发布会标、图书馆馆藏介绍、阅览区导览图、最新书籍信息和预览区借阅规则等。这套系统能够将这些不同类型的显示终端有效集成起来实现远程集中控制，并能对所集成的显示终端进行内部指令控制。通过网络远程控制，接合显示终端控制器控制软件对显示终端的显示内容、节目、字幕播放进行控制和管理，对显示终端的 IP 进行管理，能够对不同显示终端进行分组，并具备供电控制和自动校时功能。

（三）多媒体会议系统

多媒体会议系统应按使用和管理等需求对会议场所进行分类，并分别按会议（报告）厅、多功能会议室和普通会议室等类别组合配置相应的功能。会议系统的功能一般包括音频扩声、图像信息显示、多媒体信号处理、会议讨论、会议信息录播、会议设施集中控制、会议信息发布等功能。会议（报告）厅宜根据使用功能，配置舞台机械和场景控制及其他相关配套功能等。其中具有远程视频信息交互功能需求的会议场所，应配置视频会议系统终端（含内置多点控制单元）。当系统具有集中控制播放信息和集成运行交互功能要求时，宜采取会议设备集约化控制方式，对设备运行状况进行信息化交互式管理。会议系统应适应多媒体技术的发展，并应采用能满足视频图像清晰度要求的投射及显示技术，以及满足音频声场效果要求的传声及播放技术。宜采用网络化互联、多媒体场效互动及设备综合控制等信息集成化管理工作模式，并宜采用数字化系统技术和设备。宜拓展会议系统相应智能化应用功能。

图书馆多媒体会议系统将各种会议系统及相关设备，如会议发言单元、扩声单元、视频显示单元、中控单元等有机地集成在一起，形成一个完整的系统，实现会议进行过程中只需要一名操作人员即可控制整个会议系统，通过计算机网络调用数据库中的各类数据和图像等信息，从而给与会者以声图并茂的视觉和听觉效果，营造出更好的会议氛围。

1. 数字会议系统

图书馆数字会议系统采用先进的手拉手数字化连接方式，在传输过程中信号的质量和幅度都不会衰减，让每一个与会代表都可以听到稳定、纯正的声音，充分保证语言的清晰度和较大的语音动态范围。会场一般配备有线话筒和无线话筒，有线话筒的主席单元具有优先功能，当按下主席单元上的优先按钮时，就可关闭或静音正在使用中的代表单元，从而实现主席单元的人对会场的控制。而与有线话筒配套的电子铭牌设备，一方面可以显示发言人的姓名和职务，另一方面可通过主席单元实现会议表决功能。

2. 移动式数字会议系统

在图书馆里公共区举办活动时，因地点不固定，需要配置移动式数字会议系统，该系统一般配备无线话筒和大功率有源音箱，满足活动现场的扩音要求。

3. 同声传译会议系统

同声传译会议系统是图书馆实现高级别国际会议同步翻译不可缺少的系统单元。该系统可以保证演讲者在发言的同时，内容被同步传送到同声传译室的翻译单元，翻译人员即时将所听到的内容同声翻译成指定的目标语言，并通过独立的信道传送回会场。与会者头戴具有红外接收功能的耳机，通过手持接收器进行频道选择，可以随意选择自己能听懂的语言频道，满足会场多语种与会者收听会议的需要。

4. 远程视频会议系统

图书馆远程视频会议系统多用于共享工程中心主会场与分会场之间的

会议交流，系统终端通过网络接入 MCU（多点控制单元），将主会场会议现场的影像、声音等多媒体资料经压缩传输到网络，一个或多个不同地方的分会场再通过传输线路及多媒体设备，将声音、影像等多媒体资料进行还原，保证了主会场现场会议的实时传送，解决跨地域会场的沟通难题。

（四）公共广播系统

公共广播系统应包括业务广播、背景广播和紧急广播。业务广播应根据工作业务及建筑物业管理的需要，按业务区域设置音源信号，分区控制呼叫及设定播放程序。业务广播宜播发的信息包括通知、新闻、信息、语音文件、寻呼、报时等。背景广播应向建筑内各功能区播送渲染环境气氛的音频信号。背景广播宜播发的信息包括背景音乐和背景音响等。紧急广播应满足应急管理的要求，应播发的信息为依据相应安全区域划分规定的专用应急广播信令。紧急广播应优先于业务广播、背景广播。公共广播系统应适应数字化处理技术、网络化播控方式的应用发展，宜配置标准时间校正功能。声场效果应满足使用要求及声学指标的要求，宜拓展公共广播系统相应智能化应用功能。

优美、舒适的音乐会给人们带来精神上的快感，既可使人放松紧张的心情，又可消除人们的疲劳。公共区域背景音乐可以创造舒适、和谐的气氛。随着人们文化素质的提高和思想意识的不断更新，人们对周围环境提出更高要求，背景音乐已经广泛应用于现代化智能建筑中。图书馆公共广播系统是在建筑消防分区的基础上，将背景音乐扩声装置均匀覆盖到建筑室内外，并按绿化广场、报告厅、读者餐厅、阅览区、公共活动区、办公区等区域功能的不同设置独立的分区广播。公共广播机房设置于监控控制中心，平时向图书馆建筑室内公共场所及室外绿化广场提供开路、闭路多音源信号节目，用于播放通知、背景音乐、温馨提示等。同时该套系统与紧急广播系统合二为一，遇有突发事故（如火灾）发生时，设置于监控中心的总寻呼话筒能够强行切入，实现全区域内的紧急广播功能。在部分服务台，如少儿阅览区服务台，还可根据需要，设置单独的寻呼话筒，用于该单独分区里的广播寻人、活动通知等。

（五）视频监控及报警系统

随着现代技术在图书馆的应用，图书馆服务方式也发生了重大改变，对图书馆管理提出了更高的要求。为满足图书馆开放式、多样化的服务要求，进一步强化图书馆的安全保障，视频监控及报警系统作为重要的辅助管理手段，已成为图书馆智能建筑建设的重要组成部分。除了在建筑传统位置，如电梯轿厢、楼道前室、建筑出入口、公共区域布设监控设备点，为了适应图书馆馆藏从传统闭架调阅到大空间开放阅览方式的转变，还可在各类书架之间的通道处适当增设监控点，减少由于书架过高或过于密集而产生的阅览区域监控盲区现象，有效保护了藏书。同时，监控设备可与其他报警设备进行联动，如在阅览区服务台设置监控设备点位并辅以手动报警装置，一旦发生突发事件，服务台工作人员能够触发隐藏在服务台下方的报警按钮，监控中心能够第一时间调用对应位置的监控探头获取警情，并及时调动安保人员赶往事故现场。由于现代化建筑的室外多为开放式设计，室外周边安全防御逐步缩小为建筑外围防御，室外立杆上的监控探头需要与在建筑外墙一周均匀分布的三鉴探测器进行联动布防。特别是在晚上，一旦有不法人员闯入，联动系统将第一时间发出警报音，并且在电子地图上相应的位置进行闪动，监控中心能够调用最近的监控探头获取视频，并通知安保人员迅速出警。

（六）门禁一卡通系统

门禁一卡通系统作为图书馆建筑智能化系统中的一部分，集自动识别技术和现代安全管理措施于一体，涉及电子、机械、光学、计算机技术、通信技术、生物技术等诸多新技术，迈向高度集成化，体现了现代智能化管理的要求。在图书馆实现一卡通系统，将图书自助借还设备、停车场设备、门禁设备、电梯楼层控制设备、巡更设备、餐厅消费设备等进行系统集成，以 IC 卡扇区可读写技术为核心，统一财经软件系统为后台，充分发挥智能化产品的科学性与先进性。让读者手持借书证，就能在馆内各种图书自助借还设备上无障碍使用，在餐厅进行自主充值消费，在停车场进行停车刷卡计时交费；让工作人员手持工作证，按部门职能或工作范围分配相应的门禁权限，可在餐厅灵活结算公务消费，在停车场智能识别员工车辆，从而达到提升图书馆整体服务水平，降低服务成本的最终目的。

（七）楼宇自控系统

楼宇自控系统对整个图书馆智能建筑的所有公用机电设备，包括建筑的中央空调系统、给排水系统、供配电系统、照明系统、电梯系统，进行集中监测和远程控制来提高建筑的管理水平，降低设备故障率，减少维护及营运成本。楼宇自控系统由中央控制站、现场控制站、现场检测和执行机构组成。系统运用集中管理、分散控制方式，采用共享总线型的拓扑结构，通信网络采用统一的通信协议，对多个供应商不同系统间的集成采用国际通用的成熟标准。该系统通过对暖通空调、照明等系统运行的优化控制，达到环境舒适、高效节能的目的；通过对各机电设备运行状态进行自动监测、控制，实现对各机电设备进行集中统筹的、科学有序的、综合协调的智能管理。系统为大楼合理的能源管理、设备管理、设备维护提供有效的工具和数据，为减员增效、实现科学管理创造条件；通过对空气参数的监测、自动调节，为新馆提供良好的空气质量和舒适的环境，并满足图书馆及馆藏的特殊要求。图书馆内部除菌消毒设备尤为重要，这不仅避免了读者进入图书馆、翻阅借还图书时容易出现的细菌病毒交叉传播，同时也保障了馆员在日常工作中的健康问题，例如呼吸道感染、皮肤过敏等。这一点可以借鉴目前一些幼儿园所采用的紫外线消毒设施，在闭馆的时间段里对馆内场所设备、馆藏文献进行杀菌消毒。

智能化是图书馆建筑发展的生命力，是现代图书馆建筑发展中的一大变革，它不但扩展了传统图书馆的功能，更提高了图书馆信息化的服务水平，使任何群体、任何个人都能与人类知识宝库近在咫尺，随时随地从中受益，有效实现了公众信息的传播。伴随着图书馆现代化、智能化的进程，图书馆建筑的智能化也成了当今公共图书馆建设的新内容，但值得特别关注的是，在接下来的发展之路上，智能建筑终将融入智慧城市建设。

第三章　智慧图书馆馆员队伍建设

第一节　智慧馆员的概念与岗位设置

在智慧图书馆的概念中，人的因素是相当重要的，其中包括馆员和读者。馆员在智慧图书馆建设中起着不可或缺的作用。任何先进的技术，离开了人的主观能动性，其创造性都会受到很大的影响。在智慧图书馆建设中，图书馆不应该仅依赖花费巨额资金采购的各种智能设备，而应该重视馆员在其中所发挥的主观能动性和创新性，任何脱离了馆员的智慧图书馆建设都是在浪费经费。因此，在智慧图书馆建设中，我们不仅要关注使用了多少智能设备、设备有多先进，还应该重视馆员素质的提升，从而让馆员提供更高水平、更专业的图书馆服务。馆员是整个智慧图书馆建设的实践者，馆员的水平在很大程度上决定了智慧图书馆建设的水平。

智慧馆员是在智慧图书馆建设过程中产生的概念。智慧图书馆建设对馆员提出了更高的要求，馆员要适应图书馆的新服务模式，将知识服务跃升为更为主动、专业和个性化的智慧服务。

一、智慧馆员的定义

在文章题目或关键词、主题词中涉及智慧馆员的文章寥寥无几，绝大部分的文献仅是与"智慧""馆员"相关而已。即使完全与"智慧馆员"相关，对"智慧馆员"进行定义的文献也相当少，绝大部分是在智慧图书馆建设中提到对智慧馆员的能力建设的探索。国内首次给"智慧馆员"定义的是我国图书馆学系教授许春漫，她认为智慧馆员具备一定的学科背景，经过相关的专业训练，能满足读者个性化、专业化知识服务的需求，且可以培养智慧读者。这是从智慧馆员所应具备的素质和承担的责任出发来定义的。后来其他学者也对智慧馆员进行了定义，认为智慧馆员应从读者的目标出发，能深度理解与分析知识结构，并将这些应用在工作中，从而为读者提供个性化、情景化的知识服务。智慧馆员应具备掌握现代化技术的能力，利用智慧方法进行信息收集、分析等，并能与其他职能部门一起整合资源和提供服务。

从上述对智慧馆员的定义可知，这些定义的框架基本上是智慧馆员应具备一定的能力，并承担一定的责任。这些定义基本上要求智慧馆员掌握一定的现代化信息技术，为读者提供个性化、智能化服务。因此，从这些定义中可以发现，智慧馆员只有掌握智慧图书馆涉及的各种信息化技术，才能为读者提供智慧服务，这也是智慧馆员最大的特征。目前国内外对"智慧馆员"的定义尚未统一，也少有学者对该概念进行定义。随着技术的进步与智慧图书馆建设的推进，"智慧馆员"的定义会动态发展，对"智慧馆员"的要求也会不断变化，这或许是较难定义"智慧馆员"的主要原因。

二、智慧馆员的角色定位

（一）馆员角色的演变

科技是第一生产力，科学技术驱动着图书馆向前发展，从古代藏书楼到近现代图书馆，再到随着技术革新而发展的数字图书馆、移动图书馆、智能图书馆，最后到智慧图书馆。不同时期馆员的角色也在不断演变，一般而言，馆员具有图书馆管理员、参考馆员、学科馆员、嵌入式馆员和智慧馆员等角色。这五个角色并不是后者对前者的替代，而是在技术推动下图书馆出现的新角色，他们所要提供的服务逐渐深层化和个性化。这五个馆员角色分别对应不同的图书馆服务阶段。一般认为，图书馆服务经历了文献服务阶段、信息服务阶段、知识服务阶段、嵌入式服务阶段和智慧服务阶段。

在文献服务阶段，馆员在古代藏书楼时期由于重视对图书馆文献的收藏，只负责藏书的保存和借还工作，而不重视对馆藏文献的开发利用，主要承担图书馆管理员的角色。随着计算机的出现，图书馆进入数字图书馆时期，图书馆意识到文献加工整理的重要性，便开始为读者提供参考咨询等服务，于是进入信息服务阶段。在信息服务阶段，馆员主要承担参考馆员的角色，被动地回答读者的问题，且回答的问题相对简单，如馆藏布局、读者指引、文献导读等。随着技术的发展和馆员主动服务意识的增强，图书馆步入知识服务阶段。在知识服务阶段，馆员主要承担学科馆员的角色，重点在于将图书馆服务与教学、科研等相结合，努力将自己变成某个领域的专家，所以一般需要具备一定的专业背景。随着信息化的推进和图书馆服务主动性的进一步加强，图书馆进入嵌入式服务阶段。在嵌入式服务阶段，馆员主要承担嵌入式馆员的角色，围绕着读者，为其提供专业的、随时随地的服务，并且能够主动将图书馆服务嵌入教学与科研中，成为项目组成员、某个领域的信息专员或数据专家。在嵌入式服务阶段，馆员不再将工作地点局限于图书馆，而是经常深入院系、科研单位等，了解读者的真实信息需求。随着智慧图书馆建设的推进，馆员正经历着由嵌入式馆员向智慧馆员的转变。智慧馆员努力将知识、信息和数据转变成智慧成果。

我国学者侯明艳将馆员的这五个角色绘成模型图，认为馆员的五个角色构成了一个金字塔，其中智慧馆员处于塔尖位置，表明人员所占比重最小，同时显示出其地位也最高。馆员的五个角色是技术与时代发展的产物，但这并不意味着同一时代的图书馆馆员角色是一样的。由于经费和技术的原因，我国能进行智慧图书馆建设的图书馆较少。因此国内真正能称为智慧馆员的也极少，绝大部分还处于学科馆员和嵌入式馆员的阶段。同时，即使在同一图书馆内，由于所处的岗位不同，馆员所承担的角色也有所不同。一个图书馆不可能所有馆员都是智慧馆员、嵌入式馆员等，根据岗位不同，馆员所承担的角色也不一样。因此，在同一个图书馆中，不同角色的馆员会并存。如在同一个图书馆内，可能同时存在图书馆管理员、参考馆员、学科馆员和嵌入式馆员，这是由分工不同而产生的。但智慧馆员的素质与胜任能力要高于其他馆员，这是岗位职责所决定的。智慧馆员是智慧图书馆建设的核心组成部分，在很大程度上决定着智慧图书馆建设的水平，其依靠新一代的信息技术，为读者提供智能化、个性化的智慧服务。因此，智慧馆员是智慧图书馆发展的必然产物，是技术驱动图书馆发展的结果。

（二）智慧馆员的角色定位

国外图书馆很少专门设置智慧馆员，对智慧馆员的角色定位也极少涉及。国外有大学图书馆设置了智慧学习馆员，角色的定位主要是对读者提出的问题进行评估、给出搜索策略的建议、给出数据库使用的建议、帮助读者发现和修改写作中的错误等。与之相反的是，智慧馆员并不会亲自为读者做这些具体工作，仅仅提供建议而已，如他们不会阅读、校对或编辑读者的参考文献。

我国学者在对智慧馆员的概念进行定义之后，也对其角色定位进行了探讨，认为智慧馆员的角色定位为阅读引导员、智能学习员、首席数据官。智能学习员的定位与国外大学图书馆的智慧学习馆员的提法类似。阅读引导员可引导读者在智慧图书馆内进行高效的学习与阅读；首席数据官的提法也借鉴了国外的提法，相当于国外的图书馆数据专家。图书馆界专家陈凌分别从技术层面、服务层面、馆员素质层面等角度对智慧馆员提出了掌握新一代技术、提供个性化服务与创新服务、提供知识挖掘服务和知识增值服务等要求。

国内外对智慧馆员角色定位的研究极少，主要是在智慧图书馆建设方面做得很出色的并不多，专门设置智慧馆员的图书馆更是极少。因此，国内外图书馆科研人员较难对其角色定位进行研究。在现有的研究中，基本上还是在智慧馆员概念的基础上进行重新细化描述，并无新意。结合国内专家学者对智慧馆员的角色定位，智慧馆员的角色定位有问题解决专家、智慧学习馆员、首席数据家、"营养师"与贴心服务者等。

1. 问题解决专家

问题解决一直是馆员应该面对的事情。不管图书馆处于何种发展阶段，其本质都是给读者解决问题，只是解决问题的深度与广度不同。由于解决的问题不同，馆员所承担的角色也不同。不管所承担的角色如何，馆员都要解决其岗位面临的问题，此时他就是专家。如在古代藏书楼阶段，馆员承担图书馆管理员角色，主要解决的问题是帮读者尽快找到想要的图书并为其办理借阅。所以在古代藏书楼阶段，馆员在帮助读者寻找图书时就属于问题解决专家。但随着技术的发展，馆员所承担的角色不同，所处理的问题也有所不同。在同一个图书馆中由于馆员所处的岗位不同，可能同时存在图书馆管理员、参考馆员、学科馆员和嵌入式馆员。在智慧图书馆建设中，智慧馆员要扮演好问题解决专家的角色，同时承担图书馆管理员、参考馆员、学科馆员和嵌入式馆员多个角色。只有具备以上这些角色所拥有的能力，智慧馆员才能对读者的信息需求有求必应。智慧馆员作为参考馆员，能够回答读者有关图书馆活动服务、功能区域划分、借阅规则、智能设备使用等方面的问题，具备解决读者最基础问题的能力。作为学科馆员，智慧馆员应通过新一代技术更全面地了解国内外学科专业知识的发展，并掌握专业建设情况及馆藏需求，从而立足于教学与科研的需求，对馆内资源与馆外学科前沿知识进行加工处理，生成最新的学科知识发展前沿报告，实现知识服务升级。作为金字塔顶端的智慧馆员，除了具备学科馆员、参考馆员等应具备的能力，还应掌握专业的图书情报基础知识，掌握新一代信息技术，利用这些专业知识和先进技术，敏锐地获取专业发展信息，并深入挖掘馆内读者的需求，主动嵌入教学与科研中，为读者提供优质、高效、个性化、智能的服务，从而解决智慧图书馆建设环境下读者提出的各种问题，提升图书馆服务水平。

2. 智慧学习馆员

智慧学习馆员主要辅导读者在智慧图书馆中更好、更快地学习，重点培训读者掌握智慧图书馆中各种新信息技术的使用方法，从而帮助读者提升学习、科研效率。由于国内外专门设置智慧馆员的图书馆极少，故使用百度、谷歌等主流搜索引擎很少能搜索到相关结果。因此，对智慧馆员所应承担的角色也较难界定。西悉尼大学图书馆是研究中仅有的设置智慧馆员的图书馆，且其智慧馆员的名称为智慧学习馆员，可见智慧学习馆员的角色非常重要。西悉尼大学图书馆为读者提供的智慧学习服务包括以下几个方面：一是帮助读者访问各种自助资源，二是在线图书馆馆员会在图书馆工作时间内提供作业帮助服务，三是帮助读者提高学术写作能力和学习技巧，四是帮助读者寻找最佳信息和参考资源，五是为所有读者提供数学和统计概念的教学培训。

具体到智慧学习馆员，国外大学图书馆为读者提供学习方面的建议，而不会去帮读者完成具体的工作。如图书馆会对读者提出的问题进行评估而不会帮读者做作业，会给出搜索策略的建议而不会帮读者搜索，会给出数据库使用的建议而不会帮读者进行文献检索，会帮读者学习如何发现和修改写作中的错误而不会帮读者阅读、校对或编辑作品，会为读者参考引文提供建议而不会帮助读者校对阅读或编辑参考文献。可见其智慧学习馆员主要是培养读者在智慧图书馆中自主学习的能力。

3. 首席数据家

智慧图书馆建设中会产生各种来源和各种结构的数据，包括结构化数据、非结构化数据和半结构化数据。特别是非结构化数据，在智慧图书馆建设之后会越来越多。非结构化数据是很难进行挖掘和分析的，所以难以发挥其真正的价值。但非结构化数据在读者画像分析和科研工作中发挥着重要作用。现在图书馆已经步入数据驱动发展阶段，数据服务越来越重要。此部分数据包括各种类型的数据，只是在智慧图书馆建设中非结构化数据的比重及重要程度越来越高。

在智慧图书馆建设中，智慧馆员首席数据家的角色显得越来越重要。作为首席数据家或数据专家，其应履行以下职责：一是提供数据生命周期全周期的服务，从数据产生到数据保管，都要提供专业辅导；二是了解数据需求，帮助做好数据管理规划，减少其在时间与精力上的浪费；三是培训读者获取、加工、分析数据的方法、技术等，提高读者的技术素养；四是主动进行外部数据获取和馆内大数据分析等，生成专业发展前沿报告，为读者的专业发展提供重要参考。

4. "营养师"

智慧馆员可能是图书馆馆员，可能是教师，也可能是科研工作者，当然还可能同时具备这些身份。首先，智慧馆员是图书馆的一分子，其身份首先是图书馆馆员。其次，智慧馆员具有专业素养和技术素养，完全具备从事相关教学工作的能力，所以国内外许多图书馆馆员同时从事教学工作。因此，智慧馆员可同时具有馆员、教师和科研人员的身份。智慧馆员身兼多个身份，掌握多种专业知识与技能，能为读者提供多种辅导，具体以读者的需求为主，起到"营养师"的作用。面向科研工作者，智慧馆员可以是馆员或教师；面向教师，智慧馆员可以是馆员或科研人员；面向学生读者，智慧馆员可以是馆员、教师或科研人员。扮演多个角色的智慧馆员，源源不断地为在校读者提供各种智慧养料。

5. 贴心服务者

服务是图书馆的本质属性，也是图书馆的职责与价值所在。图书馆普遍关注读者服务满意度、图书借阅量、入馆人数、电子资源下载量等指标，这些指标都是围绕读者服务设置的。可见服务质量在很大程度上被视为图书馆发展的生命线。图书馆在很早以前就把服务视为其存在的目的，随着图书馆的发展，服务理念越来越深入人心，图书馆馆员普遍将工作视为"奉献""为他人作嫁衣"等，在服务过程中实现自己的社会价值。

在智慧图书馆建设中，智慧馆员更应在服务中发挥图书馆的价值和实现自我价值。智慧馆员有专业的图书馆情报知识素养和相应的技能背景，才能在服务中体现自己的专业价值。智慧馆员在思想上、行为上要善于挖掘读者的需求，主动为读者服务，做读者的贴心服务者。

三、智慧图书馆环境中馆员和读者互动的变化

馆员与读者是图书馆的共同参与者，在智慧图书馆中亦不例外。在智慧图书馆建设中，新时代技术的大量使用，对馆员与读者的互动产生了一定的影响。随着技术的发展与大规模应用，读者对馆员的依赖性越来越小，独立性越来越强，能独立完成一些任务，如办卡、进出闸门、图书查询与借还等，这些都可以自行完成，不需要与馆员进行互动。因此，智慧图书馆建设在很大程度上对传统图书馆的时空进行了重构，也对馆员与读者的互动进行了重构，建立了新型馆员与读者互动关系。

（一）馆员和读者互动的时空发生变化

在传统图书馆中，特别是藏书楼模式下，馆员与读者的互动是以面对面的形式进行的，没有其他方式可选，这种互动模式在时间与空间方面受到很大的约束。在藏书楼模式下，馆员与读者在信息素养方面具有巨大差异，馆员可以完全掌握与读者互动的主动权，双方采取的是不对等的互动模式。随着信息化的发展，读者对图书馆的依赖程度降低，有更多渠道获取信息，同时在图书获取等方面的知识素养也得到了较大的提升。因此，在数字图书馆、移动图书馆中，馆员与读者的互动关系有所变化，与以往相比，馆员与读者进行沟通需要更高的主动性，且应更注重服务态度与服务质量。在这些模式下，除了面对面的互动方式，馆员也开始尝试网络互动方式。在智慧图书馆建设中，馆员与读者互动关系进一步发生改变。读者对馆员的依赖程度降低，同时读者对馆员的要求也逐步提高。读者在智慧图书馆中拥有更高的主动性，与馆员的互动也更为对等。在智慧图书馆建设中，网络互动方式逐步增多，面对面互动相对减少。在网络互动期间，读者与馆员的互动更为平等，接受到图书馆的服务也更为公平，不会因个人面貌、学历、种族等因素受到不公平对待。由于网络互动方式增多，读者能越来越不受时空限制地向馆员咨询业务。因此，在智慧图书馆建设中，馆员与读者的互动时空在发生变化，馆员与读者的互动方式也在发生变化。

（二）读者对馆员的依赖程度下降，导致双方的关系更为松散

在信息化快速发展的今天，人们受网络的影响越来越大。人们越来越多地通过网络表达自己的想法，体现自己的个性。特别是随着短视频平台的

快速发展，人们更愿意通过网络来进行自我展示。在智慧图书馆建设中，信息化、网络化得到进一步加强，读者的虚拟身份以及对平等、均等化等的一系列追求不断激发读者想在智慧图书馆平台上独立自主地表现自我，以实现个人价值。所以在智慧图书馆阶段，读者对图书馆的依赖程度下降，能方便、快捷地通过互联网获取信息，同时智能设备的易用性也帮助读者减少对馆员的依赖。在多种因素影响下，读者越来越不情愿接受馆员的指导或思想灌输，更多的是想向馆员争取个性以及平等，从而造成读者与馆员的关系更为松散。在这种情形下，馆员应抛弃传统的思想，不应以喋喋不休的教导方式与读者进行互动，更不能有高人一等的姿态，而应以读者为中心，以读者想要的方式进行互动，如加强在抖音、快手、哔哩哔哩、视频号等平台上的短视频建设，与读者重新构建交互关系。

（三）馆员和读者的博弈更加明显

读者获取信息的方式在很大程度上决定了馆员与读者的博弈关系。在传统藏书楼模式下，读者获取信息的方式非常少，往往通过口口相传或者查阅书籍的方式获取信息。在那个时期，读者掌握的专业知识比馆员要少得多。所以在传统藏书楼模式下，读者非常敬重馆员，这是一种非常不对等的关系。但随着读者获取信息渠道的增多，获取方式发生了改变，读者能通过网络获取想要的资讯，对图书馆的依赖程度不断弱化。由于这种弱化，馆员在与读者的博弈中慢慢从被动服务向主动服务转变，从绝对强势向平等转变。在这个转变过程中，图书馆的权威性与优越性不断下降，读者要求的平等化逐步增强。所以在这个博弈中，读者的需求在改变，馆员的角色也应发生变化。图书馆不能再从自身角度出发，而应从读者需求出发进行构建。因此，在智慧图书馆中，馆员要承担更多的责任，如在管理与传播知识的基础上，还应承担组织活动、指导学习、促进技能学习等责任。

（四）馆员和读者互动出现新特征

在智慧图书馆阶段之前的读者一般是当地区域范围内的。同时，馆员与读者的互动一般以面对面的形式为主，读者能够实实在在地呈现在馆员的面前，虚拟方式的互动较少。在智慧图书馆阶段，馆员与读者主要通过网络互动，往往通过语言、文本、多媒体等方式进行虚拟沟通。同时由于采取的是网络沟通，读者的传统界线将不复存在，读者极有可能不是图书馆所在行政区域内的人。因此，智慧图书馆下读者的概念已经弱化了物理概念，同时也弱化了具体形象，更多是采取去中心化的虚拟形式，这是智慧图书馆建设的一个新特征。这种交互方式给馆员与读者带来了很大便利，但也对馆员提出了新的要求。这种交互方式要求馆员能够同时在线与多个读者进行实时互动，强调互动的及时性与准确性。同时，这种互动可以数据的形式记录下来，故馆员在与读者沟通时更应注重自身形象，注意自身的专业性。在互联网高度发达的今天，馆员与读者的互动处在全社会的监督下，应谨慎进行，不能因是虚拟化沟通便弱化馆员的角色与责任。

第二节　智慧馆员的能力构成

智慧馆员的能力高低在很大程度上决定了智慧图书馆建设的成败，智慧图书馆建设离不开馆员的发展。智慧馆员是整个智慧图书馆服务的主要参与者，同时对整个智慧服务起到主导作用。智慧馆员在智慧图书馆建设过程中，如在项目立项、实施、试运行和后期运作等工作中，都发挥着重要作用。这些也是智慧馆员所应具备的能力，即智慧馆员的能力相对于参考馆员、学科馆员及嵌入式馆员等，应更为专业、更为综合，才能对整个智慧图书馆建设有先见性，才能为读者提供知识增值服务。因此，智慧馆员的能力对智慧馆员本人和智慧图书馆建设都显得非常重要。智慧馆员的能力可依据其专业背景、职业能力、交流能力等多个方面进行筛选或培养。

一、智慧馆员能力构成研究概况

国内对智慧馆员胜任能力的研究较多，有不少研究成果。学者郑悰昕认为智慧馆员应具备一定的核心能力，并将其分成认知与识别、服务与行动、协助与沟通、发展与创新四个方面的能力。认知与识别要求智慧馆员能够适应智慧图书馆的工作环境，能够敏锐抓取读者的需求；服务与行动是指智慧馆员能够对信息资源进行组织、开发、应用、传递等；协助与沟通是指智慧馆员具有协助读者、资源商等利益相关者的能力；发展与创新是指智慧馆员具有自我提升和开拓创新的能力。我国教育学博士王金娜在对"智慧馆员"这一概念进行定义时，从基础能力、核心能力和竞争能力三个方面对智慧馆员的能力进行划分，同时智慧馆员还要具备业务水平、知识结构等五个方面的能力。她认为智慧馆员应具备一定的专业技能，能够终身学习，具有创新能力，愿意接受新事物。图书馆学专业管理学博士孙坦则并未对智慧馆员应具备的能力进行划分，而是列举了信息发现、提供信息素养教育培训、掌握相关管理软件、提供参考咨询和学科服务等九种能力。学者邱圣晖认为智慧馆员应具备信息分析、数据挖掘、人际交往、创新等六种能力。

除了对智慧馆员应具备一定的技能进行探讨，也有些学者从人格、思想品德等方面进行研究。学者齐凤艳在探讨智慧馆员应具备的素质时提到，智慧馆员应具备与时俱进、知识共享等四个方面的优良品质。她认为智慧馆员除具备相应的专业技能外，还应有高情商，做到德艺双馨，善于发现与管理人际关系。智慧图书馆建设中应重视"智德"的作用，要求智慧馆员在"人"和"德行"两个方面提高修养。

从具体的服务形式来看，智慧馆员通过新一代的信息技术，为读者提供个性化知识增值服务；从服务渠道来看，智慧馆员承担着将智慧馆员的角色嵌入教学、科研和业务管理中的任务；从科研服务来看，智慧馆员利用自己的专业知识与技能背景，为科研工作提供数据管理服务、数字人文服务等；从教育教学方面来看，智慧馆员将为学生提供专业信息素养教育培训，并以学科馆员的身份为学生提供最新的专业发展资讯；从实现目标来看，智慧馆员应依靠智能技术为读者提供更为主动的、专业的业务知识服务。

二、智慧馆员的能力构成

（一）个人技能

个人技能与 IT 技能等相比比较隐性，较难进行衡量，又可称为软技能，对智慧图书馆来说非常重要。与智慧图书馆相关的个人技能有积极进取的思想品质、批判性思维、问题解决能力、人际沟通交往能力、灵活性与可靠性等。

1. 积极进取的思想品质

在智慧图书馆建设中，面对日新月异的新技术和层出不穷的读者需求，智慧馆员需要始终具有积极进取的思想品质。智慧馆员只有不断进取，才能跟上时代发展的潮流，才能具有敏锐抓取读者需求的意识。如果智慧馆员怀着一颗一劳永逸的心，那智慧图书馆将很快失去其存在的价值，被时代抛弃。技术在不断地快速发展，若智慧馆员不能紧跟时代发展潮流，那智慧图书馆所运用的技术将停滞不前，很快就会被淘汰。同时，随着世界的变化，读者的需求将不断变化，对智慧馆员的要求也在转变。智慧馆员只有怀着一颗不断进取的心，才能紧跟技术的发展，才能不断挖掘和了解读者的需求，从而真正发挥智慧图书馆的价值。

2. 批判性思维

在智慧图书馆中，智慧馆员应能够使用创造性思维自行解决问题，并通过深思熟虑的分析作出明智的决定。批判性思维对每个行业都很有用，如医疗保健、工程、文化、教育。智慧馆员应能理解问题，进行批判性思考，并制订解决方案。进行批判性思考所需的技能包括创造力、解决问题的能力和好奇心等。批判性思维在智慧服务中显得尤为重要。在智慧图书馆中，读者的主动性、自我表达意识比以往任何时期都强，读者渴望更多地进行自我表达，在与馆员的互动中也更有主动性，甚至是进攻性。可见，在这纷繁复杂的环境下，智慧馆员应对读者的网络表达，以及在与读者的互动中对沟通的内容、价值观、遇到的问题等有自己的批判性思维，坚持正确的舆论导向，而不应一味地满足读者的需求。

3. 问题解决能力

每项工作都需要解决问题，只是解决的问题类型不同、难度不同。在智慧图书馆中，智慧馆员需要解决的问题更多。在智慧图书馆中，馆员从简单重复的工作中解脱出来，将更多的精力用于为读者提供个性化服务。而个性化服务，在很多时候是以问题解决的形式出现的。读者在智慧图书馆中可能面临智能设备使用、学科服务、数据管理等方面的问题。智慧馆员应该是强大的问题解决者，因为他们需要有效而迅速地作出决定，并且要尽量控制住自己的情绪，收集尽可能多的信息，让直觉、逻辑和创新思维推动自己制订最佳解决方案。智慧馆员成为一名出色的合作者并接受读者的想法和意见是非常重要的。智慧馆员不仅需要良好的心理素质，还需要良好的心态。能对问题做出切实可行的解决方案的人都具有出色的解决问题的能力。任何一个拥有正确沟通方式、耐心和良好协作能力的智慧馆员都将是优秀的问题解决者，那是因为他们对每一个问题都足够重视，能做到批判性地思考。

4. 人际沟通交往能力

人际沟通交往能力，是指智慧馆员与周围的人进行交流和互动的技能。智慧馆员应具有出色的沟通技巧，能以更好的方式表达他们的观点并理解其他人的想法。沟通技巧包括说、听、移情和观察。成为一个好的倾听者是成为一个强大的沟通者的关键，智慧馆员在与读者进行互动时应既能分享自己的想法，又能耐心倾听读者的意见。

良好的人际沟通交往能力对智慧馆员尤为重要。在智慧图书馆中，馆员与读者的互动有很大部分是通过网络进行的，这种虚拟的、对等的、不受时空限制的互动提高了读者与智慧馆员的沟通频率。沟通是一把双刃剑，智慧馆员应掌握好与读者的沟通尺度，做到及时、准确、有度。万一未能处理好与读者的沟通，智慧馆员将承受巨大的舆论压力。

5. 灵活性与可靠性

灵活性与可靠性相辅相成，因为灵活的馆员总是可靠的，反之亦然。智慧图书馆需要可靠、有责任感和可信度高的馆员。灵活的智慧馆员可以适应变化，完成超出其职责范围的突发任务，并在必要时改变他们的日程安排。同时，灵活、可靠的智慧馆员也愿意帮助他们的同事，即使彼此不熟悉，也能精诚合作，充分体现出团队协作精神。

（二）通用技能

通用技能是一种可应用于各学科领域的技能，又被称为"认知策略"，或如许多认知科学家所说的"领域独立知识"。一般认为，通用技能主要包括思维能力（如解决问题的技巧）、学习策略（如创建助记符帮助记忆）、元认知技能（如监控和修改解决问题的技巧或记忆创造技术）。通用技能至少包含三个主要部分：首先，最基础的组成部分是程序——用来执行技能的一组步骤；其次，还需要了解并能够应用某些原则为如何执行每个步骤提供指导，甚至指导何时使用哪个程序（方法）；最后，经常需要记住步骤的顺序。

智慧馆员应具备的通用技能主要有终身学习能力、团队合作能力、领导力、创新性服务能力等。

1. 终身学习能力

终身学习是一种以个人发展为重点的自发教育形式。虽然终身学习没有标准化的定义，但它通常指正规教育机构之外的学习。终身学习并不一定限于非正式学习，最好将其描述为以实现个人成就为目的的自愿学习。实现终身学习这一目标的手段，可能会形成非正式或正式的教育。无论是追求个人兴趣和激情，还是追求职业抱负，终身学习都可以帮助我们获得个人成就感和满足感。

终身学习对智慧馆员来说尤为重要。智慧馆员面对的是变化非常快的智能技术，也正是由于技术的发展，图书馆才从传统型向数字型和智慧型转变。技术不会等着馆员来适应，只能是馆员去适应日新月异的技术。不同技术环境对智慧馆员的技能要求也有所不同，而且呈现出要求越来越高的发展态势。从读者需求角度来讲，随着时代的发展，读者对图书馆的要求也越来越高、越来越多元化。面对技术与读者的不断发展变化，智慧馆员只有在不断的学习中提升并掌握扎实的图书情报专业知识，具有过硬的技术使用能力，才能对海量数据、多元化需求进行获取、分析，从而及时地满足读者的需求。为了适应不断发展的世界，以及实现个人的发展，读者也在不断学习中，包括读者对智慧图书馆各种功能的掌握。智慧馆员肩负着知识传递的使命，更应保持终身学习的习惯，保有学习驱动力，只有这样，才能在工作中通过不断学习获得提升。

2. 团队合作能力

团队合作是人们朝着同一个目标努力而付出的联合行动。团队的力量来自相互支持、良好沟通和分享。定义团队的其他特征包括相似的技能、自主权、明确的角色、明确的领导以及实现共同目标的资源。他们不仅有共同的目标，而且使用相同或相似的技能。当团队需要努力改进他们的角色定义或沟通技巧时，可以进行团队建设练习。一个团队需要一个指定的权威人物，这个权威人物能解决团队成员的分歧并作出决定。协作团队与传统团队略有不同，因为其成员具有不同的技能组合。尽管成员专业不同，但他们仍然有相似的目标、资源和领导能力。凭借他们多样化的专业技能，他们能够作为一个群体解决问题。

智慧图书馆与之前的藏书楼、数字图书馆、移动图书馆等的服务方式、手段、理念都有很大不同。智慧馆员所面临的环境更为复杂，因此对智慧馆员的要求也更高。在这种背景下，智慧馆员与以往相比更需要进行团队合作。由于个人专业知识的局限性以及精力的有限性，智慧馆员需要提升合作素养，团队合作，协同发展，共同挖掘读者需求。

3. 领导力

领导力是指具有将他人放在合理位置并激励团队团结一致的独特能力。

虽然很多人都渴望成为领导者，但并不是每个人都能成为领导者，这需要个人长时间的能力培养。在智慧图书馆中，每个智慧馆员都应具备领导力，这种领导力主要体现在与读者互动的过程中。虽然智慧图书馆建设让读者与智慧馆员的互动更为对等，但这并不意味着读者在这个过程中能起主导作用。与之相反，智慧馆员应在与读者的互动中处于主动地位，这样才能有理想的结果，才不会被读者的情绪左右，才不会因虚拟交流而被读者误导。因此，智慧馆员的领导力非常重要。

4.创新性服务能力

创造力是一种以新的或不同的方式思考任务或问题的能力，或者是利用想象力产生新想法的能力。有创造力的人能够解决复杂的问题或找到有趣的方法来处理问题，会从独特的角度看待事物，能找到新的模式并建立联系以寻找机会。有创造力的人有一定的风险意识，表现出有动力去尝试以前没有做过的事情。

创新性服务能力对智慧馆员来说非常重要。在智慧图书馆中，馆员更需要具备发现问题、解决问题的能力，并且能借助新一代信息技术创新性地发现问题与解决问题。新技术为智慧馆员创新性地思考问题、解决问题提供了技术上的可能性。智慧馆员应充分掌握和运用新技术，但不能仅仅用技术替代馆员能力。智慧馆员应在新技术的基础上，对使用其能做哪些事情进行构思，以及对如何运用、产生何种结果等进行智慧型探索。技术只是智慧馆员工作中的辅助工具，不能将技术等同于服务。面对虚拟化的沟通与管理、主动服务、个性化服务等，智慧馆员应顺应时代发展潮流，不断创新服务方式以提升服务水平。

（三）IT专业技能

智慧馆员应具备的IT技能是掌握新一代信息技术的能力，而一些基础的技术能力不应被纳入。因此，IT专业技能主要包括数据挖掘能力和信息分析与预测能力。

1.数据挖掘能力

正如维基百科中提到的，数据挖掘是从庞大的数据库里集中提取有效信息，并将信息转化为潜在有用但最终可被理解的模式，以供进一步使用的一种方法。它不仅包括数据处理和管理，还涉及机器学习、统计和数据库系统的智能方法。数据挖掘技术往往涉及计算机科学技能、统计与算法技能等，是一种综合性较强的技术。智慧图书馆馆员所要收集与处理的数据与以往相比要多很多，且呈现加速增长的趋势，同时所要处理的数据类型也比以往多。因此，智慧馆员不仅要面对快速增长的海量数据，还要面对复杂多变的数据格式。智慧馆员要尝试深入挖掘这些复杂的、海量的数据。只有对这些海量数据进行挖掘，才能发挥海量数据的价值，才能更好地体现智慧图书馆的先进性与馆员的智慧性。在智慧图书馆中，智慧馆员不能仅仅会简单地操作系统管理软件和办公软件，而应掌握高级的大数据挖掘技术，学会分类算法、聚类算法等技术，掌握数据分析软件的使用方法，这样才能在茫茫大海般庞杂的数据中发现对读者有用的信息，提升图书馆的服务水平。

2. 信息分析与预测能力

信息分析能力是指收集和分析信息、解决问题和作出决策的能力。拥有信息分析能力的馆员可以帮助图书馆解决问题，并提高其整体服务水平。智慧馆员能够及时、有效地调查问题，并找到理想的解决方案。智慧馆员还能集思广益，观察、解释数据，整合新信息并进行理论化，同时基于可用的多种因素和选项作出决策。智慧馆员在进行信息分析与预测时，一般会用到层次分析法、聚类分析法、时间序列分析法等主流的分析方法。智慧馆员同时也应会运用文献分析软件 Citespace、常用的统计分析软件 SPSS 以及软件 Python 等进行数据分析。信息分析是智慧馆员需持续做的事情，智慧馆员还需把分析的结果生成相应的研究报告，给读者提供有针对性的服务。智慧馆员应掌握的信息分析软件与方法甚多，故其应具备专业与多元的知识体系，并能敏锐地获取关键信息。

信息分析的目的在于发现读者的潜在个性化需求，或发现潜在的问题，从而为读者提供个性化服务或者做出及时的预测。根据信息分析的结果，智慧馆员可对读者需求、馆藏建设、图书馆服务、科研发展态势走向等做出预测，从而为图书馆管理及科研教学活动提供有力的支持。

第三节　智慧馆员的培养策略

智慧图书馆建设是一个动态发展的过程，不可能在短时间内完成。它需要在实践中不断调整、修改和完善，同时智慧馆员也需要时间去适应、了解和掌握各种系统、智能设备等。因此，在智慧图书馆建设过程中，智慧馆员的能力也需要及时跟进，不断提升。

一、利用智慧开发公式理论，创新智慧馆员培养途径

（一）智慧开发公式模型

智慧开发公式主要考量对馆员应具备的知识、学识、见识及胆识的培养情况，以及智慧馆员好奇心与想象力的提升情况。但前面的"四识"与好奇心、想象力并不是一种简单的相加，因为智慧馆员拥有好奇心与想象力之后，再与"四识"相结合，能大幅度提升馆员的能力。除此之外，思考力也是非常重要的。下面将智慧开发公式以模型的形式表达出来。

$$W = (K + L + E + G)(C + I)^T$$

其中，W 是 Wisdom 的缩写，代表智慧；K 是 Knowledge 的缩写，代表知识；L 是 Learning 的缩写，代表学识；E 是 Experience 的缩写，代表见识；G 是 Guts 的缩写，代表胆识；C 是 Curiosity 的缩写，代表好奇心；I 是 Imagination 的缩写，代表想象力；T 是 Thinking 的缩写，代表思考力。该模型较好地表达了智慧的构成要素，以及它们彼此的关系。

（二）其他智慧开发公式模型

除了智慧开发公式模型，其他学者也对该公式表示了一定的怀疑，并提出了自己的见解。如杨林霞学者认为该公式存在几个疑点：第一，好奇心和想象力是获取知识、学识、见识及胆识的前提条件，学识是获得知识和见识的必经途径，因此将这些相加再相乘的逻辑不是很严谨；第二，思考力在智慧开发中起着重要作用，但作为好奇心和想象力总和的指数，有点夸大了其作用。基于以上两个疑点，她认为行动力（Action）在智慧开发中的作用更大，不能停留于大脑意识中，而应将其付诸实践，这样才能体现其智慧性，才能有客观的结果产生。基于此，她将模型修正为：

$$W = (K + E + C + G)^A$$

用文字表述，即为：

智慧 =（知识＋见识＋好奇心＋胆识）^{行动力}

在此模型中，K、E、C、G 所代表的含义与前文一致，只是出现了行动力 A。但该模型与智慧开发公式模型还是有很大区别的，主要体现在以下几

点：一是用 A 取代了 T，认为 A 的作用相当大，必须有行动才能体现出智慧，没有行动，任何能力培养都归零；二是少了 L、I、T 三个要素，认为智慧开发应重视对 K、E、C、G 的培养。

（三）智慧图书馆馆员智慧开发公式模型

智慧建立在"知识基数"的基础上，而创新的、智慧的火花往往是灵光一现，需要很强的想象力，有时还需要另辟蹊径，甚至是"天马行空""异想天开"。我国传统的教育基本上围绕着传授知识而进行，忽略了学识、胆识和见识在智慧开发中的重要作用。这就造成了我国有些学生在知识学习中掌握情况较好，但其他能力偏科严重，造成整个智力开发出现问题的局面。

把"四识"作为基本参数同样适用于智慧馆员的培养,知识(K)和学识(L)对应了馆员的基础知识以及信息分析、数据挖掘等专业技能，好奇心（C）、想象力（I）和思考力（T）对应了馆员的创新服务能力。需要注意的是，由于智慧馆员职业的特殊性，该模型可以根据职业需要，进行适当的修正。可以考虑两个重要的主观因素：馆员的职业道德（Professional Ethics，用 P 代表）和行动力（A）。职业道德和行动力是智慧开发的主观前提，缺少了它们，智慧开发将无从谈起，甚至会迷失方向。这两个主观因素与思考力具有同样重要的作用。

基于以上所述，并与智慧图书馆环境下的馆员职业特点相融合，设计出开发馆员智慧的数学模型：

$$W=(K+L+E+G)(C+I)^m$$

用文字表述，即为：

智慧 =（知识＋学识＋见识＋胆识）×（好奇心＋想象力）$^{思考力＋职业道德＋行动力}$

在这个公式模型中，进行智慧馆员培养时要同时注意知识、学识、见识及胆识的培养，也要对好奇心和想象力这两个要素进行提升，还要求智慧馆员必须具有思考力、职业道德和行动力。馆员要主动结合自身知识，在好奇心和想象力的驱使下结出"智慧"的果实。

二、优化机构和岗位设置，提升服务效率

（一）优化智慧图书馆机构设置

机构与岗位设置在很大程度上影响着智慧馆员能力的培养与发挥。良好的机构与岗位设置能加强智慧馆员之间的协同发展，促进智慧馆员自我能力的提升。完善的组织结构和合理的岗位设置能营造良好的图书馆管理文化氛围。分工明确，责任清晰，才能激发智慧馆员的积极性。反之，智慧馆员就会消极应对，从而对智慧图书馆的发展以及智慧馆员能力的提升带来负面影响。

随着图书馆服务的不断深入和细化，部分新业务从原有部门脱离出来单独形成实体部门，新部门由此设立，负责新媒体环境下各种图书馆资源与服务的推广与宣传，包括图书馆官方微博、微信公众号、抖音等平台的运营和管理，加强文化讲座、影视欣赏、读书节等校园文化建设。传统部门的设立代表了图书馆的"根基"不可动摇，而新部门的设立则是对图书馆转型发展的进一步深化，代表了图书馆未来发展方向。

智慧环境下的图书馆机构设置可以结合智慧图书馆自身的特点，对现有图书馆机构进行适当调整，设立以下几个主要部门。

1. 人力资源管理部

馆员素质对图书馆至关重要，因此，图书馆增设一个人力资源管理部是十分有必要的。虽然图书馆在人员引进方面并非都有自主权，但是人员引进后的管理和培训等环节是比招聘什么样的人才更重要的步骤。只有当馆员具备自己岗位相对应的能力，各司其职又相互协作，才能以最高效率发挥最大效益，满足读者的需求。

2. 资源采购部

资源采购部主要负责纸质藏书与电子资源的建设，包括负责图书馆的资源采购、文献加工、典藏、地区资源整合、区域资源共建共享等，以及图书馆电子资源建设与管理等工作。资源采购部在智慧图书馆建设中起着重要的作用，因为资源是智慧图书馆评估中的重要环节。图书馆只有拥有丰富且优质的资源，才能让各种智能设备有使用之地，才能真正发挥它们的作用。

3. 公共服务部

公共服务部主要负责各功能馆舍的管理及各项读者活动的开展，包括图书、期刊文献资源的对外服务；负责学生助学团队及义工团队的管理和指导；负责馆际互借、共学馆（分馆）资源调配；负责捐赠接收、证卡办理及挂失等；负责读者活动的安排及服务。公共服务部不仅要对空间进行管理，也要对书刊报纸、各种智能设备进行管理，同时开展相应的读者活动等。

4. 信息技术部

信息技术部主要承担整个图书馆各种系统与设备的维护工作，如对电子阅览室机房的维护管理，对图书馆管理系统、自助借还系统、公共检索系统的维护管理，对电子资源的咨询、检索与培训等工作。信息技术部既要保障智慧图书馆各种设备的正常使用，又要评估可能引入的技术与设备，确保智慧图书馆使用的技术与时俱进。

5. 资讯服务部

资讯服务部承担图书馆的学科服务工作，负责学校所有院系信息服务、企业信息服务、共享馆信息服务，负责专题数据库建设、区域共建共享知识培训、读者培训和图书馆人力资源培训，以及为院系提供专题信息资讯、学科发展前沿报告等。

6. 综合管理部

综合管理部是一个负责综合性事务的部门，与前面提到的人力资源部、资源采购部等专职部门不同，其主要负责图书馆资产管理、财务管理、计生管理、档案管理、宣传报道、读者交流、外事交流及部门公告、快报等工作。

科学合理的机构设置，是图书馆整体能够有序、系统和高效运作的保障。智慧图书馆要立足自身需求，结合实际情况进行顶层设计，以读者需求为中心，贯穿于机构重组的全过程，更要渗透于图书馆管理与服务的各个层面。首先，为满足读者不断变化的需求，图书馆要重视调动读者参与的积极性，可事先开展大规模的读者调研活动，收集和整理读者对图书馆的各项建议，为机构重组提供参考意见。其次，智慧图书馆的机构重组过程需要经历一个较长的摸索和调整阶段，并非一成不变，而是要根据内外部环境的变化及时做出相应的调整与优化。再次，图书馆要做好机构重组的效果评估工作，一方面要自我剖析和评价，明确自身的机构设置及业务开展情况能否满足读者需求，这有利于及时发现问题，并采用有效方案，将不利影响降到最低；另一方面可以聘请第三方机构进行评估，检验智慧图书馆的改革措施是否节省了经费，是否有效地提高了图书馆的读者服务水平和工作效率，是否深化了图书馆服务内涵、发挥了自身价值，是否为社会提供了全方位的资源与服务支撑。此外，个别传统的业务部门，如编目部可逐步淡化，甚至大胆地全部外包，将有限的专业人员扩充到资源建设或参考咨询部门中，将资源建设和咨询服务工作做大做强，夯实图书馆的服务基础。

（二）智慧馆员岗位设置

很多图书馆都存在人才缺乏的问题，解决这一难题的应急措施是外包非核心业务和提升馆员能力。随着外包业务的发展，图书馆可以把繁杂琐碎的手工性业务外包，从而集中有限人力开展智慧服务。积极培养有能力、有奋斗精神的馆员，通过继续培训或学历学位教育，为图书情报人员补充学科知识，为有学科背景的人员补充图书情报知识，使之成为合格的智慧馆员。在对原有馆员进行培训深造的过程中，要注重分类和分级的原则。根据原有馆员的年龄、学历、专业背景、原从事的岗位等方面，采取自愿与选拔相结合的方式，对馆员进行分类和分级培养。

同时，智慧图书馆还采用先进的技术手段来实现智慧运行管理。虚拟现实技术、无人借还技术、智能机器人技术的应用等，在很大程度上减少了对人员数量的需求，如取消图书借还岗、书库管理岗、期刊管理岗等常规服务岗位。智慧图书馆的运行管理以无人管理或少人管理和操作为目标，需要对图书馆传统岗位的结构模式进行创新和变革。智慧图书馆的馆员岗位宜精不宜多，"精"要在数量和质量上均有所体现，岗位可以按照绩效目标量化、任务明确、层层负责、制度约束的方式设置，并实施智慧管理，努力将智慧图书馆框架下服务体系的构建质量及其运行效果达到最优化。智慧图书馆主要考虑设置以下几种类型的馆员岗位。

1. 智慧数据馆员岗位

当前我们正处于大数据时代，传统的图书馆员在面对多种多样的大数据时，往往会显得力不从心。而数据馆员能在数据层面开展、研究数据管理与服务工作，进行管理咨询、数据评估、管理计划制订、数据分析、数据存储、数据引文、数据出版、资源统一标识符制订等。由数据馆员提供的服务能够解决管理平台科研数据管理混乱、不统一，数据资源开放和共享困难，数据利用率低等问题。

在岗位职责方面，数据馆员负责参与智慧图书馆信息化平台中基础科学数据平台建设，负责科学数据管理咨询、服务宣传和培训工作，负责科学数据平台的可访问性、安全性和共享性，参与科学数据管理政策制定，负责数据提供者、数据使用者和各合作单位间的沟通与协调工作。

2. 技术运维岗位

智慧图书馆建设与之前的数字图书馆、移动图书馆等相比，使用了更多的新技术与智能设备，应用了新一代信息技术，包括人工智能、云计算等多种技术。智慧馆员要熟练掌握这些新一代信息技术，利用设备或软件进行信息加工、清洗、归纳总结、保存，从而实现信息的自由传播与共享，并为读者开展相关的指导或培训。智慧馆员可以通过知识发现平台、一站式服务平台等进行数据获取与分析，并向读者进行个性化推荐或提供研究报告。在智慧图书馆建设中，由于强调数字资源建设，重视资源数字化加工，故建议由专门负责数字加工的技术人员负责馆藏珍贵资源的数字化加工工作。

3. 知识型服务岗位

智慧图书馆各方面的运作和服务与之前的数字图书馆、移动图书馆等图书馆有所不同，在服务读者以及教学科研方面的深度与广度差异也较大。为了适应新时代读者的需求，更好地应用新技术，实现自助式的智能管理服务，图书馆的服务岗位设置应更多地体现出知识型服务。

（1）场馆运行咨询服务岗位

场馆运行咨询服务岗位是一个比较笼统的提法，主要是以总服务台为主，同时兼顾一些特殊区域的岗位，从事图书馆阅读与活动的指导工作，包括活动策划、文化创新、知识培训等具体内容。该岗位设置数量较少，视读者数量以及开展活动数量设置 1 ~ 3 个。

（2）资源开发服务岗位

资源开发服务岗位主要承担及时采集和发布最新、最前沿相关信息的责任。因此，该岗位的智慧馆员应熟悉本馆重点学科、特色学科的国内外学术研究进展及实践，掌握最新的政策、技术与服务要求，熟练掌握相关的技术与数据库，通过现有的馆藏资源进行开发，为读者提供服务。该岗位的智慧馆员主要提供以下几种服务。

①纸质资源采购与服务

智慧图书馆虽然更重视电子资源的采购与建设，但纸质资源建设依然不容忽视。这既是为了达到我国图书馆生均标准的要求，也是为了满足读者对纸质图书的需求。在智慧图书馆，读者可通过平台向图书馆进行纸质图书采购推荐，智慧馆员将根据现有馆藏资源的实际情况决定是否采购图书。当纸质图书采购回来之后，智慧系统会及时向读者推荐，形成了读者与智慧馆员纸质图书采购互动模式。

②电子资源采购与服务

在智慧图书馆建设中，电子资源显得越来越重要。国内外图书馆普遍存在电子资源采购经费高于纸质图书采购经费的现象。读者可通过智慧平台向图书馆进行电子资源采购推荐，智慧馆员会依据相关专家学者对潜在购买的数字资源的评估结果，最终决定是否采购。在电子资源服务中，智慧馆员可通过邀请专家以讲座的形式对读者进行使用培训。同时也可通过QQ、微信、微博、智慧平台等为读者提供一对一服务。

③信息素养课程嵌入教学

智慧馆员承担着学科馆员、嵌入式馆员的责任，所以他们可以很自然地嵌入教学过程。与相关专业教师合作，智慧馆员将涉及信息素养部分的课程嵌入课堂教学，使之成为课程设置的一部分，提升了学生的信息素养；智慧馆员还可将研究工具、信息检索、文献管理等内容嵌入专业课。

（3）战略伙伴型智慧馆员

战略伙伴型智慧馆员是指与学校的相关院系、部门合作，为学校提供专业的咨询服务的智慧馆员。战略伙伴型智慧馆员一般应具有图书情报专业背景知识，同时还要具备某个领域的专业知识。因此，战略伙伴型智慧馆员并不是通用型人才，而是某个领域的专家，原则上应具有硕士研究生及以上学历，并在相关领域有一定年限的工作经验。只有拥有这样的知识背景和经历，智慧馆员才能得到相关部门的认可，才能更好地开展专业合作，起到战略伙伴型关系的作用。战略伙伴型智慧馆员主要提供以下几种服务。

①监测评价指标服务

监测评价指标是战略伙伴型智慧馆员的职责之一。智慧馆员应以国内外知名的大学排行榜为研究对象进行重点研究，关注对接领域的专业发展、指标态势发展，从而做到知己知彼，为对接部门提供参考。

②学科情报服务

学科情报服务是图书馆中一项比较常见的服务。智慧馆员通过文献计量等相关分析工具从海量学科信息资源中挖掘数据，提取与处理信息，以便为读者提供某个主题的文献资源服务。学科情报服务主要有开题文献服务、相似文献服务、个人成果分析服务、院系发文分析服务、学科前沿热点分析服务等。开题文献服务主要是根据准毕业生的开题需求，向其推荐必读文献、经典文献，以及可能用到的技术与研究方法等。相似文献服务主要是根据共被引分析、文献耦合度等推荐特定主题的相似文献成果。个人成果分析服务主要是对科研人员的科研成果从期刊、关键词、文献计量等多角度进行分析。院系发文分析服务主要是通过多源数据与文献计量分析方法对院系发文的学术影响力进行分析。学科前沿热点分析服务主要是通过知识图谱分析，抓住相关领域的最新研究方向，从而做出相应的学科分析报告。

③ ESI 学科服务

基本科学指标数据库（ESI）是能深度分析科研成果的研究工具，深受全球科研单位的认可，智慧馆员可通过 ESI 分析本馆的论文情况和影响力，进而发现本馆重点研究成果和潜在的发展趋势，以便对科研人员论文写作与投稿进行规范性的指导，最终形成基于 ESI 的学科服务中心。

（4）深度服务型智慧馆员

战略伙伴型智慧馆员面向的是机构或部门等，而不是具体的人。深度服务型智慧馆员与之相反，面对的是具体的人而不是机构或部门等。深度服务型智慧馆员一般为有较大学术影响力的读者服务。图书馆可根据人手的情况来决定服务对象范畴，基本上以教授为最低服务门槛。故可以在教授职称的范围内选择科研需求进行细化，为他们提供图书馆专业知识、技术支持，助力科研发展。深度服务型智慧馆员主要提供以下几种服务。

①科技查新服务

科技查新服务并不是每个图书馆都能提供的，提供科技查新服务的图书馆必须配备具有相关资质的科技查新员。

②查收查引服务

根据读者提供的文章名称、作者姓名与单位、期刊名称与卷期、发表时间等，智慧馆员可提供科技文献数据库、工程索引数据库、中国科学引文索引数据库、中文社会科学引文索引数据库等数据库的收录与引用情况，以及期刊影响因子、分区等，为职称评审、科技成果申报、人才认定等提供重要依据。

③专利情报服务

智慧馆员通过国内外知名专利数据分析系统，为读者提供专利发展态势、专利价值评估、专利申请辅导等服务，还可为读者提供专利系统使用培训等服务。

④嵌入式科研服务平台

智慧馆员应密切接触学校重点科研小组，了解他们的科研信息服务需求，嵌入课题组以及整个科研生命周期，并为后期的成果保管与开发应用提供有针对性的学科服务。

⑤建立机构知识库

机构知识库是机构在网络环境下建立的一个共享数据库平台，能收集、整理、保存和管理本机构成员的数字化学术资源，包括已公开的论文、著作、项目、专利、奖项等科研成果及未发表的研究报告、学位论文、课件、科研数据等灰色文献。它具有保存机构的学术产出，提高机构的知名度、可访问性、声望和公共价值的重要作用，日益成为机构知识基础设施的重要部分，以及支持数字科研和数字教育的重要工具。具体来说，机构知识库是机构学术展示和宣传的窗口，能帮助寻找潜在的合作对象，促进学术项目团队优化，方便查找相关研究领域成果；学生能通过机构知识库了解老师，寻找和确定个人的发展方向；机构的管理者能通过机构知识库实时、清晰地掌握本机构的学术动态，全面分析机构知识库数据，同时机构知识库也能为机构的管理者提供决策服务。

三、完善智慧馆员招聘准入机制

以建设智慧图书馆为根本出发点，从源头上制定符合其发展要求的招聘标准，招聘具备扎实的专业功底且有一定实践经验的馆员。此外，为更好地履行智慧图书馆的服务职责，需要因岗配人，为具有核心职能的岗位配置那些熟练掌握专业技术、具备较高信息素养的智慧馆员，从而最大限度地提升服务质量。

（一）构建智慧馆员选拔机制

1.建立智慧馆员准入制度

在建设智慧图书馆时，也应做好智慧馆员选拔工作。在馆内选拔，是智慧馆员岗位最快配置的方式。智慧图书馆可依据智慧馆员岗位应具有的能力进行馆内筛选，如学科背景、学位层次、计算机能力、沟通能力、写作能力等标准。图书馆可根据这些标准进行筛选，然后对被筛选出来的馆员进行适当的培训，他们在了解岗位职责、工作任务后就可以正式上岗。若现有馆员的能力与智慧馆员岗位要求的能力相差甚远，无法满足智慧服务时，图书馆则应制订人才需求计划，向外公开招聘。智慧馆员与传统馆员的要求有较大区别，其更注重综合服务能力，同时还应具有图书情报专业能力与计算机能力等，故图书馆不管是内部选拔，还是外部招聘，都不应降低标准，要从制度上规范智慧馆员的准入标准。

2. 高学历和综合能力的要求

结合国内外图书馆员的招聘要求，可以设定智慧馆员聘任的基本要求，再根据不同岗位需求，对学历、学位、专业背景做出明确规定。原则上要求硕士以上学历，同时对计算机操作技能、外语能力、信息素养、管理能力、沟通协调能力、口语表达能力和文字写作能力等方面也提出了更高要求。在选拔智慧馆员的时候，图书馆要根据实际情况，除基础专业知识测评外，还应将情商作为考虑因素，确定专业知识与情商的权重，选择那些在学科文化素养和情商测试中均表现良好的候选人。

3. 智慧馆员进馆入编考试

图书馆可以改变陈旧的馆员招聘方式，在满足专业方向和学历水平要求的前提下，由上级主管部门（通常是省市文化部门）组织统一的智慧馆员资格认证考试，统一命题，全面考核。考试内容主要包含专业知识与计算机知识，其中专业知识以图书情报学为主，加上部分管理学与心理学内容；计算机知识包含大数据、物联网等新一代信息技术知识。这种考试既可以作为智慧馆员招聘的入职测试，也可以作为他们今后阶段性的职业能力测试，从而避免很多馆员入职之后因图书馆的整体环境比较轻松自由而开始懈怠，渐渐不能胜任其岗位工作的现象，确保馆员保持持久的学习热情，拥有可持续发展的知识结构，形成良性竞争与有效监督的氛围。

4. 人尽其用，实现价值

图书馆在对通过选拔入职的智慧馆员进行岗位安排时，除了依据他们的兴趣爱好、专业特长以及沟通与写作能力等，还要考虑馆员自己选择的意向岗位。当意向岗位发生冲突时，图书馆依据智慧馆员的意向进行适当的调整，在尊重馆员选择和图书馆发展需求的双重考虑下进行统筹安排。这样做，既能满足智慧馆员的意愿，稳定人才队伍，发挥他们的聪明才智，又符合图书馆的长期发展要求，能有效提升智慧服务水平。同时，图书馆还可以定期开展智慧馆员之间的交流活动，或考虑定期轮岗。

图书馆在安排智慧馆员岗位时，也应将年龄、教育背景、职称等因素纳入考虑，如刚毕业的年轻馆员可从事技术相关的岗位；拥有一定的职称、工作经历和表现较好的馆员可从事管理岗位；年龄再稍大一点的学历高、拥有良好服务经验的馆员可从事领导岗位。只有根据能力、特长等多种因素考虑智慧馆员的分配，才能实现"1＋1＞2"的效果。

（二）建立图书情报人才培养机制，输送新型智慧馆员

随着越来越多的图书馆步入智慧图书馆建设，图书馆对智慧馆员的需求也将越来越大。我国图书情报学硕士培养单位应注意到这方面的发展趋势，从而在人才培养方面做出改变。为了培养更多的高水平智慧馆员，我国图书情报学硕士培养单位应做出以下相应改变：一是在研究生招生时，鼓励跨专业报考，如鼓励计算机、英语等专业学生报考图书情报学专业；二是在研究生培养阶段，研究生除了以学习图书情报学专业知识为主，还应选修计算机等相关专业；三是在指导研究生进行科学研究时，鼓励他们从"学科＋图书情报学"的智慧馆员培养方面进行重点研究；四是加强智慧图书馆与研究生培养单位的合作，将智慧图书馆作为研究生的校外实训基地，让研究生能及时调整知识结构，以便就业后能更快地适应智慧服务工作。同时我国公共图书馆在招聘智慧馆员时，要优先考虑具有不同学历间跨学科的图书情报研究生，从而对智慧馆员培养起到指引作用。

（三）引入外机构专业人才

图书馆在配置智慧馆员时应灵活设置岗位与用人机制。智慧馆员岗位并不是一成不变的，大部分岗位可以相对固定，也可以临时设置某些智慧馆员岗位。某些需求通常是突发性的、临时性的，当图书馆没有这方面的专业人才时，可引进外机构的专业人士临时担任智慧馆员。这样既可以解决临时的用人需求，又可以加强馆内智慧馆员与外机构专业人士之间的沟通与交流，使馆内智慧馆员不断学习新技术、接触新事物。

四、构建智慧馆员终身学习和培训机制

（一）倡导终身学习

智慧馆员应具有终身学习的能力。技术在快速发展，读者需求在不断改变，为了跟上时代发展，满足读者复杂多变的需求，智慧馆员必须坚持终身学习，不断"充电"。智慧馆员只有在不断学习中充实自己，提升自我，才能对自己的专业知识与技能进行查缺补漏。图书馆本身拥有海量的优质馆藏资源，又能与内外部专业机构保持良好联系，这些有利于智慧馆员进行终身学习。特别是临时性的、突发性的、特定领域的服务，更需要智慧馆员及时学习。智慧馆员只有不断地学习，才能走在发展前沿，掌握最新的技术和方法，才能更好地为读者服务，体现出服务的智慧性。

（二）建立智慧馆员培训机制

1. 对不同类型的馆员有针对性地开展培训或继续教育

图书馆应对智慧馆员进行有针对性的培训，国内图书馆每年都要进行继续教育活动。国内公共图书馆对馆员的继续教育更多是为了完成任务，馆员真正能学习到有价值的知识较少。我国图书馆可依据智慧馆员的年龄、岗位、学历、专业、职称等差异，为他们开展有针对性的培训。如年纪稍大的智慧馆员领导，由于他们平时在工作中直接接触技术的机会较少，对新技术的认识与掌握不够，所以应重点培训他们掌握新技术；年轻的智慧馆员，由于他们能快速接受新事物，且接触技术的机会较多，但缺少实践能力，所以可安排有丰富经验的优秀的智慧馆员对他们进行业务指导和实战培训，形成以老带新的局面；对缺乏某个学科领域知识的馆员应进行有针对性的培养，邀请相关专业的人员对他们进行辅导。智慧馆员的继续教育也可以邀请外机构的专业人士，从而帮助馆员更好地了解外面世界的发展。定期的智慧馆员培训既能提升馆员整体的素质，又能提升图书馆的智慧服务水平。

2. 智慧馆员的培养方式"贵精不贵多"

智慧馆员的培养方式应在于精而不在于多。智慧馆员每天工作量大、工作难度大、压力大，要是给智慧馆员安排的培训非常多，容易加大馆员的负担，甚至造成在岗教育的时间比业务服务的时间还多的局面。必须对智慧馆员的培养方式和时长进行控制。在培养方式上，以老带新、馆际交流、专业讲座等方式的效果较好。馆际交流，特别是去标杆图书馆进行现场业务参

观访问、业务交流，能帮助智慧馆员快速找出差距，并得到标杆图书馆的现场业务指导，投入少、见效快；专业讲座能够帮助智慧馆员在短期内大幅提升业务关注的高度与广度，了解最新的学科发展前沿，对提升馆员能力有重要作用。

3.参加多种形式的专业技能培训

图书馆可为智慧馆员安排各种形式的专业技能培训，取得普遍好评的专业技能培训有以下几种。一是图书情报领域的专家培训。国家图书馆、中国图书馆学会等开展的在国内图书情报领域有较大影响力的专家培训是非常有含金量的，可以帮助馆员快速提升图书情报专业素养。二是供应商组织的产品培训。图书馆各种数字资源的供应商为了推广他们的产品一般会上门免费提供产品培训。如 Patentics 公司是专门做专利分析的，为了推广专利分析数据库他们会为馆员免费提供各种在线培训视频或PPT，并在线解答馆员在使用他们产品时所遇到的各种问题，使智慧馆员的专利检索水平得到快速提升。三是馆内人才培养。以老带新是一种常见的馆内人才培养方式。根据 SECI 模型，以老带新能够将显性知识与隐性知识进行相互转化，从而提升新智慧馆员的水平。四是跨学科通用型技能培训。如让智慧馆员参与高级论文写作研讨班、研究方法与能力提升班等，从而培养馆员的写作能力与科研能力，这不仅有助于馆员的职业发展，而且有助于服务教学科研部门。

（三）提升职业道德，不断完善智慧馆员的人格

1.提升职业道德

国际图书馆协会联合会认为图书馆的职业道德是保护知识自由、言论自由，获得知识、信息和文化的自由以及遵守思想的原则等。图书馆馆员和信息专业人士应该是值得公众信任的人，应秉承严格的职业道德。图书馆馆员和信息专业人士的道德准则定义了基本原则，对该行业的所有代表具有约束力，并确定他们的社会使命和包括在其职业活动的所有环境中所承担的道德责任。我国把馆员的职业精神概括为"敬业精神、诚信精神、专业精神、平等精神、团队精神、合作精神、创新精神"。在智慧图书馆中，智慧馆员比以往掌握更多读者的隐私信息，所以应恪尽职守保护读者的个人隐私。同时，智慧馆员还应确保读者能够平等地获得知识信息服务，不将个人情绪带到智慧服务中，尊重读者，不借助图书馆牟取私利，从而提升职业道德。

2. 不断完善智慧馆员的人格

智慧图书馆馆员的人格可能有偏于传统的，也有偏于社交的。但不管如何，智慧馆员应热爱阅读、注重细节、紧跟技术趋势和自律。

（1）热爱阅读

智慧图书馆馆员要热爱阅读，他们的整个职业生涯都是围绕着阅读展开的。智慧馆员应多了解或阅读所有年龄段、所有类型的书籍，还应了解当前畅销流行的书籍。通过阅读各种书籍，智慧馆员拓宽了视野并发现可用于教育计划或可添加到收藏中的新书籍。智慧馆员还应了解当前的电影和音乐，更重要的是阅读有关图书馆学的各种材料，不断提升自己的专业素养，进行终身学习教育。

（2）注重细节

智慧馆员工作的很大一部分是组织和维护媒体收藏，包括书籍、电影、音乐等。因此，他们必须注意每一个细节。例如，他们需要在图书馆的分类系统内工作，正确地按字母顺序排列项目，并为顾客保留请求的项目等。

（3）紧跟技术趋势

实体卡片目录已成为过去，智慧馆员负责使用和维护的大量技术，包括读者使用的计算机、借阅数字资料的服务、图书馆工作人员使用的系统和软件，以及新一代信息技术等。智慧馆员必须熟悉计算机和其他形式的技术，以帮助读者研究并决定他们的图书馆应该使用哪些硬件和软件。

（4）自律

智慧馆员的主要特征包括对自己的职业和工作充满热情、能坚守自我。优秀的图书馆馆员往往认真负责，严格遵守纪律，不会以公谋私，而是以饱满的热情积极主动地为读者提供高质量的服务。

虽然智慧馆员应具有良好的人格，但智慧图书馆也应该为智慧馆员良好人格的形成创造良好的人文环境。我国智慧图书馆建设还处于摸索阶段，图书馆不能完全沿用以往的规章制度去约束和妨碍智慧馆员的人格发展。

（四）建立良好的协作、激励和考核机制

1. 建立良好的协作机制

图书馆应为智慧馆员建立良好的协作机制。可为智慧馆员建立与读者、本馆馆员及馆外同行的协作交流机制。

（1）与读者的交流机制

在智慧图书馆建设中，智慧馆员与读者的交流沟通更多是通过互联网、虚拟场景进行。在这种模式下，智慧馆员需要处理更多的读者需求，也会通过网络主动为读者提供个性化信息推荐。在该模式下，图书馆要对智慧馆员的读者需求处理情况以及主动服务情况进行考核。

（2）与本馆馆员的协作机制

图书馆应加强智慧馆员与本馆其他馆员的沟通交流，通过智慧网络平台让智慧馆员与其他馆员在举办活动、读者业务导引、技术交流等方面开展合作，从而提升整个图书馆的服务水平。

（3）与馆外同行的交流机制

图书馆可以安排智慧馆员与标杆图书馆进行业务交流，也可以组织馆员去标杆图书馆进行现场业务沟通，还可以邀请标杆智慧图书馆的馆员到本馆进行业务指导，从而让智慧馆员能够扬长避短，查缺补漏，促进本馆智慧服务健康发展。

2. 建立合理的激励机制

合理的激励机制对任何行业的内部管理都至关重要。智慧馆员的素质比一般馆员要高，所处理的读者问题的难度大，完成的质量和读者满意度通常较高，因此应对智慧馆员设置合理的激励机制，以保障他们的工作积极性。概括来说，激励机制可从物质激励、信任激励和发展激励等方面进行。

（1）物质激励

物质激励是最直接有效、最重要的激励。毕竟对智慧馆员的综合能力要求高，其工作难度大、工作量大，从按劳分配的角度出发，智慧馆员理应比其他馆员获得更多的物质激励。智慧馆员获得相应的物质激励，才能获得物质和心理上的满足感，才能更好地发挥他们的聪明才智，从而留住人才。物质激励主要体现在工资、绩效与评优上。工资与职称、学历挂钩，智慧馆员是研究生以上学历的人才，工资收入理应高一点；在绩效方面，图书馆具有较大的自主权，可将智慧馆员的绩效系数提高，鼓励他们获得更高的绩效；同时在年度评优的时候应优先考虑智慧馆员，或者将智慧馆员的评优比例设为最大。

（2）信任激励

图书馆应给智慧馆员更多的信任，包括让他们与读者沟通交流时有更为宽松的环境，在资源采购、设备采购方面拥有更多的话语权、参与权，以及更高的采购经费额度等。这样能够让智慧馆员在图书馆中有更多的归属感与参与感。

（3）发展激励

馆员的发展目标是图书馆内部不可或缺的一环。只有给馆员带来可持续的劳动价值，图书馆才能发挥其全部潜能。为了让馆员有更好的发展机会，图书馆应为馆员提供充足的资源和相关设备。例如，良好的网络连接、工作用电脑、工作场所环境等都应该应保证不受制约。

第四章　智慧图书馆个性化服务

第一节　智慧图书馆个性化服务模式及策略

计算机的发明、网络的产生以及与之相关的所有发明，是人类社会划时代的巨大变革，直接促使 21 世纪这一信息时代的到来。信息时代，信息总量的增长非常迅猛，呈爆炸式趋势。但与此同时，读者对信息的需求量更大、要求更高、层次更深，并逐步向需求个性化、差异化方向发展。然而，面对信息的海洋，我们经常陷入无所适从之中，不知道从什么地方去找，不知道自己找到的是不是正确的。于是，如何更加有效地对这些信息资源进行利用，并更好地为读者进行服务，成为信息时代一个不可不解决的问题。作为保存、利用和传播信息的专门机构，图书馆应该在解决这一矛盾中发挥出独特的作用。

图书馆现行的以文献保存为中心，以借阅服务为重点的传统服务模式在信息化的大潮中显现出来的弊端越来越明显，供需之间的矛盾越来越突出。这就促使图书馆需要变革传统的工作模式，将个性化服务的理念与实践贯穿到传统的业务中去，达到更好、更高效的服务，在解决海量信息与人的需求不对称这一矛盾上扮演最重要的角色。基于这种认识对图书馆个性化服务的研究越来越得到人们的认可，许多专家学者都热衷于研究这一课题，并提出了许多具体的模式，而且继续进行着更深入的探索。

一、图书馆个性化服务的概念和特点

图书馆个性化服务，就是指图书馆根据读者的需求，依据各种渠道对读者所需的资源进行收集、整理和分类，向读者提供和推荐相关信息，以满足读者的需求。公共图书馆个性化服务也是指图书馆在数字信息环境下，主

要利用传统技术、网络和信息技术为个性化用户提供充分满足其个体信息需要的集成性信息服务。主要包括服务对象、服务时空、服务方式和服务内容的个性化。区别于传统的定题服务,定题服务不属于完全意义上的个性化服务,是典型的早期的个性化服务,由于受到环境和条件限制,服务的深度和广度受到局限,个性化服务表现不充分;而个性化服务则是针对不同的用户,即使提出相同的检索课题,所提供的信息也应该是有所不同的。

图书馆个性化服务主要有以下几个特点。

（一）需求个性化

以读者群阅读、科研等需求为导向,广泛提供传统纸质和网络技术以及数字化的资料,包括政府公开信息、学科发展前瞻信息等查询服务。这种阅读需求具有确定性和不确定特点,作为公共图书馆既要满足读者群明确表述的需求,同时还要提供尚未表述清楚或者边缘学科的需求,一并为读者群提供智力支持。同时,作为公共图书馆的服务者应做好备课,不但要了解读者个体的知识结构情况,而且还要了解读者个体所要研究的这一学科领域大体的发展前沿,从而提供完善的读者个体所需信息。

（二）内容个性化

虽然公共图书馆为读者提供的内容具有多样性和集成性特点,但是其信息内容更具有专属性,信息的提供和获取并加以选择具有双向性、互动性,借助于技术手段可以及时、准确地进行传递交流。

（三）形式个性化

现代化信息技术在图书情报领域广泛应用,因此为用户提供的个性化服务不再局限于人工服务、非数字信息服务（纸质的传统媒介）,而是广泛采取自动化、网络化、数字化服务。读者与图书馆之间通过互动式的服务,可以真正达到效率快捷、资源共享的效果。

二、图书馆开展个性化服务的必要性

（一）读者信息需求的复杂性和差异性增加

由于读者来自各行各业,每个人的知识水平、生活阅历、价值取向、意图目的等都存在很大差异,因此读者的信息需求很复杂,彼此的差异甚大。这就要求图书馆在帮助读者解决困难的时候,不能搞一刀切,敷衍了事,而是要针对不同读者实行个性化的服务,要向人性化的方向发展。

（二）网络资源的激增是图书馆开展个性化服务的客观要求

网络技术的出现，为信息的传播带来了史无前例的变革。它提供了一个平民化、虚拟化的平台，各种网络资源纷纷而出，并呈几何倍数增长。面对总量如此庞大的信息资源，要精确地查找到自己想要的信息就不是那么容易。图书馆作为信息存储和提供机构，就必须实行个性化的服务，有针对性地对读者的需要进行分析，提供并满足读者所需的信息，剔除那些不相关的信息，排除干扰，为读者提供最合适、最符合他们需要的信息服务。

（三）个性化服务是图书馆自身发展趋势的必然要求

21世纪是信息的时代，信息资源的总量呈爆炸式增长的趋势。20世纪80年代以来，世界图书出版总量以每年4%的速度增长；另外信息服务机构数量也在不断增多，信息的获取渠道不断拓宽；还有就是读者对信息使用的意识和方式有了很大的变化，不再像过去那样只满足于自己去查找和借阅图书，他们对图书馆的要求也越来越不同，越来越具有个性。

三、制约图书馆拓展个性化服务的因素

图书馆提供个性化服务实质上是提供用户个体知识结构所需信息和知识，实现高效的知识转移的过程。个性化服务必将成为图书馆发展的主要趋势。进一步拓展个性化服务是图书馆软件和硬件提升的过程，财力资金对公共文化的支持、人员的知识结构、系统技术的开发与应用等是重要保障。制约图书馆拓展个性化服务的因素主要有以下几个方面。

（一）馆员的个性化服务意识和水平尚需提高

许多公共图书馆只能提供基本的搜索功能，尽管有些图书馆具有比较完善的个性化信息服务系统，但其功能尚未得到充分发挥，并未实现信息资源共享。许多图书馆馆员的计算机与网络综合运用能力、搜索专业学科知识的能力以及文献信息处理能力都与实现个性化服务存在一定的差距。

（二）馆藏不足及数字化水平共享程度不够

图书馆在信息资源建设中，信息资源共享工作虽取得了可喜的进步，但随着中国信息化的进一步发展，图书馆信息资源数字化有待提高，特别是信息资源的共享程度需要进一步加强；数字化信息资源的质量和深度不能满足用户的需求；政府部门面向社会的信息透明度不够，数字化信息资源共享存有难度。

（三）信息资源保障体系不够丰富和完备

信息资源是图书馆信息服务的物质基础和源泉，同时也是确保个性化服务的质量和水平的关键。在传统图书馆逐步向网络化图书馆、数字化图书馆发展过程中，印刷型文献、数字文献都需要书目组织，形成统一体系的书目数据库，图书馆书目保障体系需要不断加以完备。

四、图书馆个性化服务模式

当前图书馆的个性化服务模式主要包括以下几种类型。

（一）个性化定制服务

它包括界面定制、内容定制、检索定制、服务定制及提示型定制等内容。这种服务是最直接而简单的个性化服务，就是读者从图书馆已经准备好的各种类型的服务中，选择自己所需要的。这要求图书馆尽可能多而广地开发出可供读者选择的定制模式。

（二）信息推送服务

常用的推送服务可以分为两大类：一类是通过人工借助于电子邮箱进行信息推送；另一类是由智能软件自主完成的信息推送。

（三）互动式信息服务

互动式信息服务提供包括网上定题服务、网上参考咨询、网上文献传递、网上文献购置申请、网上馆际互借等内容。其中，网上参考咨询是图书馆工作人员根据读者提出的需求，对读者提供的针对性服务。定题服务，是指读者在上网搜索信息时，确定自己的检索主题，其他的工作交由服务提供商完成。参考咨询是指读者向工作人员咨询问题并得到解答。馆际互借指在本馆资源中没有读者需要的文献，则工作人员要从其他馆的资源中借用，来提供给读者。

（四）词表导航服务

词表导航是为满足读者个人的各种检索需求而提供的一种检索帮助。系统能根据在线读者输入的检索词，自动显示与输入的检索词相关的词。

（五）个人研究咨询服务

个人研究咨询服务，主要是帮助和辅导读者进行信息获取与分析评价，对于读者不同的信息需求给予针对性的指导，提高文献信息资源的利用效率。

五、拓展个性化服务领域的创新思路

图书馆拓展个性化服务需要具备如下几个条件：服务是互动性的，用户要有个性化服务要求；图书馆自身具有满足个性化服务的能力，拥有丰富的信息资源；图书馆具有满足个性化服务需求的服务支撑技术，包括用户建模技术、个性化推荐技术等。以下是拓展个性化服务的几种创新思路。

（一）坚持以满足用户需求为出发点

结合用户需求的特点，根据用户的习惯差异采取迥异的个性化服务。因此，完善和建立用户档案信息数据库是扎实推进图书馆个性化信息服务的基础，通过用户档案信息数据库建立起用户搜索习惯，进而提供更多相关领域的信息，便于用户更好地查找信息内容。数字图书馆更新数据时，可以根据建立的用户档案信息数据库，第一时间向用户提供与其领域相关的信息，满足搜索需求。

（二）坚持技术优先原则

信息技术的不断更新发展有利于完善数字图书馆个性化信息服务系统，充分发挥技术优势，更好地为读者提供个性化服务。信息技术的更新和发展应做到两点：一是广泛借鉴国内外先进的管理模式和技术，尤其是对国内图书馆个性化信息服务发展的新方向新动态，必须坚持学习原则，为我国图书馆发展提供经验；二是建立完备的资源整合共享机制，进而利用我国在信息科技方面的研究成果，提高信息技术在我国数字图书馆个性化信息服务方面的科技转化率，努力提高我国数字图书馆个性化信息服务的智能化和自动化水平。

（三）重视人的因素

数字图书馆个性化信息服务发展关键还是要靠人在观念、技术上的发展，因此数字图书馆个性化信息服务发展过程中要坚持两点。一是图书馆人员的素质。图书馆人员不能只是坐在图书资料室对所借图书登记的闲人，而应该是对某一领域，特别是信息技术方面，具有一定造诣的专业人员，这样既可以根据自己对数字图书馆个性化信息服务的体验找出个性化信息服务的不足，也有利于个性化信息服务的进一步改进。二是图书馆服务模式。图书馆作为信息交流的重要平台，其服务操作应具有模式化，以避免管理的混乱。而数字图书馆个性化信息服务必然要求新的服务模式与之配套，进而实

现个性化信息服务管理的有效性。

（四）加强用户推广

人民群众对数字图书馆个性化信息服务发展还不太理解，这也是我国数字图书馆个性化信息服务发展的瓶颈。因此，必须加强用户推广工作。一是图书馆要加强对数字图书馆个性化信息服务的宣传。数字图书馆个性化信息服务宣传过程中要第一时间回应用户对数字图书馆个性化信息服务的疑问和质疑，树立起良好的信息服务形象，帮助用户更好地了解和使用数字图书馆个性化信息服务，发挥数字图书馆个性化信息服务在资源共享方面的优势。二是要正确引导用户使用数字图书馆个性化信息服务。数字图书馆个性化信息服务对很多人来说是一个新事物，新事物代替旧事物必然需要一个过程，因此，图书馆要根据实际需要采取多种不同方式，对数字图书馆个性化信息服务进行推广。

（五）加强读者的隐私安全与保护

图书馆的个性化服务应该使读者相信其个人信息只是用于满足读者的需求，不会被用于其他方面。这就要求我们，首先需要制定完善的保护政策，进行公示，使读者可以充分了解并运用足够先进的、可靠的保护技术。其次，提供的个性化服务不能不负责任地进行大规模的推送，强行向读者推送读者不需要的信息，而是应做好读者需求分析，提供给读者真正需要的信息资源。

（六）加强对知识产权的保护

根据我国知识产权的法律制度，某些有违知识产权保护法的信息可能提供不了。为读者提供个性化服务时，必须遵守法律，不能为了最大化地满足读者的信息需求就把尚在知识产权法律保护之内的信息公开给读者，应该向其解释清楚相关政策。

（七）提升服务效率与反馈质量

同其他服务满意度一样，服务反馈是进一步改进个性化服务质量和提高服务满意度的重要基础。这不仅反映读者的满意度，更是可以有针对性地对读者的反馈进行整改，以便更好地开展个性化信息服务工作。

（八）提高图书馆工作人员的业务素质

通过教育从根本上转变图书馆馆员的思想观念，把个性化服务的新思想灌输给他们，把积极的工作态度调动起来，切实为读者服务。没有高素质的工作人员就不可能提供高水平的个性化服务，图书馆要培养员工的职业道德，加强其工作责任感，使工作人员对此项工作认可并贯彻下去。图书馆还可以大力引进具有个性化服务意识的大学生，为本单位注入新鲜血液，使图书馆焕发生机。

（九）促进技术与理论方面的研究

图书馆个性化服务的理论正在讨论发展中，相关的技术也很不成熟，一方面，要在理论研究上下功夫，要有创新，不要一味地照搬照抄已经成熟的研究成果；另一方面，注意最新的图书馆软件，并争取能早日研究出适应于国内环境的相似软件。

（十）实现图书馆间的资源共享

可以加强图书馆间的资源共建、共享，多方面进行合作，资源互补，减少读者多方获取信息资源的难度，尽可能多地为读者提供更多的资料和服务。现代信息技术的迅猛发展使图书馆具有了新的发展动力和空间，网络和移动技术的不断更新，为图书馆开展更多内容和形式的服务提供了更大的基础。只要图书馆坚持紧随时代发展和坚持以读者为中心的宗旨，图书馆就一定会在新时期的个性化服务领域中取得新的成就，图书馆服务也一定会迈向一个崭新的阶段。

第二节　教练技术在智慧图书馆个性化服务中的应用

图书馆个性化信息服务的基础是对用户需求的充分理解，RSS（简易信息聚合）、Web2.0等技术的发展虽然在一定程度上降低了沟通的成本，提升了信息获取的效率，但对用户需求的理解还停留在关键词等信息层面上。鉴于此，我国图书馆针对个性化信息服务能力和质量问题应引入教练技术的核心能力和流程模型，引导用户更清晰地表达自身需求，进而提升图书馆工作人员对用户需求的理解，提高图书馆员的服务质量。

一、教练技术介绍

（一）教练技术的起源

教练的提法最早由英文coach翻译过来，英文coach的原意是马车，马车的作用是一对一的，以最适合主人的路径和速度带主人到他想去的地方。

教练技术源于体育行业，如：网球教练、篮球教练、足球教练等，教练关注未来的可能性，而不是过去的错误。教练工作的成果在很大程度上取决于教练与被指导者之间的支持关系以及沟通的方式与风格，使被指导者通过教练的启发获得对事实的认知。教练作为一种工具，是一对一的，能以最适合被指导者的方式帮助被指导者达成目标，这与图书馆个性化信息服务的目的不谋而合。

（二）教练的核心能力

教练的核心能力即对话技术，对话技术包括倾听、提问、反馈三个方面。

1. 深度倾听

倾听是指站在被指导者的立场上听到语言背后的情绪和需求等，让被指导者感受到理解和信任。在倾听的过程中，教练首先要放下自己的想法和判断，一心一意地体会被指导者；其次使用语言或动作等要素，让被指导者感受到被倾听；最后向被指导者表示与对方已经产生共鸣。

2. 有力提问

提问是指运用提问的方式启发被指导者思考，帮助被指导者自行找到解决方法。教练在提问的过程中尽量避免个人的建议。每个人的世界都有自己内在的逻辑，在这个逻辑里他是对的，他不需要被旁人纠正和修补，而旁人无论多么高明、多么智慧，都无法代替当事人去思考和行动。

3. 有效反馈

反馈是指运用观察到的方式对被指导者的行为用语言给予反馈的技术，借反馈使教练有机会告诉被指导者的行为和影响。

（三）教练的流程

GROW 模型是教练领域的先行者约翰·惠特默（John Whitmore）在1992 年提出的，为教练进行指导时提供了一种可借鉴的结构的框架，能使教练与被指导者在进行对话时的方向不偏离预定的目标。在 GROW 模型中，假设在第一次解决一个新问题时以下四个阶段都须进行，如果一项任务正在进行或者曾经讨论过，可以运用教练对话技术去推进，在这种情况下教练可以在任何一个阶段开始或者结束这一过程。以下是 GROW 模型的四个阶段。

1. 聚焦目标

虽然很多时候与教练对话是从被指导者谈论现状开始的，但并不意味着教练要顺着被指导者的思路延续对现状的探讨，教练要迅速地从被指导者谈论的现状中发现其背后的需求和目标，如果没听出来就要通过提问来确定目标。原因有二：首先，教练是以结果为导向的，以终为始是教练的准则，只有明确了方向才能知道从哪里出发，目标对任何讨论的价值和方向都是最重要的。其次，对问题的讨论如果仅仅基于现状更容易倾向于负面，将会变成对问题的抱怨。

2. 了解现状

在了解现状阶段，问题通常由询问类的"什么、何时、何地、和谁"等开始，这些问题引出的都是关于事实的描述，有助于进一步分析和判断。教练不需要了解所有的情况，只需要确认被指导者了解现状就可以了，了解现状的目的是提升被指导者的觉察力，为下一步探索行动方案打下基础。

3. 探索行动方案

该阶段不以最快找到正确答案为目的，而是要列出尽可能多的方案。在最初可供选择的数量比质量更重要，激发大脑收集所有选择的过程能够激发创造力，只有从广泛而富有创造性的各种可能性中进行筛选，才能制订具体的行动计划。

4. 强化意愿

在强化意愿阶段，教练让被指导者总结对话的全过程并坚决按行动计划实施。根据教练的原则，教练应支持个人实现组织目标的协作过程。因此，让被指导者充分认识到教练会全力支持他的行动也非常重要。

二、图书馆个性化信息服务的现状及可行性分析

（一）图书馆个性化信息服务的现状分析

我国对图书馆个性化信息服务研究的论文最早发表于1999年。虽然我国在个性化信息服务方面起步较晚，但随着国内数字图书馆的快速成长，图书馆在个性化信息服务方面已经形成了相对成熟的模式，主要有个性化定制、个性化推送两种形式。

1. 个性化定制

个性化定制主要是根据用户的个人信息需求，提供有针对性的信息服务。它运用对话或先进的信息技术，获取用户的个人信息，了解和推测用户的需求，从而为用户提供个性化的信息服务。个性化服务在实体图书馆读者服务中和网上个性化信息系统的开发中都有很好的应用，实体图书馆个性化服务，图书馆网上个性化信息服务，如国内清华大学图书馆开发的个人图书馆等。

2. 个性化推送

个性化推送服务是一种主动性和个性化较强的服务方式。其主要是图书馆根据用户的特性，如专业、兴趣、爱好等各个方面进行关联分析和挖掘，从中发现资源的关联以及访问行为相似的用户群，然后把挖掘结果推送给用户，实现图书馆主动向用户推送其可能需要的信息。

（二）教练技术在个性化信息服务中的可行性分析

信息服务的目标是满足用户的信息需求，而用户的信息需求又与其决策相关，即用户对信息需求的主要目的是解决特定环境下的特定问题，同时用户利用信息解决问题时的方式、方法、过程又与用户自身的能力、知识范围、经验和行为方式等有密切关系。信息服务的目标是满足用户的信息需求，而用户的信息需求又与决策相关。因此，从本质上讲，个性化的、有效的信息服务一定是针对具体用户的问题、环境、心理、知识等特征来实施的。图书馆的个性化服务具有服务方式互动式多元化、服务层次纵深式专业化、服务手段数字化及网络化等特征。

起源于体育行业的教练技术以结果为导向，通过一对一的方式，应用GROW 模型配合倾听、提问和反馈等技巧以帮助被指导者达成其目标，这与图书馆个性化信息服务的目标不谋而合。图书馆个性化信息服务的本质是基于对用户需求理解的基础上为用户提供信息资源，针对其服务人群的复杂性，对其采用教练技术的模型和技巧，引导用户清晰地表达自身需求，进而增强馆员对用户需求的理解，提高服务质量。

三、教练技术在图书馆中的应用

（一）图书馆应用实例

1. 聚焦目标，引导用户明白自身需求

读者到图书馆进行信息咨询时往往对需求的描述比较简单、简洁。如：有读者到图书馆报刊部查找一篇以侨房变迁及原主人事迹为内容采写的文章，因为读者对标题、作者和具体内容等信息印象模糊，只能用"一幢侨房与主人的历程""刊登在海南日报""时间是 80 年代至 90 年代"这样简单的信息进行表述。

由于早期的报纸只有纸质装订本，无法通过检索的方式快速定位，工作人员只能通过读者提供的这些简单信息，从1980年1月的报纸逐月查询，工作量巨大，严重影响馆员的服务效率和服务质量。假如馆员将教练技术应用到图书馆参考咨询服务中。针对上述读者的需求，采用教练流程确定三点方向引导读者提供更多信息，如：文章刊登时的政治背景，文章刊登时当地省、市是否有大事件发生，文章主要写什么内容。馆员即可采用提问、指导、引导、倾听、反馈的方式从读者的有限记忆中筛选出可用信息，缩小查找的范围。

2. 了解情况，聚焦核心问题

①工作人员向读者提出的第一个问题。该文章刊登时"落实侨房政策"是否已经出台？读者反馈"落实侨房政策"已经实施。工作人员根据其信息反馈，从网络上检索到"落实侨房政策出台"的情况分为1982年、1983～1990年、1990年以后三个时间段。工作人员根据提问、倾听、反馈、网络检索的情况可以确定是政策出台后的几年，即应为1986年以后的报纸。②工作人员向读者提出的第二个问题。该文章刊登时海南是否已建省？读者从当时的大事项中回忆确认当时海南尚未建省。海南是1988年建省，以海南建省时间为一个时间节点，应为1988年前的报纸。③工作人员向读者提出的第三个问题。该文章主要描写了什么内容？读者反馈文章主要是依据侨房变迁及原主人事迹的内容采写的。工作人员根据读者反馈的信息，初步确认其文章刊登在海南新闻综合、民生、社会版面。

3. 探索行动方案，解决用户需求

图书馆工作人员通过聚焦目标、了解情况后，汇总以上三点线索推测出该文章刊登时间应为1986～1987年间的报纸。工作人员依据相关信息选定1987年的报纸查找相关信息，结果仅用10多分钟就在1987年的《海南日报》中查找到读者所要的这篇文章。

（二）应用经验

图书馆工作人员类似教练，读者类似被指导者，工作人员采用三点查找方向的步骤也类似于GROW模型，即：第一步明确目标、第二步了解情况、第三步解决问题。首先，工作人员以"政策出台"的前后为时间节点来排除早几年的报纸，推算晚几年的报纸。其次，工作人员引导读者回忆大事项，以建省大事项发问，提醒读者回忆。启发性的发问可以打开读者的心扉和思维，能够使读者提供解决实际问题的线索。最后，工作人员以文章内容确定报纸版面，把查找的范围再进一步缩小。

教练技术在图书馆个性化信息服务的日常工作中有时也会运用，但该方法并未被明确化和概念化，也没有在图书馆得到深度推广和普遍应用，因此，其运用效果不是很理想。不过可以尝试将教练技术的核心内容和流程提炼为程式化的内容，并应用于个性化信息服务中，以求对图书馆信息服务工作者提高工作效率有所帮助，从而更好地服务读者。

第三节　大数据环境下智慧图书馆提升个性化服务质量的方式及途径

随着互联网和移动数据的发展，以搜索引擎为代表的个性化服务方式，越来越深受用户关注，用户获取信息开始选择 Web 搜索信息资源。然而面对信息服务行业的激烈竞争，图书馆要不断扩大用户群，吸引用户，满足用户需求，就必须解决信息服务中的各种局限性和技术问题，特别是 Web2.0 环境和云环境的出现，图书馆如何把搜索引擎、云计算技术和云服务应用于图书馆，为实现个性化服务提供新的途径和渠道，将会对图书馆的管理和服务方式产生重大的影响。网络环境下图书馆要适应 Web2.0 环境和云环境，建立搜索引擎的个性化服务模式和基于云平台的图书馆个性化服务系统模式。这种新型的服务模式，将会使用户享受到更为方便快捷、高质量的服务，更有助于提高查全率和查准率。

一、Web2.0 环境下搜索引擎的个性化服务模式

（一）Web2.0 环境下搜索引擎的个性化服务方式

国际上把 Web2.0 的技术方法和服务方式应用到图书馆已经比较普及。国外很多大学图书馆利用 RSS 聚合、Alert 订阅等 Web2.0 手段开展图书馆服务。Web2.0 的核心理念及服务原则就是为用户提供满足其个性化需求的服务。Web2.0 服务，特别是搜索引擎的个性化服务内容丰富、类型多样，搜索引擎的个性化服务方式包括信息聚合、博客、微博、tag、bookmark 和

SNS。① RSS 主要应用在新闻、维基和博客等网页，加大了可利用的信息范围。②博客和微博，博客是一种发布个人信息的网页形式，可以随时展示自己的信息状态；微博以短小的特点，吸引用户。随着博客和微博在用户中的广泛应用，就形成了一种有效的网页信息源。③ tag 和 bookmark，tag 是用户自己定义相关信息的标记；bookmark 是用户按照需求把信息进行分类、整理和存储的收藏夹。搜索引擎利用对用户的账号管理的方式提供 tag 和 bookmark 的存储功能，实现个性化信息组织服务。④ SNS 是通过 SNS 社交网站信息环境，满足社会性需求，用户利用 SNS 构建个人的网络平台，创建属于自己的网络空间，传播、共享和交流信息。

（二）Web2.0 环境下搜索引擎的个性化服务模式

个性化首页集成模式和浏览器辅助模式是 Web2.0 环境下搜索引擎的个性化服务模式中最重要的两种模式。个性化首页集成模式实际上是集中提供搜索引擎个性化服务的一站式搜索平台，它的主要功能是面向用户推送信息服务，通过账号管理实现个性化信息存储服务，利用 tag 和 bookmark 实现个性化信息组织服务。个性化首页集成模式与浏览器辅助模式相比成本比较高，并且浏览器越来越多地集成和整合个性化首页中的功能，因此浏览器辅助模式将逐渐代替个性化首页集成模式。

1. 个性化首页集成模式

个性化首页是搜索引擎针对用户的特点进行信息整合和量身定制的首页，其集成模式体系一般包括个性化信息定制、个性化信息组织、个性化信息推送、个性化信息聚合、个性化信息存储这五种服务形式。个性化首页集成模式的体系架构实际是用户通过个性化首页集成的个性化服务平台与搜索引擎之间的闭合回路反馈流程。个性化首页集成模式的主要功能是搜索引擎通过用户账号建立用户档案，实行记录管理，即个性化信息存储。搜索引擎在向用户主动推送信息服务中允许用户按照自己的喜好进行个性化信息定制，而后搜索引擎根据用户的定制提供符合用户需求的针对性信息推送。在搜索引擎的个性化信息组织服务中实现了用户参与的信息组织方式，比如用户利用 tag 和 bookmark 自主添加和命名标签页，对网页信息进行分类、整理、保存。

2.浏览器辅助模式

搜索引擎的个性化服务模式，包括个性化首页集成模式和浏览器辅助模式。浏览器是万维网服务的客户端浏览程序，用于显示网页服务器或档案系统内的文件，并让用户与这些文件互动。浏览器辅助模式主要包括三部分：一是通过搜索栏添加多种搜索引擎；二是实现全能搜索，利用几种主流搜索引擎，同时搜索多种资源；三是导航主页，对多种资源类型实行分类、归纳和整合，引导用户及时、准确地获取个人需求的信息。搜索栏、全能搜索和导航主页向用户提供便利有效的搜索方式，辅助搜索引擎推广和利用其个性化服务。

随着浏览器和移动应用的发展，浏览器辅助模式的优势显而易见。首先是浏览器越来越多地集中了各种搜索引擎，方便用户在搜索时选择使用更好更多的搜索引擎，并能对检索结果互相补充。其次是浏览器中的搜索服务不受搜索引擎类型和信息来源的限制，可以在搜索引擎之外，实现对搜索引擎内的信息资源的检索。另外，通过利用浏览器的记录收藏功能，用户不必登录搜索引擎来收藏和管理已检索到的信息，可以直接用 tag 和 bookmark 收藏在浏览器中，还可以利用 RSS 提供订阅功能、利用 SNS 和 blog 实现分享功能等。

二、"云"与图书馆

云计算就是通过网络把尽可能多的计算资源整合在一起，借助"云"的强大计算处理能力，由软件自动完成管理与服务的超级应用系统。

云图书馆是指利用云计算技术和理念在互联网上构建的虚拟图书馆。云图书馆体系结构为应用软件、管理平台、数据库资源、服务器机群、存储中心等。云计算技术和云服务应用于图书馆，将会对图书馆的管理和服务方式产生重大的影响，将会从根本上颠覆传统图书馆服务模式。互联网时代图书馆的发展急需引入云计算的理念和相关技术，更需要建立云图书馆体系，建立面向用户需求的图书馆云平台个性化服务系统，让图书馆用户只拥有一个上网终端就可以检索和下载图书馆的资源，通过门户网站访问和利用云图书馆，享受各项服务。

（一）云环境下的图书馆用户需求的特点

在云环境下，图书馆利用网络为用户提供服务，不断地扩大着用户群体，服务的范围也更加广泛。图书馆应用云计算技术为用户开展云服务，包括软件、平台、基础设施、数据库等服务形式。图书馆这种新的服务模式，就是要找到云计算技术在图书馆领域应用的契合点，探寻云计算环境下图书馆满足用户信息需求的路径和方法，让用户在信息资源需求方面发生了质的变化。云环境下的图书馆用户需求的特点是：开放性，不受时间地点限制，自由获取；专业性，可以根据自己的需求和专业获得本专业权威性的学术论著，及时了解本学科的发展动态；多元性，网络化与数字化扩大了图书馆的服务功能，在资源结构上遍布各个领域，呈现多元化的趋势；时效性，网络能让用户在最短的时间里获得最新的信息资源，时效性强；集成性，云图书馆的要素是以数据库资源、各种应用软件等组成，集成性的特征极为明显。

（二）云环境下的图书馆个性化服务

云环境的图书馆个性化服务可以利用云平台个性化服务系统依据用户的需求，为用户设置定制空间、数据加工整理专区并开通用户在线编辑服务。系统还能够根据不同层次的用户在个性化定制空间里预设的定制模块，开展多层次、多元化的信息服务。用户只要按照自己的需求定制属于自己的检索界面、服务方式和内容等，就可以对检索的结果进行保存、整理和加工。用户在定制和整理中一次不能完成还可以进行多次操作。

（三）基于云平台的图书馆个性化服务系统模式

1. 基于云平台的个性化服务流程

基于云平台的图书馆个性化服务流程：首先是用户向云平台个性化服务系统输入个性化申请信息进行登记注册，注册通过验证后，系统就会按照用户提供的信息进行个性需求定制；然后通过云图书馆进入到互联网中进行信息资源检索，系统检索到符合个性化需求的有用信息后，就会依据个性化的要求进行筛选、删减、剔除和整理，充分体现了人性化；最后开通在线编辑服务，增加用户的操作权限。用户在资源获取利用的同时如果有不满意之处和新的要求或者建议，可以反馈给云服务平台系统，有利于图书馆及时改进。

2. 基于云平台的个性化服务系统模式

云平台个性化服务系统模式的建立，首先要重视图书馆当前的基础建设，比如软件硬件资源和网络资源的建设，具备了基础设施，才能够更好地构建云计算平台，开发、应用、管理云服务系统和云存储系统。

云平台个性化服务系统模式结构：

（1）云计算平台包括基础设施、网络云和网络终端

基础设施由物理设施和虚拟设施组成，是构建和支撑云计算平台重要的两个部分，缺一不可。网络云起到连接基础设施和网络终端的作用，通俗地说就是把图书馆的服务和用户紧密地连在一起。网络终端就是图书馆管理人员和用户登录云平台个性化服务系统使用的软件和硬件设备。用户通过网络终端登录到云计算平台获取信息资源，图书馆管理员通过网络终端登录到云计算平台实现管理与维护。

（2）云服务系统包括个性化定制，是用户实现云平台个性化服务的基础

资源检索，以个性化定制作为依据，对云存储系统数字资源进行信息搜索；知识整理，用户可以把检索以及接收到的信息资源，通过知识整理模块自己在线编辑，归类、删减，把有用的、需要的随时保存在个人文档空间里，同时还可以多次登录到云服务系统进行整理；信息交流，通过集成于系统上的邮件收发功能，用户利用云服务系统和管理员随时进行沟通，用户与用户之间同样也可以进行互动。这种信息交流有利于用户及时提出问题，便于管理人员处理和解决问题。

（3）云存储系统包括用户资料库、信息知识库和计算资源库等

用户资料库就是用户把已经查找到的信息资源收藏到用户个人存储空间里，便于以后加工、整理和利用；信息知识库即系统的数据总库，是用户检索的信息来源中心；计算资源库是云存储系统的重要组成部分，是云平台个性化服务系统中不可或缺的资源。

三、基于微信的图书馆个性化信息服务

信息服务是指利用计算机和通信网络等现代科学技术对信息进行生产、采集、加工、处理、存储、传播、检索及利用，并以信息产品为载体为用户提供的专业化服务。信息服务是图书馆的核心服务，国际图书馆协会联合会在法国里昂世界图书馆和信息大会上指出，信息获取与有效利用信息的能力是可持续发展之必需，图书馆与联合国可持续发展目标之间的联系在于国际图书馆协会联合会相信高质量的图书馆和信息服务有助于确保获取信息。通过高质量的信息服务，图书馆不仅能够推动个体及社会整体发展目标的实现，更能够通过保障公民平等的信息权利推动社会教育公平，缩小数字鸿沟。

图书馆传统信息服务是指根据读者的文献需求，充分利用馆藏资源直接向读者提供文献信息的一系列活动，其目的是通过开发利用图书馆的各项资源来满足读者的各种文献需求。随着人类迈入数字信息化时代，图书馆传统信息服务受到前所未有的冲击。首先是信息载体的多元化发展突破了纸质文献的单一模式，以电子书、图片、数据、音频视频文件、流媒体文件等为代表的电子资源大量涌现，这对图书馆传统的围绕纸质文献开展的信息服务提出了极大挑战；其次是信息传播途径的多元化发展。随着互联网、移动终端设备等信息技术的飞速发展，人们可以随时随地、方便快捷地获取其所需的各类信息。信息技术催生了人类信息获取模式及信息使用模式的变迁，用户信息模式的变化对图书馆信息服务提出了新的挑战。

（一）图书馆信息服务的发展趋势

互联网数字化环境下，社会的发展对图书馆提出了越来越高的要求，要想更好满足用户日益增长的服务需求，图书馆亟须转型。转型绝不是一蹴而就，而是在先进服务理念的指导下，从服务到战略和执行的逐层推进。信息服务是图书馆传统服务的核心，在新的时代背景下，图书馆职业的核心价值和核心能力仍旧围绕信息服务展开，只是被赋予了新的内涵和外延。简言之，信息服务转型是图书馆转型升级的一大重点。在未来，图书馆需要着重通过信息服务发挥其在推动知识传播、文化交流中的作用；图书馆的功能不再局限于阅览，它更重要的作用是成为知识、文化交流的平台。

图书馆信息服务在新环境中呈现如下发展趋势。

①多元化及个性化发展趋势。这种多元化发展趋势主要体现在用户需求的多元化。用户不仅希望图书馆为其提供所需的信息，还希望图书馆能够帮助其提升获取信息的能力，提供分享、交流知识的场所，以及支撑内容创建、创新制作的辅助平台等。在互联网环境下，用户信息需求还将进一步呈现出多元化、个性化特征。

②移动化发展趋势。随时随地的信息获取、利用将成为用户信息模式的主流，用户越来越习惯通过手中的移动终端享受互联网提供的全面信息服务，包括阅读、订票、网上购物、观赏影视节目甚至召开视频会议。

因此，图书馆信息服务的转型同样应着力于日常应用的扩展，将信息技术充分融入传统信息服务（包括电子书、参考咨询、数字素养培育、学习促进等），以便促进图书馆服务的转型和移动服务的更好发展。

（二）基于微信的图书馆个性化信息服务优势

移动信息服务是图书馆开展个性化信息服务的发展方向之一，微信作为一种新的即时性通信产品，从开始出现就备受各界关注。基于微信的图书馆信息服务相较于传统信息服务具备以下优势。

①完全符合图书馆信息服务需求多元化、个性化及服务方式移动化的发展趋势。

②图书馆可随时随地为用户提供信息和服务，信息和服务能够到达的时间更长。通过微信公众平台的一对多传播方式，图书馆可直接将消息推送到用户手机，因此达到率和被观看率几乎是100%。

③营销和服务的定位更加精准。图书馆可通过微信公众平台对用户进行分组，采集用户信息需求、信息使用、行为模式相关大数据，获知用户特性，从而开展更为精准的服务营销和推送。

④富媒体内容，便于分享。借助微信，图书馆可以实现和用户群体及用户个体以文字、图片、语音为内容的全方位沟通与互动。

（三）基于微信的图书馆个性化信息服务设计

1. 基于微信的图书馆阅读推广方面

阅读作为一项国家战略及重要工作部署，已经连续数年被写入政府工作报告，通过阅读推广活动，充分挖掘图书馆，特别是数字图书馆在人们生产、生活、工作、学习中的重要作用，培育公众的阅读习惯、阅读素养及技能，在全社会营造终身学习的良好氛围，是图书馆阅读推广的指导原则。在阅读推广过程中，图书馆可以利用微信开展如下层面的服务。

（1）利用微信公众平台提供书目服务

建立"我的图书馆"以及检索发现模块，在"我的图书馆"模块中，用户可以直接开展图书查询、图书续借，在发现模块，用户可以查找附近的图书馆，开展数字化阅读。

（2）利用微信公众平台推广阅读

图书馆的阅读推广活动包括新书发布、新书推介书友会、讲座、研讨会等多种形式。传统模式下，图书馆需要通过制作宣传海报、网络通知等方式进行活动宣传，而微信公众平台则为图书馆提供了各类信息发布的统一端口。以前在线下开展的新书推荐、活动宣传、讲座、研讨会通知等都可通过微信直接推送到用户手机上，保障100%的达到率和被观看率，这样不仅节约了海报、宣传单的制作成本，还能取得较高的宣传成效。

（3）利用微信朋友圈推广阅读

利用微信朋友圈的高互动性及"熟人＋陌生人＋圈子"的营销模式，图书馆可以为阅读爱好者建立分享交流的平台，吸引具有共同阅读兴趣、研究背景或交叉学科背景的用户建立各种书友会，利用微信群聊功能共同探讨问题、扩大影响。

（4）利用微信平台公众号与用户互动

包括设立微信书评投稿专栏，调动用户的阅读兴趣，采集用户阅读需求信息，由用户直接点单参与图书馆的采购决策，以及一对一地开展阅读引导及阅读技能培训。

2. 基于微信的图书馆参考咨询方面

参考咨询服务是图书馆信息服务的重要分支，数字化环境中的参考咨询服务同样面临变革，咨询的形式和内容都发生了根本性的改变，在线咨询、实时资讯、互动咨询、可视化咨询等多种咨询模式的涌现，推动参考咨询服务朝着实时、动态、便捷、高效的方向发展。微信在信息传递及信息服务上的优势引发了图书馆参考咨询服务领域对其的关注，越来越多的图书馆开始将微信与参考咨询服务相连接，让微信的及时性、主动性、效率性优势融入图书馆参考咨询服务中，让图书馆参考咨询服务能在短期内提升服务质量，达到社会对图书馆参考咨询服务的基本要求。借助微信图书馆可从以下层面设计参考咨询服务。

①组建微信答疑参考咨询团队。通过智能手机或平板电脑等移动互联网设备，与咨询者通过一对一的语音对讲、文字图片传输等形式开展实时交流，及时、高效、便捷地帮助咨询者解决问题。

②利用微信参考咨询嵌入课堂教学。在信息技术革命引发的教育变革浪潮中，多媒体教学、可视化教学、翻转课堂、大规模公开在线课程等现代化教学模式不断呈现。图书馆要更好地履行信息服务的职能，就必须依托先进的信息技术和工具，嵌入到现代化的教学过程中，培养学生的信息素养、数字素养。微信参考咨询为图书馆提供了嵌入式信息服务的有效路径。

③利用微信参考咨询嵌入用户科研、知识的全过程。借助微信公众平台，图书馆可以根据数字内容搭建知识分享与试验平台，支持对科学、技术和创新中的发展、体系结构和异常现象的跟踪、探测、分析和揭示，以数字化、网络化和计算化的方式，融入用户的知识过程。

3. 基于微信的图书馆学习促进方面

除了传统的阅读推广、参考咨询服务，21世纪图书馆的信息服务职能不断深化发展，朝着知识化、学习促进的方向迈进。具体体现在图书馆对用户早期教育、成人教育、劳动发展、职业继续教育、数字素养培训的参与及推动。同时，图书馆可借助微信工具，通过信息推送、资源提供、智力支持更好地适应用户学习模式的变化，发挥自身在推动用户学习、求知过程中的作用。

（1）早期教育

在早期教育方面，图书馆可以利用微信公众平台向社区家庭推送早教资讯及诸如父母学堂、家长沙龙、亲子体验班等早教活动，鼓励符合条件的家庭及早为适龄婴幼儿报名，享受图书馆提供的优质专业的早期教育社区指导服务。

（2）成人教育、职业培训和劳动力发展

图书馆应按照年龄层次、职业背景、专业背景、兴趣爱好等因素对关注其公众号的用户进行细分群组，分析不同群组在就业、职业培训、劳动力发展方面的异质化需求，为其推送分类的市场招聘信息、劳动力技能培训活动及其他文化活动。

（3）数字素养培育

互联网参与机制下，数字文化社会的发展与社会整体数字素养息息相关，公众通过提升数字素养，有能力参与到数字文化社会的行动中，图书馆在提升公众数字素养进程中发挥着不可替代的作用。数字素养是一种综合素养，其不仅包括利用信息技术、工具获取知识实现自我发展的能力，还包括与他人协作、知识挖掘、共同创造、分享成果的能力和习惯，而且这种分享和协作的精神在互联网时代将变得越来越重要。图书馆应通过微信公众平台为公众或其用户群提供一个分享交流的平台，通过合作、共享，共同营造氛围，在潜移默化中实现公众数字素养水平的不断提升。

4. 基于微信的图书馆个性化信息服务未来展望

由于微信平台所具备的高度交互、方便快捷、传递高效等优势，图书馆在联系用户、提升图书馆信息服务质量和效能方面有着巨大的推广和应用价值，开始有越来越多的图书馆利用微信开展个性化信息服务。未来图书馆基于微信的个性化信息服务，有以下重点发展领域。

①基于微信大数据的分析及挖掘，大数据最大的价值在于通过数据分析优化组织决策，进而提升组织效能及社会生产力。大数据红利可以转化为整个行业的发展机遇，在大数据环境下，图书馆可以通过微信数据记录用户的需求模式和行为模式。例如，用户在"我的图书馆"中的浏览记录、检索记录、电子书阅读记录等都会自动转换为用户大数据，通过对大数据的长期追踪和分析，图书馆不难掌握用户的信息需求模式、消费模式，以及个人的兴趣爱好。每当有与用户需求类型相符合的新书上架，或有用户感兴趣的展览、讲座、文化活动时，图书馆便可通过潜在需求与对口信息的匹配开展更为精准的微信推送，使用户感受到图书馆更为体贴和人性化的服务。

②利用基于微信的信息服务支持用户的个性化学习。个性化学习是指以反映学习者个性差异为基础，以促进学习者个性发展为目标的学习范式，具体表现为针对个体学习者特定的学习需求、兴趣、意愿或文化背景而推出的一系列教育项目、学习经验、教学方法和学术支持策略。新媒体联盟地平线报告高等教育版指出，个性化学习是制约高等教育领域技术应用的艰难挑战，个性化学习的最大障碍是那些能有效促进个性化学习的科学的、数据驱动的方法直到最近才开始出现。公共图书馆要获得发展动力，都必须参与用户个性化学习的促进，除了通过微信公众平台为用户提供个性化的学习资料、交流平台，图书馆还可利用微信公众平台整合多种线上、线下教育资源，正式、非正式的学习资源，通过追踪采集学习者信息，包括点击的数量、花费在在线课程、网络培训上的时间，用在其他活动（如阅读）上的时间等，辅助其他社区教育机构进行定量分析并分类，从而为每位学习者提供更加个性化的学习建议。信息服务是图书馆的核心服务，信息获取与有效利用信息的能力是可持续发展之必需，其不仅有利于个体及社会整体发展目标的实现，更能够从根本上解决社会的教育公平、数字鸿沟、贫富差距等一系列问题。互联网数字化环境下，社会的发展及信息技术的进步对图书馆的信息服

务提出了越来越高的要求。微信公众平台有着信息发布便捷、传播速度快、影响面广、互动性强、沟通即时、富媒体等诸多优势，在联系图书馆与用户、提升图书馆信息服务质量和效能方面有着巨大的推广和应用价值。图书馆可利用微信平台工具进行服务设计，将其传统的阅读推广、参考咨询服务，及新兴的早期教育、成人教育、劳动发展、职业继续教育、数字素养培训服务中融入新的创新元素。基于微信大数据的分析及挖掘，以及利用基于微信的信息服务支持用户的个性化学习是今后图书馆基于微信的信息服务未来发展方向。

四、数字图书馆个性化服务技术

（一）数字图书馆个性化服务及其系统概述

1. 数字图书馆个性化服务

数字图书馆的个性化服务就是以用户为中心，在研究用户行为、兴趣、爱好、专业和习惯的基础上，根据用户的个性化需求而开展的信息服务。它具有很强的针对性、主动性、易用性、知识性、专业性和安全性，能够充分提高用户对数字图书馆信息服务的满意度。

根据技术标准，数字图书馆个性化服务的主要形式有以下三种：一是个性化推送与定制服务。即根据用户的兴趣偏好，采用定制的 web 页面、分门别类的信息频道（或信息栏目）、发送 E-mail 等方式，把具有针对性、特色性的信息传输给具有特定需求的用户。二是个性化推荐与报道服务。即通过智能化推荐和主动报道的途径，深入分析用户的专业特征、研究兴趣，从而主动地向用户推荐其可能需要的信息，是一种比较深层次的信息服务方式。三是个性化的知识决策服务。这种服务强调充分运用数据挖掘语义网络、知识发现等先进技术，对有用的信息内容再进行深层次的分析与挖掘，向用户提供能够用于决策支持智能查询、科学研究等知识服务方面的规则和模式。

2. 数字图书馆个性化服务系统

数字图书馆个性化服务系统，即把用户感兴趣的信息主动推荐给用户的一种应用系统。该系统通过记录和分析用户的个人信息及关键行为，识别出用户的各种特征，建立起相应的用户模型，并根据这一模型主动搜集用户所需的专题资源，向用户推送潜在的有用信息。通过个性化服务系统，图书馆可以收集到用户的个人信息，并根据这些资料有效地组织资源，使用户享受到最贴心的服务。个性化服务系统是根据每个用户的特定资料和后台资料库动态生成的，无须每个用户和每项资源制作静态的网页，简化了数字图书馆技术人员的工作量，提高了系统的灵活性。个性化服务系统会定期自动检查用户定制的各种网络链接和数据来源，并将更新信息通知给用户；用户可以实时维护这些链接并及时跟踪相关学科的最新发展动态。此外，系统还会对用户的兴趣和行为进行分析，利用现有的资源向用户推送附加信息。

（二）数字图书馆实现个性化服务的技术路径

数字图书馆的个性化服务在整个数字图书馆服务系统中占有十分重要的地位。它始终以用户为中心，以满足用户个性化的价值追求为目标。数字图书馆要实现其个性化服务，首先要跟踪、学习用户的兴趣和行为，并设计一种合适的表达方式；其次，为了把资源推荐给用户，必须有效地组织资源，选取资源的特征并采用合适的推荐方式；再次，必须考虑系统的体系结构，考虑在服务器端、客户端和代理端实现的利弊。下面从用户描述文件的表达与更新、资源描述文件的表达、个性化推荐以及体系结构这四个方面，来讨论数字图书馆实现个性化服务的技术路径。

1. 数字图书馆用户描述文件

对数字图书馆个性化服务系统来说，最重要的是用户的参与。为了跟踪用户的兴趣与行为，有必要为每个用户建立一个用户描述文件，刻画出用户的特征以及用户之间的关系。在制定用户描述文件之前，需要考虑收集什么数据、数据来自哪里、数据收集的标准是什么、如何收集和组织数据等一系列问题。

（1）用户描述文件的表达

不同的数字图书馆个性化服务系统，其用户描述文件各有特点。用户描述文件从内容上划分为基于兴趣的和基于行为的两种类型。基于兴趣的用户描述文件可以表示为类型层次结构模型、加权语义网模型、书签和目录结构等；基于行为的用户描述文件可以表示为用户浏览模式或访问模式。在具体实现时，往往采用基于兴趣和基于行为的综合表达方式。用户描述文件可以用文件来组织，也可以用关系数据库或其他数据库来组织。不少数字图书馆的个性化服务系统，通常采用的是基于 XML（Extensible Markup

Language）的 RDF（Resource Description Framework）来表达用户描述文件，并利用支持 XML 的数据库系统来存储用户描述文件。这样不仅利用了 XML 的优点，也保持了系统的良好性能。

（2）用户信息的收集与更新

在用户第一次使用数字图书馆个性化服务系统的时候，系统可以要求用户注册自己的基本信息和感兴趣的内容，也可以隐式地收集用户信息。在定制好一个用户描述文件之后，系统可以让用户自主修改，也可以由系统自适应地修改，这样系统就可以随用户兴趣的变化而变化。用户跟踪方法可分为显式跟踪和隐式跟踪。显式跟踪是指系统要求用户对推荐的资源进行评价和反馈，隐式跟踪则不要求用户提供什么信息而所有的跟踪由系统自动完成。隐式跟踪又分为行为跟踪和日志挖掘。显式跟踪简单而直接，但一般很难收到实效，因为很少有用户主动向系统表达自己的喜好。因此，比较实际的做法是行为跟踪，因为用户的很多动作（查询、浏览网页等）都能暗示用户的喜好。

基于 Web 日志的挖掘技术得到了迅速发展，为数字图书馆开展个性化服务提供了可靠的技术保障。利用 Web 日志可以获得用户页面的点击次数、页面停留时间和页面访问顺序等信息，而通过分析 Web 日志可以获得相关页面、相似用户群体和用户访问模式等信息。数字图书馆个性化服务系统则可以利用上述信息，创建或更新用户描述文件。

2. 数字图书馆资源描述文件

个性化服务系统所应用的领域决定了它所处理的资源。有一些个性化服务系统并不面向特定的领域，它们用于导航、推荐、帮助或搜索。数字图书馆个性化服务系统所处理的资源都属于文本范畴。资源的描述与用户的描述密切相关，一般的做法是用同样的机制来表达用户和资源。资源描述文件可以用基于内容的方法和基于分类的方法来表示。

（1）基于内容的方法

基于内容的方法是从资源本身抽取信息来表示资源。使用最广泛的方法是加权关键词矢量。对文档来说，关键的问题是特征选取，这要达到两个目标：一是选取最好的词；二是选取的词最少。要抽取特征词条，需要对文档进行词的切分；在切分的同时，利用停用词列表（stopword）从文档特征集中除去停用的词。在完成词的切分后，还要除去文档集中出现次数过少和过多的词。经过这些处理后，特征数目一般还很大，还需对特征进行进一步的选取，以降低特征的维数。在完成文档特征的选取后，还得计算每个特征的权值，使用最广泛的是 TF-IDF 方法。对某一特征，TF（Term Frequency）表示该特征在文档中出现的次数，IDF（Inverse Document Frequency）表示 log（所有文档数 / 包含该特征的文档数）。为了加快处理速度，有时只考虑 TF 或 IDF 项，但单独考虑的结果会使效果显著下降。为此，综合考虑 TF 和 IDF，是当下技术条件下的适当选择。

（2）基于分类的方法

基于分类的方法是利用类别来表示资源。对文档资源进行分类，有利于将文档推荐给对该类文档感兴趣的用户。资源的类别可以预先定义，也可以利用聚类技术自动产生。大量研究表明，聚类的精度高度依赖于文档的数量，而且由自动聚类产生的类型对用户来说可能是毫无意义的。因此，可以先使用手工选定的类型来分类文档，在没有对应的候选类型或需要进一步划分某类型时，才使用聚类产生的类型。

3. 数字图书馆个性化推荐

数字图书馆个性化推荐可以采用基于规则的技术、基于内容过滤的技术和基于协作过滤的技术。

（1）基于规则的技术

规则可以由用户定制，也可以利用基于关联规则的挖掘技术来发现。利用规则来推荐信息依赖于规则的质量和数量。规则可以利用用户静态属性来建立，也可以利用用户动态信息来建立。为了利用规则来推荐资源，用户描述文件和资源描述文件需用相同的关键词集合来进行描述。信息推荐时的工作过程是这样的：首先根据当前用户阅读过的感兴趣的内容，通过规则推算出用户还没有阅读过的感兴趣的内容，然后根据规则的支持度（或重要程度），对这些内容进行排序并展现给用户。

基于规则的系统一般分为关键词层、描述层和用户接口层。关键词层提供上层描述所需的关键词，并定义关键词间的依赖关系（在该层可以定义静态属性的个性化规则）；描述层定义用户描述和资源描述（由于描述层是针对具体的用户和资源，所以描述层的个性化规则是动态变化的）；用户接口层提供个性化服务，即根据上述两层定义的个性化规则，将满足规则的资源推荐给用户。

（2）信息过滤技术

信息过滤技术分为基于内容过滤的技术（content-based filtering）和基于协作过滤的技术（collaborative filtering）。基于内容过滤的技术是通过比较资源与用户描述文件来推荐资源。其关键问题是相似度的计算；其优点是简单、有效，缺点是难以区分资源内容的品质和风格，而且不能为用户发现新的感兴趣的资源，只能发现和用户已有兴趣相似的资源。基于协作过滤的技术是根据用户的相似性来推荐资源。与基于内容的过滤技术不同，它比较的是用户描述文件，而不是资源描述文件；它的关键问题是用户聚类。由于它是根据相似用户来推荐资源的，所以有可能为用户推荐出新的感兴趣的内容。

4.数字图书馆个性化服务体系结构

基于 Web 的数字图书馆个性化服务体系结构，与用户描述文件分布的位置有很大的关系。用户描述文件可以存放在服务器端，也可以存放在客户端，还可以存放在代理端。大部分个性化服务系统的用户描述文件都存放在服务器端。其优点是可以避免用户描述文件的传输，除了支持基于内容的过滤，还可以支持协作过滤；缺点是用户描述文件不能在不同的 Web 应用之间共享。也有一些系统的用户描述文件是存储在客户端的。这种体系的个性化服务可以在服务器端实现，也可以在客户端实现。其优点是用户描述文件可以在不同的应用之间共享，缺点是只能进行基于内容的过滤。还有一些系统的用户描述文件是存储在代理端的，这种体系的个性化服务可以在服务器端实现，也可以在代理端实现。其优点是不仅可以支持基于内容的过滤和基于协作的过滤，还可以支持用户描述文件在不同 Web 应用之间的共享，缺点是可能需要传输用户描述文件。

（三）数字图书馆个性化服务关键技术分析

信息领域的个性化服务技术已日渐成熟，推送技术、智能代理技术、智能搜索引擎技术、网页动态生成技术、过程跟踪技术、安全身份认证技术、数据加密技术等，都可以为数字图书馆的个性化服务提供技术支持。

1. 推送技术

推送技术是一种按照用户指定的时间间隔或根据发生的事件，把用户选定的数据自动推送给用户的计算机数据发布技术。这种技术应用于数字图书馆的个性化服务，也只是近些年的事。与传统的拉取技术相比，基于推送技术的信息推送服务减少了用户盲目的网上搜索，具有主动、灵活、智能、高效的显著特点。

基于推送技术的数字图书馆个性化服务，其首要的任务是收集和更新用户信息。运用了推送技术开展的个性化服务，主要方式有频道推送、页面推送、电子邮件推送、移动通信推送等。其工作流程为：首先是建立用户需求管理数据库，用户需要在这里完成注册，表述自己的信息需求，经过统计分析做成一个有效的电子身份证。其次是建立信息库，即从 Web 上搜集信息并进行分类整理、确定标准，把个性化的信息标准设立出来并进入信息库。最后是推送服务器的信息推送，即推送服务器根据已建立的用户和信息的对应关系，在适当的时间、以适当的方式，把适当的信息主动推送到用户的计算机上。

2. 智能代理技术

智能代理（Intelligent Agent）是人工智能研究的产物，被称为"会思维的软件"。它由自含式软件程序构成，利用储存在知识库里的信息执行任务，特别适用于分布计算或客户端服务器环境，能彼此间进行交流，共同执行单个智能代理软件所不能胜任的任务。智能代理能够在用户没有具体要求的情况下，代替用户进行各种复杂的工作（如信息查询、筛选及管理，推测用户意图，自主制定、调整和执行工作计划等）。智能代理具有一定的推理能力，能够通过学习获得知识，能够随计算机用户的移动而移动，还能够通过协作和磋商来共同完成复杂的任务。从一定程度上说，智能代理服务是信息推送服务的一种变化和发展。

基于智能代理技术的数字图书馆个性化服务，主要表现在以下几个方面：其一，信息导航。用户上网查找信息时，智能代理能够充分发挥它的记忆和分析功能，根据用户爱好分析出该用户当前感兴趣的主题，提示用户链接与其专业领域更密切的页面。其二，智能检索。当用户指定了特定的信息需求之后，智能代理能够自动探测到信息的变化和更新，进而将其下载到数据存储地存放起来，同时将该信息自动地提示给用户。其三，生成页面。智能代理能依据存放的信息动态地生成网页，用户可以通过这个友好的浏览界面进行互动式的交流。其四，信息库管理。智能代理能够管理用户个人资料及其个人目录下的信息库，可以方便自如地帮助用户从信息库中存取信息。

3. 智能搜索引擎技术

智能技术引擎是搜索引擎运用先进的人工智能技术的新一代产物（又称第三代搜索引擎）。它以其高度的智能化功能和突出的个性化优势，在数字图书馆个性化服务系统的构建过程中，起着十分重要的作用。它以其良好的自然语言理解、知识逻辑推理能力，来判断、分析和处理用户的各种信息需求提问，发挥着数据挖掘和知识发现的作用：从知识（或概念）面域上同时匹配处理基于关键词的精确检索模式，以及基于自然语词的非规范表达句式，给用户提供检索问题的精确答案以及相关资料，使用户获得较高的检全率和检准率。

基于智能搜索引擎的数字图书馆个性化服务系统，既能体现智能搜索引擎综合现有系统许多功能的集成优势，简化、节约系统的技术结构内容，又可凭其良好的智能化与人性化功能，大大提高系统的工作效率，加速业务流程运行，使用户获得更为主动、快速、准确的个性化信息服务。在个性化服务系统中，知识库是智能搜索引擎的基础和核心，它是在数字图书馆信息资源库的基础上提炼、拓展而成的，是对数字图书馆信息资源库的判断、抽取、分析与概括。因此，智能搜索引擎的信息"源泉"，是极为丰富的数字图书馆信息资源。

4. 动态网页生成技术

动态网页生成技术可简要表述为：一个用户可以将一个 HTML 请求发送到一个可执行应用程序（而不是一个静态的 HTML 文件）；服务器将会立即运行这个限定的程序，对用户的输入作出反应，并将处理结果返回客户端，或者对数据的记录进行更新；通过这个模型，就可以在服务器和客户之间有效地进行交互。动态网页生成技术主要包括公用网关接口（CGI：Common Gateway Interface）、动态服务器网页（ASP：Active Server Pages）、超文本预处理器（PHP：Hypertext Preprocessor）、Java 服务器网页（JSP：Java Server Pages）等。其中，太阳计算机系统公司的 JSP 和微软的 ASP 是目前两种比较成熟的动态网页生成技术。

JSP 和 ASP 都是面向 Web 服务器的技术，客户端浏览器不需要任何附加的软件支持；两者都提供了在 HTML 代码中混合某种程序代码、由语言引擎解释执行程序代码的能力。在 ASP 或 JSP 环境下，HTML 代码主要负责描述信息的显示样式，而程序代码则用来描述处理逻辑。普通的 HTML 页面只依赖于 Web 服务器，而 ASP 和 JSP 页面需要附加语言引擎分析和执行程序代码；程序代码的执行结果被重新嵌入到 HTML 代码中，然后一起发送给浏览器。

JSP 和 ASP 所具有的动态网页生成功能，为包括数字图书馆在内的信息机构开展富有成效的个性化服务，提供了强有力的技术支持。在开发动态网页方面，国内数字图书馆大都采用 ASP 技术，而对于 JSP 技术的应用还处于尝试阶段。但相比之下，JSP 是一个开放的技术，它所具有的安全、高效、稳定和可维护性，比相对封闭的 ASP 更具有个性化优势，因而在数字图书馆个性化服务中有着更为广阔的应用前景。

（四）开拓前景

个性化服务技术给信息领域带来了一场新的革命，也为数字图书馆的信息服务开辟了广阔的前景。尽管这种技术在数字图书馆的应用还处于初始阶段，但走向广阔的前景只是一个时间问题。为此，面对日益增长的 Web 信息，要满足不同用户、不同背景、不同目的和不同时期的查询请求，值得我们研究和探讨的技术领域还很多，归纳起来主要有以下几个方向。

1.用户兴趣和行为的表达

由于用户兴趣是多方面的和动态变化的，跟踪、学习和表达用户兴趣是最基本和难以解决的问题，这是数字图书馆个性化服务研究的首选方向。

2.分类和聚类技术

分类和聚类技术是数字图书馆个性化服务的基本技术，不过有一些新的特点（比如能处理属于多个类的数据、能进行增量的处理、能处理高维和大数据量等），具有良好的可扩展性。这也是一个重点研究的方向。

3.个性化推介技术

现有的个性化推介技术都存在一些缺点，如何克服这些缺点也是进一步研究的方向。

4.标准统一技术

网络信息组织和信息服务格式没有统一的标准，各标准之间互不兼容。因此，制订规范、统一的标准，提高数字图书馆个性化服务的信息资源共享程度，依然是一个重要的研究方向。

（五）安全（隐私保障）技术

已经开发应用的数字图书馆个性化服务系统，大都存在着如何保护用户隐私这样一个关键问题。个性化服务技术要发挥作用，必须提出一个有效地保护用户隐私的机制；只有先保障系统的安全，才能顺利实现个性化服务。因此，安全技术是实现数字图书馆个性化服务的又一个研究方向。

第五章　智慧图书馆移动服务模式

第一节　智慧图书馆移动服务模式的类型

随着时代的进步，传统图书馆的服务模式不再适应社会的发展，而伴随着移动技术进步而衍生的短信服务、WAP 网站服务与客户端应用服务模式在移动互联的时代也在不断创新与完善各自的服务内涵，力图更好地满足公众日益增长的图书馆利用需求。

移动互联将因特网根植于每个人的日常生活之中，使得用户与信息更为紧密、复杂地联系在一起；同时，它也赋予图书馆向用户提供移动扩展服务的能力。随着信息革命的深化，图书馆正在深刻反思与创新自身的移动服务模式，准备满足用户在任何时间、任何地点获取信息的需要。

所谓图书馆移动服务模式，是指伴随着无线网络通信技术的进步，图书馆所采取的不同类型的移动服务实现方式。

一、基于移动互联网（WAP）的服务模式

近年来，通过移动或手持设备上网已经成为明显的趋势。在移动互联网环境下，基于 WAP 网站模式的图书馆移动服务是图书馆服务功能的进一步延伸，发展很快。国内手机图书馆以短信息服务为主，服务形式较为单一，而经过近几年的发展，国内图书馆移动服务无论在数量上还是在深度上，都已经大幅发展。WAP 网站不具有自动响应用户的设备环境的能力，而响应式网页设计（Responsive Web Design RWD）的网站，能兼容多个终端。在一个具有响应性的设计中，一个网站能够在任何大小的设备上显示。从某种程度上来说，RWD 的普及是对移动设备扩散的响应。RWD 的网站是图书馆网页设计的未来发展趋势。

二、基于 App 的服务模式

App 就是 application 的简称，通常专指智能手机上的应用软件。很多图书馆都开发了专门的应用程序。国家图书馆、上海图书馆也及时推出了自己的 App，国家图书馆推出了一系列 iOS 及 Android 应用程序，主要功能有书目检索、二维 QR 码识别、微阅书刊。这些图书馆的 App 供用户免费下载、检索馆藏资源，允许拥有读者卡的用户进行借阅信息查询、图书续借和预约，并为用户提供了图书馆的最新公告、讲座预告及各项服务帮助和指南口。App 的应用产品正在飞速增长，各图书馆分别推出定制版 App 来满足不同的功能，根据图书馆协会的调查，有的图书馆利用 App 进行信息素养教育，有的图书馆将其作为市场营销的方法和策略。

三、基于短信的服务模式

已有的图书馆短信服务平台大多只提供图书流通通知、培训通知等简单服务。在此基础上，我国清华大学图书馆、北京邮电大学图书馆等还推出了利用短信查询图书馆馆藏目录的服务，从而实现个人信息查询、预约信息查询、书目信息查询、图书预约办理与取消以及续借图书的功能。

此外，清华大学图书馆还增加了彩信服务、电子期刊最新信息彩信推送服务，读者经由移动图书馆系统（TWIMS）的 Web 平台完成期刊订阅后，可定时接收到包含最新文章信息的彩信。该短信功能向与移动化的社会媒体的互动方向发展。

四、基于二维码的服务模式

二维码（Quick Response，简称 QR）是用某种特定的几何图形按一定规律在二维方向分布的黑白相间的图形记录数据符号信息的，能够在横向和纵向两个方位同时表达信息，因此能在很小的面积内表达大量的信息，通过图像输入设备或光电扫描设备自动识读以实现信息自动处理，主要提供自助服务功能。QR 码可用来配合手机照相功能，提供文字信息，减少按键输入的动作。用户可以以扫描 QR 码的方式获取所查到的书刊信息并存储在随身携带的手机中。例如，汇文系统的 OPAC 就可以将图书馆所有书刊数据制作成对应的 QR 码，用户在检索时，只需利用手机中的相关软件读取 QR 码，即可获取所检书刊的出版及馆藏信息。此外，用户还可以把检索结果以短信或彩信的形式传送给朋友，与朋友分享阅读信息，甚至可以利用相关信息在网上书店及在线阅读网站进行检索。

五、基于物联网的服务模式

物联网是互联网的应用拓展，是业务和应用，应用创新是物联网发展的核心，以用户体验为核心的创新2.0是物联网发展的灵魂。北京邮电大学图书馆推出了基于物联网的实验性手机服务，名为"感知校园的智能图书馆系统"。其借助 Wi-Fi 和 RFID（Radio Frequency IDentification，无线射频识别）技术，为用户提供实时导航服务。通过基于位置的推送服务，当用户手持智能手机走到图书馆的感应范围内，就会接收到图书馆的近期热门图书、新书通报、馆内活动等信息。当用户走到某个书架的感应范围内，就会收到该架上的新书信息，实现了建筑和图书"智能说话"。

六、基于数据库的移动服务模式

在图书馆积极应对移动互联网发展的同时，传统的出版商和数据库商也开始提供基于移动互联网和设备的数据库产品，都推出了能够在移动设备上检索、收藏甚至直接下载全文的数据库产品，如 IEEE、Nature、National Library of Medicine 等，EBSCO host Mobile 就允许用户直接通过智能手机检索并下载全文。

七、基于位置的服务（LBS）模式

基于位置的服务（Location Based Service，简称 LBS）包含两层含义，首先是确定移动设备或用户所在的地理位置；其次是提供与位置相关的各类信息服务，通过查找到移动用户当前的地理位置，然后再为其提供当前位置附近的宾馆、影院、图书馆等信息。可以说 LBS 就是要借助互联网或无线网络，在固定用户或移动用户之间完成定位和服务两大功能。

八、基于微信的服务模式

微信（WeChat）是腾讯公司开发的免费即时网络通信产品，微信用户可以通过手机、平板电脑、网页快速发送语音、视频、图片和文字，且支持多人群聊。

在个人用户的基础上，微信开发团队推出了面向名人、政府、媒体和企业等机构进行合作推广业务的微信公众平台。通过微信公众平台，机构可

以与关注它的用户进行消息推送、实时交流和品牌传播。

微信公众平台的一个突出优点是与用户的在线互动，即微信公众平台以自定义的方式为公众账号提供接口，公众账号可以预设一些常见问题及答案，关注某一公众账号的网友只要回复相应的语句就可以得到相关的信息。微信公众平台在机构宣传、推广方面具有其他媒体不可比拟的优势：用户数量众多；操作简单（用二维码扫描即可添加关注）；成本低，如果不计网络流量，整个宣传的费用基本为零。因此，微信公众平台一经推出就受到诸多组织、机构等的欢迎，学校、银行、媒体（例如三联生活周刊、中信银行、京东网购、创新工场等）都相继通过微信公众平台开展服务和宣传。

第二节　智慧图书馆移动服务模式的设计与实现

让每一位社会成员都能够享受到普遍均等、无差别的信息服务是全世界图书馆努力践行的使命与不懈追求的目标。移动互联时代，这种历史使命与对核心价值的坚守并不会因为移动信息技术所引发的革命而发生任何的改变。图书馆界在任何时候都必须清楚地认识到，任何技术手段、服务模式的完善与更新只有一个目的，那就是提供能够覆盖全社会绝大多数成员的信息服务，保障社会公众获取信息与知识的权利。对于图书馆界而言，现存的几种服务模式在实现这一目标方面都存在一定的不足。因此，未来的图书馆移动服务模式不应只停留在技术层面的单一服务模式上，而应致力发展既注重技术进步，又富有人文关怀的复合型图书馆移动服务模式——这种服务模式是上述多种服务模式的综合体。同时，它又是一种成熟而系统的服务模式，能够比较合理地处理并减少社会公众在移动网络接入与使用、知识获取与利用等方面的不利因素。在具体操作层面，图书馆要从注重服务群体的差异性、努力创造"移动服务机遇"这两方面有针对性地加强服务模式建设。

一、图书馆移动服务模式设计的出发点

（一）注意服务群体的差异性

社会公众在接入与使用移动通信网络的硬件条件方面（尤其在移动通信网络与移动终端的占有与使用上）存在着巨大差异，这种差异客观上形成了三种基本的用户群体，并由此决定了他们所能利用的服务模式。第一种是

使用普通的 GSM 服务网络与最普通的、只能完成语音与短信功能的手机的用户群体。并且，这部分用户还占据全部社会成员相当大的比例。硬件基础条件的限制使得他们只能利用第一种服务模式，即短信服务模式。第二种用户群体拥有较高性能的智能手机，他们多为在校学生或使用互联网较早的人群，对移动互联网具有浓厚的兴趣与较强烈的需求，习惯利用 WAP 服务模式访问图书馆资源。第三种用户群体是紧跟移动通信技术发展潮流的移动网迷，他们一般都具有较高的文化程度、收入水平、较长时间的移动网龄，拥有高端移动终端，雄厚的物质基础使得他们尤其喜欢通过客户端应用模式接入移动图书馆。对于他们来说，坐上高速车（移动终端）、跑在高速路（5G 高速网络）、玩特色（使用个性化、丰富的移动图书馆应用程序）已经成为他们利用图书馆的首选方式。服务群体的鲜明差异性及其利用图书馆服务模式的属性特点，是移动图书馆设计与优化其服务模式的出发点与重要依据。

（二）努力创造"移动服务机遇"

社会公众对移动通信技术理解与掌握的差距，形成了事实上的利用素养与技能鸿沟，这种鸿沟不但影响了公众对移动信息与知识的获取利用，而且妨碍了他们从中获取利益、参与社会生活、开展创造活动的权利与机会，形成了新一代的移动弱势群体。因此，消除公众利用移动服务的素养与技能障碍，努力创造"移动服务机遇"，减少知识贫困、社会分化、社会排斥现象，维护弱势群体利用信息与知识的权利，就成为图书馆移动服务模式设计的重要战略。需要构建如下目标：

1. 专业技术平民化

让计算机、互联网以及高速网络等先进技术进入普通民众家庭。

2. 技能培训规范化

让训练有素的专业技术人员深入基层，为民众提供正确、规范的技术培训和教育。

3. 网络内容实用化

针对用户的客观需求来编纂、设计和提供网络服务内容以及各种应用软件，让所有人都能利用新技术最大限度地发挥自身潜力。

二、图书馆移动服务模式设计的原则

图书馆移动服务模式设计的目的是打破终端、硬件设备、系统、数据格式之间的分割与界限，整合信息资源，为用户提供一站式的知识服务。其工作重点是面向分布、异构的数字信息资源，通过服务集成构造统一的知识服务平台，实现知识服务的集成与信息资源的共建共享。因此，图书馆移动服务模式设计将按照实现信息资源共建、共治、共享的建设思路，在推进各图书馆信息资源的开发利用的基础上，形成有效的信息资源集中管理模式和共享机制。在设计上要体现以用户为中心的理念，遵循业务驱动服务、服务驱动技术的设计思想。具体优化过程中应坚持以下原则。

（一）经济性原则

图书馆移动服务模式设计要从图书馆的经济现状和信息化建设的实际出发，充分利用和整合各图书馆现有的信息资源与技术资源，避免重复投入；移动平台实现应尽量采用成熟技术，保障开发可行性，提高效率，降低开发与维护成本；要以政府投入为引导，通过市场运作吸引社会投资的参与，减小财政压力；广泛调动社会资源，优化系统的管理模式，确保运营成本最低。

（二）开放化原则

服务对象开放化、图书馆全面向社会开放、实现资源的开放共享与存取已经成为社会发展的大趋势。其他类型图书馆应该采取积极的态度来迎接这一挑战。具体做法可以效仿软件认证的方式：在移动图书馆中增加临时用户权限，并为其设置相应的访问权限，社会用户只要以GUEST用户身份登录，就可以利用OPAC、期刊导航来试用部分数据库资源。这样，既保护了读者的正当权益，又能够最大限度地共享移动图书馆资源与服务，规避了相应的版权风险，从而有效地扩大了移动图书馆的服务对象群体，提高了移动服务的覆盖率，更好地满足了社会公众日益增长的移动文化需求。

（三）生活化原则

服务功能生活化，对于什么样的服务是读者最需要、最实用的图书馆移动服务，图书馆界一直没有达成一致的意见。只有对读者有用的服务才是真正的服务。当国内还在激烈争论什么样的移动图书馆服务是读者最需要的时候，一些图书馆与公共图书馆通过自己的努力和实践已经向这一目标迈出了一大步。例如：中国人民大学图书馆推出了图书馆座位管理系统，可对部分座位进行网上预约，前一天0：00～23：59可预约第二天开馆时间的座位。

（四）以用户为中心原则

用户是图书馆开展一切知识服务的出发点与核心。根据用户信息需要与信息行为的特点，以用户为中心设计与优化图书馆现有的服务模式。

1. 多样化原则

多样化是对服务方式的要求。用户在移动服务过程中可能会需要不同的服务方式，如检索服务、专题服务、咨询服务，移动服务模式所能够提供的服务方式要尽量多样化，以满足用户日益增长的知识需要。

2. 可近性与易用性原则

可近性是对于移动服务信息源与传播渠道的要求，它要求移动服务尽量降低用户利用的成本与门槛；易用性是对移动服务使用的要求，它要求移动服务模式遵循方便、快速的原则。设计开发中充分考虑到使用上的方便、快捷，层次结构精简、清晰，能够高效、快速地为用户提供准确的信息。

3. 适时性与针对性原则

适时性是对移动服务传递时间的要求，它除了要求移动服务模式能够提供最新的信息资源，还体现在图书馆能够对用户的反馈做出第一时间的响应。针对性是对信息传递过程的要求，它要求图书馆在移动服务过程中能够根据服务对象与实际情况，有针对性、创造性地开展工作。

4. 相关性与适用性原则

相关性与适用性是移动服务模式是保持生命力的关键所在。相关性要求图书馆移动服务模式要尽可能为用户提供数量巨大的相关信息，为解决问题提供数量上的保障；适用性是相关性的基础，要求服务结果不但能够满足用户认识到的现实信息需求，而且还能够满足其客观信息需要。因此，图书馆要通过提供卓有成效的移动服务，努力实现这一目标。

三、构建图书馆移动服务模式运行框架

针对服务群体的上述特点，图书馆移动服务模式设计应该从用户第一的角度，广泛兼顾社会各层次服务对象的需求与基础条件，尽量降低社会公众接入与使用移动通信网络的门槛，消除他们利用移动服务的素养与技能障碍，并有针对性地设计富有层次感、服务手段多样、服务质量稳定、极具普适性与惠民性的服务模式。

（一）设计图书馆移动服务模式运行框架

移动互联网环境设计全新意义上的图书馆移动服务模式，即通过非网络的常规服务与网络服务相结合的方式为社会公众提供移动信息服务。用户不仅能够通过电话、短信等基础服务实现馆藏信息查询、预约、续借、用户借阅信息查询、用户管理等图书馆传统服务功能，还能够通过 WAP 网站、客户端应用提供位置定位、二维码、流媒体等深层次服务。移动信息服务系统主要包含非网络的常规服务平台、短信平台、WAP 网站服务平台、客户端应用服务平台、微信公共平台等五大功能模块，通过常规服务与网络服务方式相结合，基本能够满足各类图书馆服务对象的需求。

（二）图书馆移动服务模式框架的实现

1. 常规服务模式的实现

对于非网络的常规服务模式，图书馆可以在以下方面大力开展卓有成效的"移动扶贫"工作。

（1）创建社区分馆技术服务中心

向买不起电脑、移动终端的人提供电脑硬件和移动信息技术的操作技能培训。

（2）提供移动终端设备与网络接入环境

图书馆以低廉的价格或免费向民众提供电脑硬件和移动终端设备，在图书馆内大力营造免费的 Wi-Fi 和 WLAN 环境，力图在实体馆覆盖的小环境内，率先实行移动信息"扶贫"。

（3）开展移动服务内容培训

图书馆向民众积极开展移动信息技术、图书馆移动服务内容培训。可以通过举办讲座、发放宣传单、手册、课件光盘的形式，增强社会公众的移动信息意识，提高他们的移动信息素养与利用技能，逐步消除他们对移动图书馆服务的畏惧感与排斥感，增强可接触感与亲近感，通过非网络的常规服务，让没有电脑和终端设备、不具备利用技能的社会公众也能够利用移动图书馆信息服务。

2. 短信服务模式的实现

短信服务模式的先天不足与一成不变严重影响了其服务功能与服务效果，使得其在数字时代逐渐淡出了图书馆主流移动服务的视野。实际上，对于那些不具备接入移动互联网条件的广大社会公众来说，短信服务模式仍是他们在移动时代利用图书馆服务的有效手段与渠道。图书馆应深入挖掘短信服务模式的潜能，对更多的图书馆传统服务功能进行重组与改造，使其延伸到短信与电话语音服务上，让短信与语音服务上承载更多、更丰富的动态内容与功能，从而使图书馆的移动服务更具有主动性、广泛性与亲近性。

（1）语音参考咨询

语音方式的参考咨询是指将文本、音频集于一体，提供在线、即时的咨询方式。这种服务模式将参考馆员的咨询电话嵌入短信，用户只需点击短信中的电话信息即可与参考咨询馆员进行面对面地实时交流。这样，用户不必再记忆复杂的咨询电话号码，只要通过短信中的咨询电话就可以联系到参考咨询馆员，馆员也可以在第一时间内对读者提出的问题予以解答。这同时也解决了传统短信服务需要用户背诵短信指令、信息易堵塞、受网络通畅影响大等多重难题。

（2）主动型的短信

短信服务模式可以提供基于文本、语音等多种方式的参考咨询服务。短信服务是图书馆移动信息服务的重要组成部分，而传递资讯又是短信最主要的功能。随时随地阅读的便捷性使手机逐渐成为获取新闻资讯的主要方式，突破传统媒体阅读的载体限制。

作为以文本信息为主要承载内容的服务模式，图书馆要充分发挥短信服务模式在传播新闻资讯方面"小""快""灵"的特点，创新出主动型的服务模式。作为图书馆移动信息服务的初级阶段，图书馆短信平台主要向社会公众提供传统的借阅信息查询、超期提醒、到期催还、图书预约、续借、读者管理等功能。需要注意的是，这里所列出的许多功能并不是图书馆主动提供的，而是被动提供服务的。所谓被动提供服务是指用户需要编辑包含特定格式的指令所组成的代码短信，然后将其发送到指定的服务号码，经短信平台处理后才能返回相应的查询内容。短信服务作为移动图书馆服务的重要手段，图书馆必须在主动服务、个性化服务方面深入挖掘，创新其服务内容与手段。以下是短信服务模式的几种服务手段。

①网络宣传

通过电视网、广播网、因特网大力宣传图书馆移动短信服务的内容、方式与手段，使短信服务的观念深入人心，让每个社会成员都能知晓图书馆的短信特服号码。

②通过技术手段主动推送信息

图书馆大力升级、改进移动图书馆管理系统，主动、及时地推送借阅、预约等流通服务信息。

③深化服务内容

改变过去短信服务只推送图书馆简介、新闻、讲座、规章制度等介绍性信息为主的服务模式，通过短信平台与移动图书馆自动化管理系统的无缝链接，动态地提供诸如电子阅览室剩余机器数量、生活小技巧、馆藏利用率、出行指南、热门资源推介、国内外重大新闻等社会公众生活中喜闻乐见的实用信息。

3.WAP 网站服务模式的实现

（1）界面设计

考虑到不同群体在网络接入条件方面所存在的客观差异，尤其针对用户移动终端的类型与功能差异，图书馆在界面设计时，应该推出两种形式的WAP 网站。

①文字模式

针对部分用户只能使用传统的网络与低配置的手机、网络带宽与移动终端存在利用瓶颈等客观现实，图书馆应对 WAP 网站进行界面的全方位优化。优化的原则就是既保证资源丰富，又确保界面的简洁明了，使得普通用户也能够流畅访问。去掉占据带宽的图片、FLASH、音频、小动画，只保留能够表达网站思想、实现网站功能的基本文字内容；在版面安排方面多采用照顾普通网民使用习惯的设计风格。例如：将每个网页的版面限制在一个移动终端屏幕所能容纳的范围内，尽量不使用滚动条等不适合在小移动终端屏幕上使用的元素；考虑到普通用户在移动终端上输入文字不便的现实情况，尽量减少文本框等元素的使用，而代之以列表框、单选、多选等贴心设计；减少网页链接的层数。网页调查显示，"网页信息每深入一层，用户多点击一次，就会损失一些访问者"，这一点对于 WAP 网站用户更具有重大的现实意义。用户在 WAP 网页之间切换时，远没有在台式电脑上那样方便与快捷。因此，要严格控制 WAP 网站链接的层数，链接的层数尽量不多于两层，并在次级页面链接的位置上设计醒目的返回按钮以方便用户的定位。通过以上设计举措，使得普通的社会公众在访问 WAP 网站时，能根据所给出的醒目提示，选择适合自己情况的 WAP 网站利用模式。这种设计，使得在接入移动互联网络方面存在巨大差距的用户在文本模式下也能够体验到贴心的设计、浓厚的人文关怀。

②多媒体模式的 WAP 网站

多媒体模式主要针对接入与使用硬件条件较好的用户，高配置的智能手机、强大的处理器与操作系统、大容量的网络带宽支持使得图书馆可以放心地在网页界面中加入 FLASH、音频、视频等丰富多彩的表达元素，选择高品质的色彩、图像分辨率、过渡效果，使用多框架、Java 等多种网页设计技术，从而使得这部分用户充分体验到多媒体模式所带来的炫彩享受。

（2）功能设计

国内移动图书馆 WAP 网站所提供的服务内容仍主要集中于流通服务、数据库检索等传统的图书馆服务，其只不过是将传统服务延伸到手机等移动终端上面。移动图书馆服务的内容、功能方面并未发生实质性的改变，创新程度不大，因此不能够对移动用户产生足够的吸引力。为此，我国图书馆一方面要丰富 WAP 网站服务模式的内容。除了继续深化图书馆传统的流通、参考咨询服务，还要积极拓展全新的图书馆服务（电子书、音频、视频下载、讲座预约、租借计算机）；另外，还要继续增加能够直接面向用户需求的服务类型。例如，提供城市中图书馆网点及其分布地图、图书馆电话、开放时间、出行指南、办证方式等贴心服务；针对广大社会用户，广泛提供他们日常生活需要提供的诸如政策、法律、饮食、医疗、交通、教育各方面的综合信息；另一方面，图书馆要大力加强与用户的交流与互动，改变用户传统观念中移动图书馆服务冷冰冰的感觉，提供常见问题解答、服务意见交流版、读者建议微博、视频参考咨询、图书馆读者 QQ 群、离线参考咨询等交流服务，拉近用户与移动图书馆的距离。

4.客户端服务模式的实现

国内提供客户端应用服务模式的移动图书馆还不是很多，可供利用的客户端应用资源也不是很丰富，用户的利用率也不是很高，也没有调动社会公众利用客户端应用的积极性与热情。为此，应该大力加强对先进信息技术的学习与借鉴，拓展客户端应用的规模和使用范围，促进客户端服务水平与内容的不断深化，实现由低层次服务到高级别服务、由实验中到可应用于实践的普遍推广的转变。图书馆移动服务导航系统是图书馆依托先进的数据库技术、云计算技术、存储技术而开发的全新客户端应用。为向全社会公众提供更加方便、快捷的移动信息获取渠道，图书馆以云计算技术为基础，在全国图书馆界建立一个海量存储的移动信息化体系，即"移动服务云"项目。图书馆"移动服务云"项目以一个核心为基础，两大辅助系统为支撑。一个核心为移动服务综合数据中心，两大辅助系统为公众信息咨询系统、行业管理系统。

公众信息咨询系统功能是借助于遍布城市的查询终端与用户手机上所安装的智能导航系统来实现的。用户身处城市之中，只要点开手机中安装的"图书馆移动服务导航系统"应用，就可以随时随地以语音方式播报全国每一个城市的图书馆网点介绍，包括周围的吃、住、行、游、购、娱等各种旅游相关信息。移动图书馆智能手机导游系统只是上述的"移动服务云"工程中的一部分内容。当进入到某个实体图书馆之后，用户首先利用手机 SIM 卡应用完成身份识别与认证，然后借助导航系统进入到该图书馆网点，进入后，该图书馆的基本情况、楼层分布、资源利用方式等指南信息就以二维或三维可视化的方式展现在他们面前。在导航定位的指引下，用户不但可以在短时间内找到所需要的库室，而且利用二维码软件应用，还能够智能识别书架上所标示的资源信息，从而准确地定位到自己所需要的信息资源。与以往不同的，用户通过移动网络，在未来的移动图书馆中不但能够查询到当地的馆藏信息，而且能够检索到国内所有图书馆的馆藏资源。在此基础之上，用户借助于丰富的应用不但可以在区域联盟内部实现通借通还所有传统的印刷资源，而且还能够广泛共享联盟内的所有数字信息资源、应用服务、硬件设备。

行业管理系统主要包括"移动服务云"中心、信息预测预报系统等。城市中所有移动图书馆管理系统均与其联网，图书馆云中心可以通过数据分析计算出每一个图书馆的人流情况，从而为突发事件提供支持依据。通过这一系统，中心还可随时掌握图书馆的利用率等相关信息，完成对相关图书馆的读者信息统计，把握各图书馆的读者变化趋势，从而有效引导节假日与高峰期读者。高技术的客户端应用将社会公众与移动通信网络、移动图书馆服务无缝地融合在一起，社会公众可以通过应用享受到方便、快捷的移动图书馆服务体验；移动图书馆在提供客户端服务的同时，自身服务的自动化、系统化水平，信息资源的共享化水平也得到了极大程度的提高。客户端应用代表着未来图书馆服务的发展趋势，因此，图书馆应与自动化管理系统开发商、移动服务通信商、移动互联网服务提供商、应用软件开发商密切合作，开发出功能更加丰富、操作更加便捷、更富于人文化的客户端应用，以满足社会公众日益增长的服务需求。

5.微信服务模式的实现

（1）基于微信的图书馆移动服务

作为一种新型的信息传播平台，图书馆利用微信公众平台可以更好地满足泛信息环境下用户的需求，因此得到快速发展。移动图书馆对微信公众平台的应用主要体现在以下几个方面。

①资源推荐

利用微信对馆藏图书进行推荐阅读是移动图书馆应用微信公众平台的最典型的功能，也是图书馆利用新技术、新媒体手段宣传馆藏资源的有效途径。馆藏图书的推荐方式多种多样：重点图书推荐、图书清单列表式推荐、读者推荐文章，等等。在网络文章的选择方面，不同的图书馆所采取的标准或者题材差别较大。例如：长沙图书馆通常选择网络上涉及长沙市的文章予以摘录推荐。

②活动预告

活动预告是图书馆应用微信公众平台开展服务的重要功能，很多图书馆将本馆将要举办的各种培训讲座以及其他类型的活动在微信平台上进行预告。由于微信的用户数量庞大，而且微信传播具有及时性和一对多的特点。因此，可以保证图书馆所发布的活动预告信息能够快速地传送到读者手机或移动终端上，图书馆的用户群能够及时地了解到图书馆将要举办的活动。

③通知服务

通知服务也是图书馆应用微信公众平台提供服务的基本功能。例如：假期来临时，很多图书馆会告知读者图书馆服务时间的调整、借期调整等。另外，图书馆还会发出一些温馨提示，如提醒读者注意防暑降温，毕业时记得还书退卡等。

④参考咨询

微信公众平台在后台为平台用户提供一种编辑模式，即可以为某些方面的问题预设一些答案，根据网友回复的内容而进行自动回复（如天气、股票、彩票等信息）。通过调查发现，目前大部分图书馆的微信公众平台都设置了自动回复，网友可以在首次关注微信公众平台或者在与微信公众平台的对话过程中看到相关的信息。例如：汕头市图书馆支持网友通过查询指令查找图书馆的馆藏资源、服务指南等。

⑤活动报道和信息推送

对图书馆内举办的一些活动进行报道也能帮助图书馆很好地宣传自己。例如：清华大学图书馆会对馆内举办的展览进行报道。此外，对机构的消息进行推送和宣传也是图书馆微信公众平台常用的一项功能。例如：首都师范大学图书馆针对本校学生在英语竞赛中取得优异成绩的消息在微信平台上进行了推送；中国人民大学图书馆对校内的英语竞赛喜讯做了报道和宣传。

（2）基于微信的图书馆移动服务的深化

我国图书馆在应用微信服务方面主要存在着更新频率低、个性化开发程度不高、开放性不足、服务的内容与层次距离读者需求还有较大差距等问题。为此，我国图书馆应积极开发微信公众平台新功能——在有条件的情况下，可以尝试为读者开发新的功能，积极为他们提供个性化服务，扩大服务应用范围。

①基于位置的增强现实服务

微信公共服务平台提供获取用户位置信息的接口。如今的智能手机大多具有 GPS 功能，将位置信息与图书馆的特色库结合起来，可以实现移动增强现实（Augmented Reality），尤其是在增强旅行（Augmented Walking Tour）领域。增强旅行是让用户在移动的过程中直接就可从图书馆数据库中获取相关资料，如照片、历史记录、录音、视频等。图书馆可以通过位置坐标信息为读者提供不同的历史特藏资源，图书馆只需要维护特藏数据接口与微信接口的稳定性。

②基于身份特征的学科服务

学科服务是一种以馆藏信息资源为基础，以用户为中心，根据用户需求，面向知识内容，融入用户教学、科研、决策过程，并帮助用户找到问题、获得相关解决方案的一种深层次的信息服务。当用户身份绑定后，通过学科信息推送，可以把特定学科内的学科信息资源、专家馆员、数据库信息和网络信息资源，以学科知识单元的方式传递给用户。通过微信开展学科化信息推送服务，使得用户在任何时间、空间都可以获得各类定制的学科化信息服务，从而为用户的教学与科研工作提供了极大的支持。

③基于实时交互的参考咨询服务

作为新兴媒体的微信，具有强烈的自媒体特色，其在实时交互方面具有语音、图片、文字等多样化的交互模式，相比传统的参考咨询服务平台具有更良好的沟通方式，因此可以帮助图书馆更及时了解用户感受、收集用户反馈信息，有效协助图书馆准确地把握用户心理、了解用户需求，并且利用微信一对一的私密互动特征，通过文字、语音、视频、图片的不同组合混搭来适应不同类型用户的咨询，更加生动、形象地解决用户的问题，满足用户的各种需求，构建以用户为中心的参考咨询服务平台。

④基于社群的图书馆活动推广服务

图书馆可以借鉴论坛板块或类似豆瓣小组的模式，在微信平台中建立多个不同主题的社交圈，并以主题圈子的形式显现：每个微信账号都可以加入自己想要加入的圈子，并在圈子中发布信息、评论或点赞他人信息、转发他人信息。例如：结合馆藏资源荐书系统而推出读书圈，圈子中可以推荐和评论所看过的好书、推荐想看的好书、点赞别人推荐的好书、想看别人推荐的好书；模仿蘑菇街的运行模式，置顶点赞率高的推荐；结合学校公共课，开设公共课圈子，圈子中可以共享公共课资源，发布公共课消息，讨论公共课内容等；结合学生社团，可以开设宿舍联盟圈、学生会圈、后勤维权圈等，为学生团体组织的交流共享提供平台。

四、图书馆移动服务模式的组织机制研究

随着社会的发展、进步，用户需求也在发生着动态调整，传统的图书馆资源共享形式已经无法适应用户不断增长的信息需求，图书馆在应对急剧变化的社会环境与用户动态需求方面显得力不从心、困难重重。为此，图书馆必须适应社会的发展与读者需求的改变，充分利用先进的技术手段与服务方式识别、选择，进而构建能够最大化信息资源共享的效益与功能的组织模式，从而实现机构与信息资源共享的可持续发展的目标。图书馆联盟是当今国内外公认的信息共享的有效模式与组织形式，以移动图书馆技术为支撑的信息资源共享形式——移动图书馆联盟将成为未来图书馆信息资源共享的发展方向与理想模式。

（一）移动图书馆联盟出现的背景

在数字图书馆联盟运行期间，我国图书馆资源共享的运行机制问题就已经明显地表现出来。在传统的图书馆联盟时期，传统图书馆联盟的主要责任是完成联合编目、文献传递等传统任务。到了数字图书馆联盟时期，它又肩负起增强联盟文献购买力，尤其是电子资料的购买力、监督成员馆数字图书馆项目建设情况、筹集项目所需资金、人员培训的职责。成员馆之间受共同认可的协议与合同制约，联盟依靠专门的组织机构对成员馆的行为予以约束。我国图书馆迫切需要通过逐步探索、选择、完善一种有效的组织形式与发展策略，来协调、解决信息资源共享过程中所涉及的一系列影响因素，而保证信息资源共享工作的可持续发展。这种全新的组织形式就是移动图书馆联盟。

（二）移动图书馆联盟的内涵

移动图书馆联盟是一个全新的概念，一种全新的组织形式，一种完全不同于以往图书馆联盟与数字图书馆联盟的定义。移动图书馆联盟不同于以往一般意义的图书馆联盟，也不等同于数字图书馆联盟，它们之间存在着极大的差异。回顾以往图书馆联盟或数字图书馆联盟，几乎所有的联盟都是以某一个图书馆为中心馆，并在其中起主导地位，集中采购、集中编目、联机参考咨询，主导着联盟的发展方向，是以实现资源共享、互惠互利为目标而组织起来的，不以营利为目的，而移动图书馆平台开发与构建是开展移动图书馆业务的基础条件。无论是移动服务平台的支撑还是在数字图书馆系统中移动应用的开发，国内外图书馆都是采取与移动运营商、数据库开发商、网络信息技术公司相合作的形式，以上成员在移动图书馆联盟建设中扮演着至关重要的角色，这三方是以营利为目的与图书馆组成的合作体。根据以上分析，可以将移动图书馆联盟定义为：移动图书馆联盟是图书馆为了实现读者任何时间、地点都能无限制地获取信息资源的目标，以无线网络技术为知识资源推送手段，以合作方成员自有资源与网络资源为知识仓库，以实现资源共享、互惠互利为目的，与移动运营商、数据库开发商、网络信息技术公司等网络运营商、服务商、开发商以商业化运作的形式组织起来的，受共同认可的协议和合同制约的联合体。

（三）移动图书馆联盟的意义

移动图书馆联盟的出现，对于移动数字图书馆发展具有划时代的意义。

1.解决了内容提供的瓶颈问题与版权问题

每个图书馆自身的信息资源都是有限的，尤其是具有知识产权的信息资源难以满足移动阅读的内容需求。为此，应不断拓宽信息内容供应的来源，理顺信息内容提供链。与网络信息内容提供商结成联盟关系后，图书馆就可以通过与内容提供商的广泛合作，获得发行作品的版权许可，这样既可以扩充移动资源利用范围，又具备了合法性。例如，上海图书馆与盛大文学协商合作模式，盛大文学通过云中书城向上海图书馆提供海量的数字版权。

2.提供整套的移动图书馆系统解决方案

移动图书馆平台建设涉及人员、技术、资源、经费、推广等一系列问题，单一的图书馆无力也不可能独立解决全部技术问题。移动图书馆联盟应追求多方合作，吸引技术能力强的网络内容提供商、服务商加盟，借他人之力解决技术瓶颈。例如，书生公司推出了移动图书馆解决方案，能够有效地解决上述主要技术难题。首先，通过文档交换服务器解决不同数据库平台无法统一访问，以及不同数据存储格式不能通读的问题。其次，实现不同手持设备统一搜索，并且支持各种类型的可上网手机，以及具有 Wi-Fi 功能的电子书阅读器等手持终端设备。最后，突破过去的 IP 控制方式，直接针对每个读者终端进行权限控制。在知识产权保护方面，移动图书馆系统花大力气进行合法手机用户的唯一性认证，限定每个手机号绑定一次，如果失效的话就得重新认证。

3.有利于获得稳定的财政支持，拓宽资金来源渠道

移动图书馆建设与发展需要大量的经费投入。移动图书馆建设前期投入成本高，后期运营费用高，仅依靠政府的投资、自身的经费难以维持。通过成立图书馆联盟，吸纳移动服务运营商、数字资源内容供应商的加入，有利于广泛吸收民间的投资与社会力量参与移动图书馆建设。在不违反国家相关法律、法规的前提下，使双方互惠互利，移动服务运营商等商业团体得到

了应得的最大利益，而移动图书馆联盟获得了稳定的资金支持，进而使联盟得到迅速的发展，实现信息资源共享最大化的战略目标。

（四）移动图书馆联盟可持续发展之路

1.合理的管理体制、运行机制

管理体制与运行机制都是属于制度保障范畴，它们是直接影响移动图书馆联盟可持续发展的关键制度因素。要通过建立合理的管理体制与运行机制，为移动图书馆联盟的运作提供良好的内部环境——强烈的组织愿景、合理的组织结构、良好的运行机制。所谓明确的组织愿景是指组织制定了十分明确的任务与战略目标，移动图书馆联盟的每一位成员对本组织的任务与战略目标具有十分深刻的认识。明确的组织愿景有利于联盟形成强烈的凝聚力与向心力，进而形成和谐的联盟文化，成员能够自觉将自身的利益与组织的整体利益、全局利益保持一致。移动图书馆联盟是多方成员所组成的联合体，因此，组织结构的合理性至关重要。组织结构的设置要充分考虑各方成员的利益，机构的层次要与移动图书馆资源共享的内容要素、技术要素、资源要素适应。移动图书馆联盟对最高领导层、中间管理层与具体运作层具有绝对的影响力与号召力，以实现对联盟发展的指导、规划等方面具有严格的掌控力。在运行机制方面，联盟应该摆脱传统图书馆联盟的运行模式，吸引移动服务运营商、数据库生产商和咨询公司等商业机构共同投资、共同建设，参与到移动数字图书馆的建设中来。

2.均衡的利益平衡机制

利益平衡机制是否均衡，直接影响着移动图书馆联盟的可持续发展。我国传统图书馆联盟与数字图书馆联盟之所以发展缓慢，是因为缺乏合理、有效的利益均衡机制。良好的利益平衡机制，首先要求联盟根据组织的任务与战略目标，确定每一位成员的权利与义务；其次要建立多劳多得、多投入多得、多赢多得的利益分配机制，充分调动组织成员尤其是商业机构建设移动图书馆、提供移动图书馆服务的积极性与创造性；再次，要通过建立畅通的交流渠道，保证成员的意见得到及时的交流与沟通，保证成员对联盟的重大事务具有知情权与发言权，从而保障联盟在民主、信任、理解的基础上运行。

3.科学的信息资源共享模式

知识经济的时代，移动通信技术的发展使得数字图书馆失去了传统的边界，边界界限日益泛在化。面对海量的网络数字资源，我国移动图书馆联盟必须调整自己的传统共享策略，选择更为科学的共享模式。图书馆在共享模式上应该突破传统的全国性、地区性协作性组织共享模式，要走出国门，积极参与国际数字信息资源共享的网络建设进程中，加强与国际数字图书馆联盟的联系。通过共建、共享网络信息资源，一方面，不断拓展我国的信息资源储备；另一方面，在交流、合作的过程中为我国移动图书馆联盟建设积累经验。

可以预见，未来的图书馆联盟，必将是移动图书馆联盟。数字时代资源共享的形式是图书馆电子联盟，通过成立移动图书馆联盟，可以有效地整合图书馆海量的纸质馆藏资源、数字信息资源与优质的信息服务，通过网络技术、通信技术、计算机技术、数字图书馆技术的综合运用，极大地提高了我国图书馆资源共享效率，显著增强了我国图书馆的核心竞争力。

第三节　智慧图书馆移动服务的优化策略

获取知识与学习知识是人类永恒的主题，图书馆作为一个庞大的知识储备库，已成为人们获取知识的主要载体。然而在科技进步与数据爆炸的大数据时代，社会对图书馆这一知识载体提出了新的要求，要求将现代网络（门户网站、搜索引擎、移动网络等）与图书馆相结合，使图书馆服务更加便捷、内容更加丰富。由此，图书馆移动服务应运而生。移动图书馆的建设与发展日益成为业界关注的焦点，越来越多图书馆推出移动服务功能，读者在日常生活和学习中也更加依赖于图书馆的移动服务。

一、改进服务模式

优化图书馆移动服务模式是改进图书馆移动服务策略中最重要的一部分，这将直接关系到用户获取知识的数量和质量，从而影响到用户对图书馆移动服务的满意度和认可度。基于移动互联网服务模式（WAP 服务模式）、基于手机短信服务模式（SMS 服务模式）、面向特定终端的 APP 模式，这三种模式承载了大部分图书馆移动服务。但当今社会中，用户对图书馆移动服务的需求更加多样化，且已经呈现出分层化的趋势，已有的运行框架不能完全适应用户需求，对其进行优化势在必行。

（一）横向拓展图书馆移动服务的运行体系

在改进图书馆移动服务模式时，除了上述三种主要服务模式，还应当在横向上拓展运行体系，以此来保证途径的多样化，并提升不同层次用户需求的满意度。横向拓展主要体现在完善非网络的常规服务模式和开拓智慧化移动服务门户两方面。

首先，要不断完善非网络的常规服务模式。由于不同社会个体所占有的社会资源不同，获取知识的方式也不尽相同，但知识对每个人来说都是平等的，移动图书馆作为新兴的知识传播方式应当将社会公平这一理念贯彻落实。图书馆可以在以下方面大力开展工作：创建社区分馆技术服务中心，设立小型电子阅览室，或提供免费的技能培训，免费或以其他方式提供移动终端设备与网络接入环境，在图书馆内大力营造免费的 Wi-Fi 和 WLAN 环境。图书馆向民众积极开展移动信息技术、图书馆移动服务内容培训。移动图书馆应当通过完善非网络的常规服务模式，来兼顾社会不同阶层对象的需求，帮助他们消除利用移动服务的素养与技能障碍，降低社会公众使用移动图书馆的门槛，争取通过这一方式满足各类社会群体的需求。

其次，为了适应社会发展潮流和用户更多样化的需求，图书馆移动服务需要更加关注智慧化移动服务门户的开拓。微信、微博等自媒体门户在图书馆移动服务中发挥了作用，例如，通过微信平台进行图书或文章推介、活动预告、功能提醒、通知服务、读者咨询和信息推送等。移动图书馆可以通过开发微信公众平台新功能，为读者提供更丰富、便捷的图书馆移动服务，扩大图书馆的宣传和服务范围。基于微信的图书馆移动服务不失为一种良好的图书馆移动服务推广模式，改变了传统图书馆移动服务推广思路，也减轻了图书馆的开发工作量。随着微信平台接口的日益丰富，图书馆微信可开展更多有益的服务。

智慧化移动服务门户的建设应遵循以下几个基本的原则：①移动服务的门户能兼容并自适应 ios/Android/Windows Mobile 等不同的移动终端，用户不需要安装相应的控件和客户端，并且使用方便、快捷；②移动服务门户内容丰富，并且操作界面简洁、实用，操作简单明了；③能实现读者与图书馆之间的智能交互，可实施在线的智能化交互移动参考咨询体系；④通过可视化技术，大数据存储、处理、分析和挖掘技术实现智慧化的移动服务。

（二）纵向构造图书馆移动服务层次化运行体系

由于用户在接入与使用移动通信网络的硬件条件方面存在着巨大差异，在所要获取知识的类型上也各不相同，这就要求一个完整的移动图书馆运行体系在内部实现层次化发展。在移动通信网络与移动终端的占有与使用上，主要分为使用普通的 GSM 服务网络手机的用户群体，拥有较高性能的智能手机的用户群体，以及拥有 iPad 等高端移动终端的用户群体。较低端移动终端使用者对移动知识资源获取的要求也相对较少，较高端移动终端使用者更追求丰富化且个性化的图书馆移动服务。为了满足这种层次化明显的用户需求，移动图书馆也应根据用户层次来提供服务。

在技术上，移动图书馆的设计既要满足 4G 等传统网络，也要跟上 5G 网络的时代潮流。短信服务覆盖面广，在移动网站查询和交互功能上优势更加明显，这在很大程度上弥补了短信服务的不足。App 有访问速度快、界面优化、体验流畅和个性化定制等优点，有利于丰富服务内容和提高服务质量。在内容上，既要有贴近生活的咨询，也要有专业领域的科研信息。图书馆移动服务纵向层次的划分是十分必要的，这不仅能够针对核心用户来进行项目设置和内容调整，也能关注到潜在客户的需求，提升服务效果。如今许多图书馆在移动服务中都呈现出短信服务、移动网站服务和移动应用并存的趋势，这正是践行了层次化移动图书馆运行体系建设。划分层次是体现一个移动图书馆完整性和专业性的方式，这样的移动图书馆更能适应社会变化，随着自身的进步，今后能够在各类社会群体中都占有一定的市场份额。

（三）服务模式的创新

1. 增加电子资源

学生和老师是移动图书馆的主要用户，这一用户群体利用电子资源完成作业或学术科研的需求较多，这对电子资源的数量提出了较高的要求。在开展移动服务的过程中应当从用户（学生、老师）需求角度出发，听取用户意见，从品种和数量上增加电子资源，最大限度地满足移动用户的需求。移动图书馆中的电子资源包括文献、期刊、杂志等内容，中文期刊可以供用户无障碍下载，但是外文文献资源在有些图书馆中却不能够下载，这样就会严重影响用户的体验感。当用户有需求却不能被满足时，用户就会产生负面心理，觉得移动图书馆不够实用、便捷。所以增加电子资源的数量及开放性，是现在亟待解决的问题，充足的学术资源可以为用户提供强有力的学术支持，满足各类用户群的需求，使移动图书馆成为用户不可或缺的新工具。

2. 利用先进技术

移动图书馆应充分利用先进技术拓展图书馆移动服务，如利用云计算开发云笔记功能，能够突破时间与空间的限制，使读者随时随地可以记录自己所需的信息，并在任何时间都能够查看自己记录的信息。移动图书馆还可以发展图书馆微博，图书馆微博具有微博的一般特征，能够基于信息资源和人的关系网络来获取、分享信息。图书馆微博可以整合其资源与用户关系，实现用户与文献资源多方交互的目的，让知识在分享中发挥更大的价值。通过先进的计算机通信技术，图书馆之间以及图书馆与其他网络机构之间可以进行联合协作。通过与通信设备制造商、运营商等之间充分合作，统一标准和协议，以实现数字图书馆移动服务的"无缝"体验，实现资源、技术、人员和服务的共享。通过合作，可以利用合作方的统计数据来了解用户兴趣，这能够使移动图书馆深化"以客户为中心"的服务理念，为用户打造个性化信息定制。这是图书馆适应市场、了解读者的需求、主动寻找潜在用户和改善服务的关键。

3. 优化用户体验

由于移动图书馆是新兴技术，在某些方面还不够成熟稳定，所以在对电子资源的检索中可能会遇到网站不稳定，打开困难或是下载缓慢，这些都会影响用户的体验感。一方面要加强网站建设，为移动图书馆提供更加稳定安全的客户端服务；另一方面是优化检索入口，使用户在进行检索时可以方便快捷地找到所需资源，设定"快捷检索"和"高级检索"等功能，力求做到与电脑同步，让用户获得与在电脑上相同的使用感，实现移动图书馆提供信息和读者获取信息的无障碍性。图书馆管理人员可以通过后台批量导入读者的各种信息，根据不同单位、不同身份的读者进行管理。针对这些读者的批量管理设置，每个用户都有独立的启用时间、停止时间，管理员单独发短信和编辑用户信息。

图书馆的服务系统是图书馆开展移动信息服务的关键。从读者服务角度考虑，图书馆移动信息服务系统应该与现有数字图书馆系统保持一致；从系统长期发展的角度考虑，图书馆的移动信息服务系统应具有较强的兼容性，以减少资源交互过程中数据的冗余。但是，国内大多数图书馆都通过单独新建数据资源来实现图书馆移动信息服务，这在一定程度上造成服务交叉且数据冗余，进而给数据的维护带来了一定的困难。因此，为了减少中间数据的冗余，解决系统资源交互的问题，图书馆的移动信息服务系统应当朝着灵活扩展的方向发展，使图书馆移动信息服务的内容和范围可以适应多种变化，移动信息服务系统也能够高速有效地创建相应的接口并提供及时服务。

移动服务在未来有着巨大的发展空间，图书馆移动服务是移动服务功能的具体体现，是未来的主流服务方式和发展趋势所在。图书馆移动服务应该做到为用户提供信息和使用信息的无障碍性，这就要求移动图书馆必须重视服务质量，从用户和用户满意度的角度出发进行研究，用户的评价才是最权威、最有说服力的。移动图书馆必须进一步将创新理念付诸实践，注重服务功能、服务内容的多样性，通过利用新型科学技术来提升移动图书馆的服务质量，构建科学、高效的图书馆移动服务。

二、深化个性化服务功能

图书馆移动服务是直接与用户对接的，初期用户关注图书馆移动服务所提供资源的数量和质量，随着社会的发展进步，如今的用户更关注在数量与质量有保证的前提下图书馆的个性化移动服务。因此，帮助用户开发出自己的个性化知识资源系统是图书馆移动服务改进策略中不可或缺的一部分。

（一）要准确把握用户需求，为提供个性化服务做准备

在社会环境中处于不同层次的用户对信息资源的需求类型也是不同的，图书馆需要对信息用户的自身属性和所处社会环境等方面进行调查分析，从而来调整图书馆的移动服务和现有的服务观念来契合用户需求变化。图书馆不能单方面地充当知识供给者的角色，图书馆也应与用户进行换位思考，考虑用户需求，及时为用户提供最需要、最感兴趣的资源，能够让读者体会到自己的个性化需求得到了充分满足，直接有效地从移动图书馆中获取信息。

要基于用户需求变化来落实个性化服务。从目前情况来看，图书馆的个性化服务主要有三类：个性化推荐服务，个性化检索服务，个性化网站服务。其中，个性化网站中"我的图书馆"项目影响最大，利用 My Library 所提供的个性化服务，从图书馆网站所提供的全部馆藏数字资源中，用户自由选择自己所需要的信息，在该系统中进行组织，以后用户再访问 My Library 时，

即可获取与此相关的最新内容。若想要充分提升图书馆移动服务的个性化程度，就要完善个性化检索、个性化推荐服务和个性化网站服务这三个方面，针对不同层次的用户提供符合其需求的服务。例如，在界面设计和推介内容上都可以充分体现个性化，让用户享受到最适合自己的图书馆移动服务。并且图书馆也要设置专人来进行用户需求调研和后期发展规划，提高馆员素质，以此来避免用户需求外溢，并保障个性化服务效果。

（二）在服务内容和模式上体现个性化

大多数用户认为图书馆仅仅是藏书的地方，对图书馆网络数据库的使用率较低，这些足以证明用户对移动图书馆的认知程度还不够高，移动服务的内容也缺乏相应的吸引力，还没有改变大部分用户从 Google 和百度获取信息的习惯。在内容上首先要做到多样化、丰富化，这样才能覆盖更广的用户需求，满足用户多样的个性化需求。为满足用户日益增长的知识需要，移动图书馆的服务方式也应实现多样化，提供咨询服务、检索服务及专题服务等创新型服务。在现有的主要服务模式中，SMS 服务模式、WAP 服务模式和 APP 服务模式都存在着一定的问题和缺陷，但这也代表它们在个性化发展上还有一定的空间。移动数字图书馆必须利用其"可移动"的便捷性，拓展服务功能，才能充分满足读者的个性化需求，因此可以为移动图书馆开设几种个性化服务模式。可以开发预约服务模式，读者通过移动数字图书馆的主页快速、方便地对图书馆藏书进行检索、预约，预约方法有两种：一是网上预约，二是现场预约，在"研究小间"现场预约终端机上预约。可以开发信息检索个性化服务模式，建设和完善读者信息库，这是个性化服务的基础，也是读者个性分析的数据来源。图书馆要不断寻求自主开发具有自己特色的个性化服务，采取多种方式了解读者的想法，主动跟踪本馆相关学科的研究进展、研究热点、发展方向。还可以开设专门的个性化服务，例如课题协助服务模式、远程教育课程服务模式和为高校导师、学科带头人建立的"个人网页"模式等。

在移动图书馆客户端的设计上可以使用个性化定制服务，用户可以根据个人习惯来布置界面，也可以根据自身需求增减内容。有学者提出了较为详细的基于数据挖掘技术的图书推荐个性化服务，主要有两个方面的工作：一个是利用登录移动图书馆的读者所留下来的历史数据来预测用户潜在的喜好和兴趣；另一个是将挖掘出来的预测数据展示给读者，在此数据基础上，只要用户登录 App，图书馆就可以通过聚类算法对读者进行聚类个性化图书推荐，根据借阅记录为读者提供关联图书推荐，充分满足用户的阅读需求及其拓展需求。

（三）全功能的个性化移动服务体验

全功能的个性化移动服务体验，成为图书馆新时期移动服务的又一个亮点。移动终端自适应服务，可以针对不同的用户终端种类、移动终端屏幕尺寸，自适应地提供合适操作平台接入和显示格式输出；移动电子图书阅读，可以提供用户能够方便阅读的、自动转化的、图文并茂的、全文混排的电子读物；移动新书导航服务，可以分析和推荐图书馆新进的图书资料，为读者便捷地获取知识提供导航服务；移动 OPAC 服务，用户可以随时进行图书馆相关业务的办理和自助服务；检索历史的查询服务，为读者知识学习和科研分析提供第一手的研究轨迹资料；移动终端绑定服务，可以满足用户日后的手机一卡通、手机支付、手机位置服务、手机知识推荐等服务的开展；移动音视频服务，为用户提供全媒体的视听体验，虽然现今手机高额的流量费用还限制着这项服务的开展，但是通过替代化的无线手机蓝牙传输服务和 Wi-Fi 服务，享受不限流量的移动视听服务，还是读者比较强烈的个性化需求；此外，同步全媒体展览服务，可以实现同步、在线、视听的实体全媒体展览。

图书馆移动服务作为现代信息服务的一种崭新的服务系统，它应当竭尽所能地突破时间和空间的限制，充分利用 5G 移动网络技术，为用户提供个性化服务，使广大移动读者拥有一个移动的个人图书馆及其相关的服务。

三、强化图书馆移动服务用户体验功能

图书馆的服务理念是否适合当前服务环境，是否得到用户的认同并促进用户的持续使用行为，在很大程度上取决于用户体验（User Experience）。当前对用户体验的通用解释为：用户使用或假想使用一个产品、系统或服务时的感知和反馈。

（一）调整服务理念，完善用户体验

国内移动图书馆已经意识到用户体验功能的重要性，纷纷开始开拓这一功能。这使得图书馆服务模式变化迅速，但服务理念却并未得到调整。所以要全方位调整服务理念，来完善用户体验这一功能。在对于资源的看法上，要明确移动资源不等于现有馆藏资源、移动阅读资源不等于可利用资源这两点，图书馆移动服务应当将本馆资源向移动服务资源转化，使用户获得更多资源，并针对 Android 系统以外的其他系统提供图书馆移动服务支持，逐步破除资源的使用限制。在对于服务的看法上，要明确个性化服务不等于限制性服务，图书馆服务以满足用户信息需求为基础，应在最大程度上满足用户需求，要及时对产生的限制性服务做出调整。在对于用户的看法上，要明确核心用户不等于全部用户，在服务项目设置、服务内容的调整上也要关注潜在用户的信息需求和服务需求，避免出现以偏概全的情况。同时，要正视用户对服务的质疑，这样才能够深入完善用户体验。

（二）管理用户体验，保证服务质量

图书馆移动服务在交互传递中为用户创造优质的体验过程是用户使用图书馆某种移动服务的原因之一，不佳的服务体验过程也会使用户放弃某项服务。因此，图书馆移动服务必须比传统服务更加注重用户体验，确保能提供良好的用户体验质量，获得用户对图书馆移动服务的认可和持续使用。在实际操作过程中，图书馆应对移动信息服务中的交互事件进行实时测量，主动了解用户使用某项移动服务的实际体验，从而形成用户主观的体验知识，尤其应抓住关键的交互事件并实时地解决用户遇到的问题，进而降低服务响应的迟滞，创造服务的瞬时价值。图书馆应站在用户角度、以用户体验为导向来开发移动服务，从而使图书馆移动服务质量得到保障，最终增强用户的使用黏性。开拓移动图书馆用户体验功能不是一蹴而就的工作，需要长时间的完善，在开发出新的用户体验项目后，也要关注它的后期管理，这样才能保证用户体验对用户的有用性。

（三）拓展用户增值体验服务

拓展用户增值体验服务是完善移动图书馆用户体验中很重要的一部分，它体现出了用户体验的潜力和能否与时俱进。用户增值体验主要包括二维码服务、图书馆地图导航服务、图像语音识别服务等。第一，通过二维码技术可以为每位读者生成自己的二维码信息，资源信息也可生成二维码，通过扫描二维码信息，可实现入馆身份识别、图书借阅情况查询、自习室座位预定和信息查询，用户也可通过手机中的二维码软件，获取图书所在位置信息、图书基础信息等；第二，图书馆地图导航服务，通过获取移动用户的位置信息，利用地图插件匹配用户位置信息，提供图书馆的相关位置导航信息，还有公共文化导航服务、阅览室导引服务等；第三，图像语音识别服务，结合智能手机的视频和音频识别功能，简化读者的检索输入过程，让读者更方便、直观地查找所需的信息。图书馆移动服务中用户体验功能的开发需要与用户市场调研和科技进步紧密结合，有生命力的图书馆移动服务才更能被用户接受。

四、建立健全图书馆移动服务质量评价机制

健全图书馆服务质量评价机制，是获取用户对图书馆服务质量评价最有效的手段之一，结合图书馆实际，重新开发出新的模型。测评指标在定性与定量研究中不断修改、调整、完善，从而形成相对稳定的基于网络的图书馆服务质量测评方法。通过健全的服务质量评价模型，可以对用户的感知进行测评，在用户的使用过程中不断完善服务，以优质的服务质量来获得读者的赞誉和社会对图书馆的重视和支持。

LibQUAL+® 的测评语种不断增加，参加测评的用户数量也在不断增多，进行研究的国家更是与日俱增，LibQUAL+® 已经成为进行图书馆服务质量评价的重要工具。国内有部分图书馆借鉴 LibQUAL+® 开展图书馆服务质量的评价工作，并取得了积极的成效，所以要不断学习、借鉴、跟踪 LibQUAL+® 的发展变化，在借鉴的基础上，设计出更适合我国国情，更适应我国图书馆发展的新的服务质量评价工具。图书馆移动服务质量的评价体系和评价工具都应该朝着规范化、通用化、制度化的方向发展，使测评结果具有可比性，与国际接轨，做到能够与国际进行横向的测评，达到可持续发展创新的目的。

（一）控制信息发布质量

首先，图书馆需要设计一套信息质量的评价指标体系，严格按照这套指标体系对发布的信息进行评价，在达到要求后对外提供；而对于用户发布的信息，可以在评价页面上按指标体系的大致分类让其他用户做出定量评价，图书馆可以根据这些评价得分考虑删除或推荐某些服务。其次，做好信息服务过程控制，从信息的产生到信息利用，形成一个闭环的质量控制。既要保证生成和发布信息的质量，也要迅速检查和及时纠正信息的错误和偏差。当图书馆作为用户信息交流的平台时，可以通过自动监控功能来控制用

户发布信息和生成信息的质量。同时可组建监控小组，对系统过滤时提示的异常信息进行人工控制，还可以借鉴 BBS 管理经验中的版主制度，以用户自主监控作为辅助。

（二）保证用户体验质量

首先，要有全面的质量保证因素。图书馆信息服务系统要具备很高的通用性和实用性；图书馆馆员要有良好的工作作风与态度，同时具备较高的工作专业知识水平；要有配套的组织管理机制，进行有效的反馈和管理。同时，图书馆可以考虑实行实名登记，要求用户以具有识别性的卡号进行登记，保证准确获取发布信息的用户身份。完全实名的方式会影响用户参与的积极性，因此在使用信息服务时以非实名方式进行，用户在参与交流、讨论、信息发布和评价时可以自由地使用昵称或匿名，以此来提升用户参与度。

（三）激励用户参与评价

再完备的质量评价机制都离不开用户的支持，所以如何做到吸引用户进行持续的使用行为才是关键，这也就是如何激励用户参与移动服务，激励无外乎物质激励与精神激励。

第一种方式可以采用现在普遍流行的积分制。积分制即以虚拟积分或等级激励用户参与的方式，优点在于虚拟积分在社区范围内可以自由流通、用户等级提高之后相应权限也会扩大、不增加运营成本，可显著提高用户的参与度，比较经济实用。例如百度文库、豆丁网，用户在使用这些网站提供的信息资源时，必须付出一定的虚拟积分或是达到一定的等级，当用户在使用过程中做出文档分享的贡献，或是完成了网站设定的任务时，都会相应地得到积分，积分达到一定数量后就可以上升等级。

第二种方式是从用户心理层面进行激励的参与度排名。在某一时期（如月、周排行榜）或参与的全过程，网站对关注度高、贡献资源质量高、数量多的用户进行排名，这样做不仅可对这些用户所贡献的信息资源进行推广，而且能够进一步增加用户参与度，激励活跃用户增加贡献值。

最后是建立公平合理的评价体系。程序公平才能让用户对图书馆产生信任和忠诚，用户在使用图书馆信息服务过程中感受到不公平以后，会选择降低自己的参与程度或贡献，甚至可能会退出服务的使用，因此，要针对用户参与的程度和贡献，制定一个公平合理的评价体系。公平合理的评价体系，需要具备赏罚分明的制度，可量化、增加透明度，要让用户体验到这种公平合理，因此，图书馆制定奖惩制度要建立在调研的基础上，并要做好制度宣传。

五、加强图书馆移动服务平台建设

对于新型信息服务所需要的大量信息技术，图书馆往往不具备独立开发的能力和资金，因此可以充分考虑与技术提供商合作来达到目的。图书馆应当充分考虑成本效益，结合自身发展需要和自身情况来引进成熟的技术，在技术合作中，围绕用户需求进行测试、分析和改进，对其性能和适应度评估后再推广使用，以使其更好地为用户所用。

（一）智能化页面

利用网格技术，构建统一搜索平台。网格技术在处理分布式系统、消除系统异构障碍、动态性服务需求等方面具有强大的功能，它能为移动图书馆的元数据管理及服务，信息存取、复制，高速传输，数字资源永久保存，信息安全等提供新的理念和实现方法，为移动图书馆构建统一的搜索平台，使读者可以在不同的图书馆系统之间方便地共享多种数字信息资源。

大部分的用户在搜索文献时更加倾向于使用中文搜索，如果想要搜索外文文献，在现在的技术情况下只能先将关键词翻译出来，然后将外文关键词输入外文文献期刊库进行检索，这样不仅程序烦琐，而且不能达到方便快捷地为用户提供服务。因此，为了适应大部分读者使用中文进行语义化搜索的习惯，让读者使用中文关键词搜索到相应的外文期刊或者外文论文。中文在搜索文献时能够提供关键词联想服务，同样外文文献检索更加需要关键词联想，这是因为英语并不是母语，有很多人在外文文献查找方面存在困难，如果能够为用户提供外文关键词联想服务，这样就可以全面精确地搜索想要的目标信息，而不用担心漏掉有用的信息。当然，读者也可以使用外文关键词搜索外文期刊或者外文论文，从而使用户可以根据自己的需求对移动图书馆提供的服务进行选择。

（二）加强用户隐私保护

首先，建立图书馆用户隐私保护制度。可以对用户信息进行分类管理，要在用户隐私制度中明确规定使用权限，合理合法地进行利用，严防第三方获取，并要明确对违规行为的处理办法。其次，为用户提供不同的隐私保护技术方案。移动图书馆服务系统应充分考虑到用户对隐私保护程度的可选择性，动态地提供个性化的隐私方案，用户可以选择记录信息开放程度与保密程度，充分体现服务的人性化特征。再次，完善信息服务系统中的隐私保护设计，提高信息安全保护技术措施。用户在信息交流中可以以匿名或其他方式进行交流，只有图书馆工作人员才能接触到用户的真实身份信息。图书馆还应将隐私保护政策和较为普遍的隐私侵权行为在信息服务系统的显著位置予以公示，以提示用户不犯同样的错误。

（三）改善意见收集渠道

移动图书馆作为新技术，在推广过程中还需要不断地与用户磨合，当用户在使用过程中发现问题时，如果不能及时地表达，就会降低用户的感知度，图书馆移动服务也会错失提升服务的机会，所以改善意见收集渠道势在必行。首先，图书馆可以考虑开通相关渠道来实现与用户的互动，比如在图书馆内部设立专门岗位，用来回答用户的一般性提问和投诉。这个岗位的设立不仅解决了用户在使用中遇到困难无处寻求帮助的难题，而且有利于反馈图书馆移动服务的问题。其次，在图书馆大厅设立留言板，张贴用户留言及图书馆针对性的回复，建立用户与图书馆的日常沟通交流机制。这些留言板的设立绝对不能是单纯的摆设，一定要有专门的人员进行每天的收集，达到用户对图书馆监督的目的。最后还要加强馆内各部门之间的沟通与交流，尤其是参考咨询部门与采访、流通、技术部门的横向沟通，使读者的意见能够及时反馈给相关部门，重点是让读者能切身感受到图书馆认真听取意见及建议的决心和真诚，并且在一定时间内能看到改善。

第六章 图书馆知识管理构建

第一节 图书馆知识管理概述

一、图书馆知识管理产生的背景

图书馆作为人类社会信息的集散地，一直是与人类文明的进程共同进步的。从古代藏书楼到近代图书馆，从现代的信息中心再到未来的社会知识信息交流基地，图书馆一直以它对社会发展所特有的敏感，感受着信息技术带来的变迁并与时俱进。不论从理论研究上还是在实际业务中，知识管理都早已蕴含在图书馆建设发展之中，因为构成知识管理的重要主体部分的知识组织，一直是图书馆的核心主题。因此，图书馆作为人类知识信息的集散地，其知识本质属性和时代特征也呼唤着知识管理模式的介入。如今，知识经济对信息服务提出了新的要求。信息社会支撑信息服务的新机制、新环境，给21世纪的图书馆赋予新的内容和要求，知识管理将成为21世纪图书馆发展的主流趋势。

（一）知识经济时代图书馆面临的机遇

知识经济时代，知识成为最重要的生产资本，经济的增长取决于对知识的投资和应用。在知识经济时代，谁拥有知识，谁就拥有财富。它的到来，必将对整个社会的生产活动产生巨大的影响。图书馆作为一种社会现象，不可避免地将受到这股知识经济浪潮的冲击。

在知识经济时代，人们对知识信息的需求将会明显增加，图书馆的地位将更加突出，作用更大，知识经济为图书馆的发展创造了良好的条件和机遇。

1.图书馆专业优势使知识的获取便捷化

在知识经济时代，信息大势扑面而来，这使得人们获取大量的信息变得容易。然而，如何在这大量的信息中除去绝大多数的冗余信息，获取自己所需要的信息却成为摆在人们面前的一个难题。图书馆馆员具有图书馆学方面的专业知识，知道如何快捷地对信息进行检索与组织，可以发挥这一优势，为读者提供各种定题服务与咨询服务，协助读者在最短的时间内获取到需要的信息。

2. 新的消费群体的出现为图书馆提供广阔前景

由于社会经济的发展越来越依赖知识的增长，将知识转化为现实生产力的能力不断增强，社会对知识和信息的关注必将上升，新的信息消费和知识消费群体必将出现，这为图书馆的发展创造了良好的社会环境，提供了一个广阔的市场前景。

3. 现代信息技术的发展

现代信息技术的发展，尤其是计算机技术、通信网络技术的发展和应用，为图书馆的深入发展提供了强有力的技术支持和保证。

4. 知识经济时代普遍的思想观念和思维方式

思想观念和思维方式也必将影响图书馆的经营理念和运作方式，迫使图书馆以适应时代需求的新形象出现在人们面前，以更全面、更优质的服务吸引着众多社会用户。在促进社会发展的同时，也在不断地发展自己。

5. 社会信息资源

社会信息资源，尤其是网上资源亟待整合，知识组织和控制将是图书馆的最大机遇。

（二）知识管理是图书馆存在价值的必然选择

随着知识经济的逐渐形成和不断发展，知识、信息日益成为社会发展的催化剂和经济增长的制高点，知识创新成为全球关注的热点。管理大师彼得·德鲁克（Peter Drucker）阐明知识已是一种生产的要素，而且是全球化经济环境中最重要的关键资源。我们面对的恰恰是一个山洪暴发一般的信息之潮，但合用的信息却又因太繁杂而显得稀少，人们仿佛处于茫茫的信息海洋之中，却感到"饥渴"难耐。正如世界著名的未来学家约翰·奈斯比特（John Naisbitt）所指出的："我们正被信息淹没，但却渴求知识。"这是社会实践和信息管理水平的矛盾在新的条件下的反映。而知识管理作为知识传播、知识创新的重要手段，正引起世人瞩目。知识管理的功能之一，就是从信息海洋中"提炼""分离"出知识经济社会赖以生存的"知识之水"，将无序的信息变成有价值的知识。作为信息和知识储存中心、加工中心、集散中心以及为社会提供文献知识的图书馆，要为社会营造一个良好的学习和创新的环境，使信息转化为知识。在管理过程中最大限度地实现知识传播与共享，推动社会的知识创新，并用知识来提高特定组织的应变能力和创新能力，就必须在组织内实行知识管理。然而在图书情报领域，人们逐渐意识到，随着国际网络环境的不断改善，虚拟信息系统的发展、信息交流体系的重组，信息检索和传递的非中介化、非专业化和非智力化以及图书馆单纯的信息资源服务，已难以维持其知识内涵，难以提高对用户的贡献程度；加之商业性的运营商们不断推出种类繁多、质量较高的数据库和数字产品，使图书馆的职能发挥和存在的价值受到严重挑战。

网络环境的发达及其资源的丰富，使图书馆原有的在信息资源方面的垄断地位发生动摇。知识经济的兴起，使知识成为社会经济发展的最重要的资源和内生变量，如果图书馆依然想在知识经济社会中保持作为社会知识创新与知识传播链条上的一个重要环节，就必须实现其职能的转变。图书馆实施知识管理，就是对其基本职能的延伸和发展。图书馆基本职能延伸和发展的一个很重要的方面，就是从文献的搜索、整序和传递到知识的搜集、整序和传递，并创造性地利用，从而充分挖掘智力资源，促进知识创新，使知识管理和服务成为图书情报工作新的生长点。可见，从信息资源管理变革为知识管理，既是时代赋予图书情报工作者的历史使命，也是出于图书馆事业自身生存与发展的需要。

（三）图书馆自身优势决定图书馆实施知识管理

图书馆是收集、整理、存储、开发、利用人类知识信息资源的服务机构，其核心任务是如何高效率地整理、组织各种信息资源，从而实现预定目标。其自身特点为实施知识管理提供了诸多优势。

首先，作为信息产品的收集加工基地和中转站，图书馆拥有其他信息机构无法相比的大量信息源，收藏的信息非常完备，学科范围广，且信息都进行了组织、整理，信息结构性强且有序。知识管理以信息为基础，因此图书馆有实施知识管理强有力的基础。

其次，图书馆在信息服务方面创造和积累了一系列成功的方法、技术和经验，经过漫长的实践，馆员在不断地摸索与学习中积累了大量有用的经验。图书的组织与著录方法都已经相当成熟，图书的检索途径多样，手段齐全，标准化程度高，管理制度完善；与此同时，有一定的现代信息技术应用基础。

再次，图书馆有一批专业素质较高的技术员。长期以来，信息管理被视为图书馆馆员和图书馆的专有领域。图书馆馆员和信息专业人员经过培训，成为信息检索、信息筛选、信息获取、信息感知、信息保存、信息重组、信息传播和信息服务等方面的专家，这是图书馆实施知识管理的根本和核心。图书馆作为知识宝库，其主要职能已由传递文献为主转变为知识管理为主，即围绕知识创新开展工作，开发知识资源。只有将其组织存储的知识信息转化为更大的现实的生产力和竞争力，才能提高图书馆知识创新、技术创新、管理创新的能力和水平，才能为推动图书馆知识产业向前发展，增强其自身生存和发展能力。

另外，在新形势下高效率的信息传递与高质量的信息服务，是全社会对图书馆的必然要求。衡量一个图书馆工作的效益，不在于其拥有多少信息资源，而在于其是否使这些资源最大程度地得以开发利用，产生了多大的社会效益与经济效益。评价一个馆员是否称职，也不是只看其提供了多少次服务，还应看其解决了多少问题，从事了多少知识组织分析和综合的创新工作。

由此可见，在知识经济时代，图书馆注重知识创新，树立新的发展观念，有效地实施知识管理，不仅有着天然优势，而且是图书馆实施知识管理由物质经济向知识经济转变过程中不可回避的抉择，是顺应历史变革的必然趋势，是知识管理理论在图书馆中的具体应用，具有传统信息管理无法比拟的优势与特征。

二、图书馆知识管理的目标与特征

（一）图书馆知识管理的定义

图书馆知识管理（Library Knowledge Management，LKM）是指图书馆应用知识管理理论、技术与方法，合理配置和使用知识及其相关资源，充分满足用户不断变化的信息与知识需求，并提升现代图书馆各项职能的过程。它可以从广义与狭义两方面来理解。广义的图书馆知识管理，是对图书馆内与知识生产、获取、组织、存储、交流、传播、应用有关的一切活动及其规律的管理与研究，既包括图书馆知识运营过程的管理，也包括图书馆知识资本的管理，涉及图书馆的人力资本、结构资本、市场资本与知识产权资本的全方位管理，还包括知识管理与图书馆学、情报学、图书馆管理学互动规律的研究。狭义的图书馆知识管理，是对图书馆内知识本身的管理，包括对知识的生产、获取、组织、存储、交流、传播和应用的管理。

（二）图书馆知识管理的目标

不同组织的知识管理有着不同的具体目标。图书馆实施知识管理的目的，在于合理地组织与利用图书馆的各种资源，构建学习型组织结构，优化图书馆业务流程，最大限度地提高图书馆系统功能，帮助员工更有效地获得完成其任务可利用的知识，为员工提供有效的知识共享平台，最大限度地捕获、挖掘、利用、传播知识，提高员工知识创新和知识服务能力，更好地满足社会与用户对图书馆的信息与知识需求，促进社会与图书馆之间、用户与图书馆员工之间的和谐发展；通过提高图书馆自身的管理效率来提高图书馆的服务效益，使其适应知识经济社会的发展，增强其在与信息资源相关的各种社会机构中的竞争能力以使其在更广泛的领域发挥更大的作用。

1.根据发展阶段划分图书馆知识管理目标

根据图书馆知识管理的发展阶段，可以将图书馆知识管理的目标划分为短期目标、中期目标和长期目标。

（1）短期目标：建立图书馆知识管理系统（LKMS）

建立图书馆知识管理系统，其目标是在图书馆、员工、用户三者之间建立动态的知识交流机制。图书馆知识管理系统是支持基于知识管理的图书馆实践的工具与技术，它既是一种具有知识库管理能力和协同工作能力的计算机软件系统，又是一种能够为用户或图书馆员工提供决策和完成各项任务所需知识的网络系统。它能促进隐性知识与显性知识、个人知识与集体知识的相互转化，提高图书馆知识服务水平及其核心竞争能力。知识库系统，即知识的集合，是知识管理系统的核心。知识库的建立实现了知识和信息的显性化和有序化，加快了知识和信息的流动，有利于知识共享与交流，有利于实现组织内部的协作与沟通。图书馆知识管理系统具有八项功能：知识检索功能、知识表示功能、知识出版与组织功能、知识获取功能、知识通信与合作功能、学习功能、知识服务以及管理功能。

（2）中期目标：知识创新

中期目标就是要建立基于知识的一系列竞争优势。知识创新是图书馆实现自身竞争优势的核心。员工利用自己独特的知识和能力，通过对信息和知识的深层次加工，形成有独特价值的知识产品，发挥出知识的"外部性"和"溢出效应"，促进图书馆效率、效益的提高。解决用户凭自己的知识和能力所不能解决的问题，从而实现自身在社会知识创新、知识扩散和知识应用链条上的独特价值。知识共享、知识重组和知识再造，是该阶段的重要环节。在图书馆管理过程中，时常在进行隐性知识与显性知识、个人知识与集体知识的相互转化。促进隐性知识与显性知识的相互转化，是知识管理的首要任务。知识共享的核心在于用最佳方法来进行知识交流，使个人知识为组织成员所共享，变成集体的显性知识。知识重组是在特定目标指引下，寻求知识间的内在联系及未来动向，形成动态知识系统的过程，也是图书馆员工通过各种方法对许多原始信息进行整理、编码、分类、排序、分析和研究，提炼出新的知识体系的过程。知识再造是在知识重组的基础上，通过图书馆员工的智力劳动，在现有知识水平、知识联系及知识未来水平预测的基础上，将隐性知识转化为他人易于理解的显性知识的过程。这种新知识表现为决策所需求的知识方案、设计方案及知识产品。一些独特的知识产品，如数据库、知识库、智能工具、应用软件或电子出版物等，往往可得到版权或专利权的保护，使图书馆拥有自主知识产权。在知识经济时代，拥有自主知识产权的多少，将成为衡量基于知识管理的图书馆水平的重要指标之一。

（3）长期目标：提升知识服务能力

知识服务是图书馆联结用户和市场的纽带，直接支持用户知识应用和知识创新过程的知识和能力，成了图书馆基于知识管理的图书馆绩效评价研究的核心能力。基于这种核心能力的知识服务，是图书馆实现其社会价值、参与知识市场竞争的有效手段，在基于知识管理的图书馆管理中占有重要地位。由于知识服务是在知识管理基础上得以实现的，建立知识管理系统、培育知识员工、构建知识型团队、建立学习型图书馆，将分别从技术、人力资源、组织结构和文化方面为图书馆拓展知识服务提供支撑与保障。从图书馆功能出发，以用户为中心，是现代图书馆最高理念之一。图书馆的生存发展必须是以用户满意为基础，所以，明确用户的知识需求是提升图书馆知识服务的前提条件。知识服务的方式可以归纳为知识导航、知识咨询、知识集成、知识营销四种方式。用户面临着如何从浩瀚繁杂的信息海洋中捕获和析取所需的信息内容，知识导航服务将这些信息重组或创新，生成相应的知识或解决方案；知识咨询是以知识为基础，依靠专家的知识、经验和技能，借助一定的手段，对用户所提出的问题、课题或项目进行分析研究，并提出解决问题的建议、方案和措施；图书馆利用现代信息技术，将知识导航、知识咨询等服务进行整合，为用户提供知识集成服务；知识营销是指图书馆为用户提供知识产品市场的调查与分析，参与拟定产品价格、建立分销渠道等相关事务，通过产品知识宣传创造市场需求，实现知识产品的商品化和市场价值，提高图书馆的效益。

2. 根据内容划分图书馆知识管理的目标

从内容上看，图书馆知识管理的目标包括以下几点。

（1）知识增值

图书馆知识管理是把馆藏文献资源当作知识来管理，需要重点考虑如何使知识发挥作用和以知识增值为目标的管理。以知识增值为目标的管理是一种知识导向型的管理，它以知识为核心，以文献的内容和读者需要为导向。图书馆为读者了解知识、分析知识、综合知识和获取知识提供方便条件，通过有效的管理，文献中的知识能够更好地为更多的读者所利用，转化为读者的知识，让更多的人分享知识的价值，从而实现知识价值的增加。

（2）知识创新

图书馆知识管理的一个重要目标，就是通过对图书馆馆藏知识的有效管理来促进知识创新，为知识创新服务。其作用是：一方面，图书馆为知识创新活动提供信息保障，推动知识创新成果转化为现实生产力；另一方面，图书馆是培养具有创新人才的重要场所，对提高人们获取知识、利用知识以及创新能力具有重要的作用。另外，知识创新不仅是提出新理论、新知识，做出新的发明创造，而且还包括对已有知识的组织、管理，展现已有知识中人们还没有认识的新内容。通过知识的管理，形成图书馆的知识创新团队。

（3）读者的发展

①读者知识的发展

图书馆知识管理，以新的理念和方式，为读者提供更好的知识服务，可以有效地促进读者知识的发展。帮助读者获取知识、发展知识，是图书馆的根本目标，图书馆所做的一切工作，都是为了达到这个根本目标。图书馆知识管理就是适应时代的发展，为了达到这个目标所进行的一种新型的管理理念和工作方式。

②读者素质的发展

图书馆不仅有传播知识的功能，而且还有育人的功能。图书馆在自己的工作中，不仅向读者传播知识，而且也把特有的工作理念、工作作风、行为方式展现在读者面前。若图书馆思想解放、工作要求严格、待人和蔼、开拓进取，读者也会受到熏陶，养成认真、进取的作风。图书馆知识管理同传统的图书馆管理相比，更具有创新性和积极性，对读者的素质要求更高，更有利于读者素质的发展。

（三）图书馆知识管理的特征

随着知识经济的发展，知识管理在图书馆中将会发挥越来越重要的作用。图书馆知识管理是知识管理理论在图书馆的具体应用，它是知识经济时代新的图书馆管理模式，具有传统图书馆管理无法比拟的优势和特征。

1.以知识作为管理的核心

无论狭义的图书馆知识管理，还是广义的图书馆知识管理，都是以知识为核心的管理。战略重点是促进内部员工隐性知识与显性知识的相互转化、共享与利用，以及外部社会化显性知识的组织、存取与提供。

2.重视人的作用和发展

图书馆知识管理通过开发图书馆员工潜能，加强职业培训与继续教育，不断提高员工的知识水平以及获取知识和创新知识的能力，并激励员工将其知识与智慧应用于业务与服务之中，在尊重个人价值自我实现的基础上实现图书馆集体价值目标。

3.重视知识共享和创新

图书馆知识管理的一个主要目标，是促进内部员工之间的知识交流与共享，它要求所有员工共同分享他们拥有的知识，提升图书馆知识创新与利用的能力。另一个主要目标是知识创新。图书馆知识管理不仅仅是对知识信息的收集、存储、整理与传递进行机械性的管理，而且把握知识间、知识与用户间的相互关系，创造新知识去满足社会发展和用户对信息知识的需要。

4.效益的潜在性和间接性

图书馆知识管理不仅强调人、财、物等硬生产要素，而且更加重视知识、信息经验等软生产要素在集成聚变中的主导作用。通过资本存量、知识存量的裂变重组与功能放大，从而突破传统管理模式的明确边界与等级制金字塔型结构，实现管理组织结构的网络化与虚拟化。

三、图书馆知识管理的意义

（一）知识管理与图书馆核心竞争力

1.图书馆核心竞争力

图书馆核心竞争力是指图书馆能在充分发挥自身资源优势的基础上，及时掌握并适应用户需求变化的趋势，经过长期培育而形成的能最大限度地满足社会需求并不断发展的独特的竞争优势，并能增强图书馆在信息服务业中竞争实力的关键能力。核心竞争力是图书馆发展的决定因素，是其他竞争对手难以超越和模仿的特殊能力。它通过图书馆的整体综合实力和信息服务体现出来。主要表现为领先于竞争对手的网络信息技术和体现这一技术的持续改进的新产品和新的服务方式，领先于竞争对手的管理氛围和价值观念，迅速适应网络环境的变化并不断强化、改善数字化、网络化信息服务水平的能力。

2.知识管理是图书馆核心竞争力的保证

核心竞争力是一个行业发展的不朽动力和保持竞争优势的关键因素，直接关系到一个行业的可持续发展和综合实力的提高及整体竞争力的增强。因此，图书馆要想在竞争日益激烈的 21 世纪立于不败之地，只有不断开发和打造其核心竞争力，才能从容地迎接各种挑战，才能做到与时俱进，使图书馆创造出更大的经济效益和社会效益。

知识经济下的竞争是知识和知识创新能力的竞争，是社会机构核心能力、知识含量的竞争。传统的图书馆核心能力主要体现在文献组织与检索。面对众多网络信息服务系统，图书馆工作的竞争力已受到极大的挑战，而现代化的管理理念是图书馆形成核心竞争力的保证。现代科学的知识管理体系，可以将各种分散的人力和技术资源有效地集中组织起来，以发挥整体优势。随着图书馆赖以生存的内外环境的重大变化，其管理的理念和模式也有了相应的变化。通过知识管理创新，重新组合管理资源，更有效地实施知识管理行为，实现组织的创新效益，形成一套灵活的知识管理机制，才能在市场经济竞争中赢得管理效率和效益的优势。在知识管理中充分体现"以人为本"的精神，运用"能本管理"思想，合理调配人员，使每一个人都能找到最适合自己的工作岗位，从而最大限度地发挥人的主观能动性，在工作中不断思考、创新，提高工作质量，进而提高整个图书馆的服务水平。知识管理利用先进的信息技术充分挖掘用户潜在的需求，提供个性化的信息服务，以用户的需求为导向，不断优化和拓展图书馆业务，不断打造图书馆核心竞争力，以实现图书馆的持续发展。

（二）图书馆知识管理的必要性

1. 实施知识管理是知识经济发展的必然要求

在知识经济时代，知识将成为推动社会发展的主要力量，知识将真正取决于其所占有、运用知识的程度。在知识经济时代，管理不再停留于合理而高效地配置运用劳力、资本和自然资源，而更多的是对知识有效地识别、获取、开发、使用、存储与共享，探索显性知识和隐性知识构建、转化和共享的途径，运用集体的智慧提高应变和创新能力。由于知识成为社会发展的驱动力，成为创造财富的主要资本，社会对知识信息的关注度空前上升，人们对知识信息的需求不断增长，这为图书馆的发展提供了难得的机遇。另一方面，由于知识信息已成为现代经济体系中重要的生产要素，社会必然要求强化对知识信息的管理，这对图书馆的发展无疑是一个严峻的挑战。图书馆作为从事知识信息资源管理的专门机构，在提高国民的文化素质、科技素质和道德素质，推动社会进步的伟大进程中，必须发挥不可替代的作用。因此，图书馆要想顺应知识经济的潮流，就必须实施知识管理。图书馆拥有丰富的馆藏资源，为知识经济提供了智力资源，同时，图书馆还拥有一支专业化的人才队伍，能够及时准确地为用户提供他们所需的知识。可以说，图书馆实施知识管理，是适应知识经济时代过程中不可回避的历史选择，是顺应历史潮流与创新的必然趋势，因此，图书馆作为社会提供知识的机构，必须顺应这一社会趋势，积极吸收现代"知识管理"思想，同时加大对馆内智力资源开发的力度，迎接知识管理的挑战。这样，才有能力完成自己的使命。

2. 实施知识管理是知识经济时代图书馆自身实现可持续发展的需要

可持续发展是当今社会广泛认同的一种全新发展的模式，其宗旨是保证人类社会具有长远的持续发展能力。持续发展观是一种全面发展观，主张以持续最佳发展取代单纯追求眼前利益的短视发展，提出"发展＝经济发展＋社会发展＋人的发展＋自然发展"观点，谋求社会的全面进步，强调社会发展的整体性和综合性。图书馆作为一个组织系统，要保持自身与社会的同步，达到与社会的协调、和谐与共进。真正实现可持续发展，离不开社会大系统。图书馆作为社会大系统中的一个子系统，其发展一直是伴随着社会文明的进步而进步的。从农业文明时期对文献的管理，到工业文明后期至信息时代对信息的管理，到知识经济时代提升到对知识的管理，其实就是图书馆根据环境的变化调整系统结构和完善功能的过程。图书馆的发展，需要在这种自我适应和调整中不断得到完善。

3.图书馆拓展和深化服务功能需要实施知识管理

社会需求是图书馆发展的动力。图书馆在几千年的时代变迁中能够生存和发展，靠的是它对知识的保存和传递。图书馆累积了丰富的信息资源，但在知识创新方面的发展有限。知识经济的兴起，要求图书馆由对信息资源以收集、处理、传播、开发利用为主，转向对知识资源的获取、组织、创新和开发利用为主，即实现管理模式由信息管理向知识管理转变。知识管理注重知识的共享与创新。图书馆实施知识管理的目的，就是对知识进行收集、加工、整合、传递，在此基础上对知识进行创造性的运用。在知识管理思想指导下，图书馆应将核心竞争力定位于知识服务。知识服务是图书馆联结用户和市场的纽带，它以用户需求为调节手段，以人为本，以知识为本，以能力为本，以服务为核心。知识管理也为图书馆高质量的知识服务目标的实现提供了有力保障，知识管理的手段和技术，有助于实现图书馆服务工作的创新。图书馆面对用户知识需求，应借鉴企业知识管理理念，从服务观念、服务手段、服务形式等各方面全方位地拓展和深化其服务功能，以显著的知识服务功能优势，参与到激烈的市场竞争中，求得生存与发展。

4.知识管理是科学技术发展的必然产物

科学技术的飞速发展，为图书馆实施知识管理，进行知识资源的开放、利用提供了技术保障。面对近年知识呈爆炸式增长趋势，图书馆若不改变原来的工作方法和技术措施，将很难适应时代发展的需求。只有借助信息技术来对海量信息进行处理、加工，才能满足社会广大用户对知识的需求；同时，开展各种形式的网络服务，拓宽服务的广度和深度，提高工作效率和质量，借助科学技术，有效实施知识管理，使图书馆被社会认可，实现图书馆的社会价值。

（三）图书馆知识管理的可行性

图书馆实施知识管理极有必要而且可行。主要基于以下几点：①知识管理属于图书情报学的研究范畴，图书馆实施知识管理有理论上的前瞻性和优势；②信息技术的发展使图书馆失去了作为传统的文献信息中心的垄断优势，必须改革自身的组织管理运作，才能适应当前形势的需要；③图书馆是信息管理机构，信息管理本身就是知识管理的一个体系，随着信息技术的发展，信息管理已逐步转向了知识管理；④图书馆用户对服务的个性化需求，使图书馆早已着手知识的组织研究，如元数据、知识结构、知识发展、知识挖掘、知识仓库及知识库管理系统等，而这些研究均属知识组织范畴，其实际应用标志着图书馆中已有知识管理行为。

图书馆知识管理的可行性主要体现在以下几个方面。

1. 人们观念的转变为图书馆知识管理提供了思想基础

人们充分认识到知识信息的重要功能和作用，并且全社会都在有效地开发和利用各种信息资源。人们从更广泛、更快捷、更全面的途径中去吸收和获取这些信息，主动去接受和应用知识信息的意识也在不断加强，形成一种普遍的高度信息敏感性。人们对知识信息的渴求从来没有像今天这样强烈，人们的学习、生活和工作都离不开知识。

2. 图书馆工作的知识性使知识管理引入图书馆成为可能

图书馆与知识管理有着不可解的亲缘关系，这是因为图书馆工作的本质属性原本就是知识性。图书馆从产生的那一天开始，就与人类的知识活动有着内在的、本质的联系。图书馆的主要职能不是本身创造知识，也不是自身利用知识，其根本任务是把知识与社会需求联系起来，起到知识交流的中介作用，成为社会知识生产和社会知识利用的桥梁。现代社会文献品种和数量剧增，人们面临浩如烟海的文献信息不知所措，出现了所谓"信息爆炸"与"知识饥渴"的矛盾。即人们被信息淹没，却找不到所需要的知识，这是社会需求和信息管理水平的矛盾在新的条件下的反映。图书馆通过应用现代技术和加强服务来缓解和解决这一矛盾。但是，图书馆工作本身不是社会生产力，而是作为社会知识交流系统中的一个环节，将知识传播给知识使用者，通过他们的应用才能将知识转化为生产力。人类的知识活动包含三个环节：知识创造、知识交流和知识利用。其中，知识交流是联系知识创造和知识利用的纽带，知识交流的目的在于知识共享。任何知识最初只是"私人知识"，不通过传播输送到社会上就不能转化为"共享知识"。只有通过传播，使其在社会上流传和应用，才能实现它的价值。知识管理的运作流程环节为：知识的创造与整合、知识的加工与编码、知识的转移与扩散、知识的共享与交流。而图书馆的工作环节为：信息、知识的收集、整理、传播、共享、利用。二者的工作环节颇为相似。图书馆作为知识密集型组织，是知识的集散地，是知识传播交流中心。长久以来实现知识共享和创新成为图书馆工作的目标，而知识管理正是在注重知识共享的基础上，强调知识的利用和知识的创新。这一点与图书馆追求的目标不谋而合。对于图书馆来说，一方面它要将已有的编码化知识传递给其使用者，以达到知识共享的目的；另一方面，它要充分发挥其员工的集体智慧，不断开发知识附加值高的信息产品，满足社会需求。这就为图书馆实施知识管理提供了可能性。

3.图书馆丰富的知识资本为图书馆知识管理提供了保障

图书馆历史悠久，在不断地积累和发展中，图书馆储存了丰富的知识资本。仿照Setwart对知识资本的分类，可将图书馆的知识资本分为市场资本、专有知识资本、结构资本、人力资本。

（1）市场资本

市场资本包括图书馆的品牌、声望、客户和服务网络。品牌和声望是图书馆赢得政府和用户支持的重要途径，图书馆拥有特有的用户群，为图书馆的发展提供了基础的保障。

（2）专有知识资本

专有知识资本包括馆藏信息资源（实体的馆藏文献信息和数字化的文献信息）、图书馆的规章制度、图书馆的管理、图书馆编制的索引、文摘等。与此同时，图书馆在其不断的发展中，已经形成了良好的图书馆文化。

（3）结构资本

结构资本包括图书馆的网络化建设、工作流程等。随着信息技术和网络技术的发展，图书馆自动化、数字化程度不断提高，服务领域不断扩展，工作流程智能化程度越来越高。

（4）人力资本

人力资本指图书馆馆员的丰富经验、技巧等，是图书馆最重要的资本。图书馆的人力资本，是图书馆获取社会效益和经济效益的主要来源，也为图书馆实施知识管理提供了保障。

4.信息技术的使用是图书馆实现知识管理的前提

网络化是 20 世纪末影响人类历史进程的最为重要的事件之一。由于它对当代人类生活的影响如此强大、深刻和全面，人们已将它视为连接两个世纪的主要纽带以及预测新世纪人类生活的主要依据。在知识全球化时代，知识不再囿于一个馆藏。在知识的存储和传播上，可以利用大型数据库技术、新型检索技术、智能代理、搜索引擎以及网络技术，保证知识的充分共享；同时，可利用分析工具与反馈系统，实现知识寻求者和知识提供者、知识寻求者和知识源之间的交流，使信息资源得到及时匹配和传送。

（四）图书馆实施知识管理的意义

1.有助于从根本上改变图书馆传统的管理模式和服务方式

图书馆知识管理的实施，将打破目前层级式的森严的等级结构，建立高效优化的管理体制，使每位馆员都能很容易地获得自己权限范围内的完全信息，充分发挥馆员的积极性和创造性，变被动服务为主动服务，从半封闭的服务状态转为开放式服务，从以自我为中心转向以用户为中心，从而把服务工作提升到一个新的高度。

2.有助于提高馆员素质，树立图书馆良好的社会形象

知识管理要求全体馆员具有较高的思想素质和业务素质，实施知识管理，会使图书馆重视馆员的职业培训与终身教育，以此不断提高馆员的科技知识水平、获取知识和创新知识的能力，并能促使馆员自觉地学习，以适应复杂多变的网络环境。图书馆馆员整体素质的提高、服务质量的优化，会使图书馆的整体工作协调一致，在社会公众中树立良好的形象。

3.有助于图书馆推进知识创新

知识管理的目标在于知识创新。图书馆是知识创新的重要环节，其工作也是知识创新的组成部分。知识管理就是要促进图书馆内部、图书馆与图书馆之间、图书馆与用户之间的联系，加强知识联网，加快知识流动。

4.有助于图书馆开发网络资源，提高竞争能力

知识管理是在充分利用先进的信息技术基础上的管理。图书馆实施知识管理，不仅有利于加强图书馆原有馆藏资源的建设管理，促进馆藏开发利用，更有利于图书馆进行网络资源的开发管理，从而不断提高服务水平，增强网络环境下与其他信息服务提供商的竞争能力。

四、现代图书馆知识管理的内容

（一）知识活动管理

知识活动是指知识的采集、整理、审核、共享、交流、利用、创造等过程。知识作为图书馆的重要资产，它的一个重要特征就在于它一直处于动态变化中，在动态变化中实现自身的更新和增值。知识的动态变化，是通过一系列知识活动实现的。知识活动管理，侧重于对知识的动态变化过程的管理。在时间维度上，知识会经历一个从诞生到消亡的过程，表现为知识的生命周期。一般来说，知识的生命周期会经历以下几个步骤：①收集：收集有可能形成知识的数据、信息等素材；②整理：对素材进行整理加工，从而形成知识；③审核：对初步的知识进行审核，形成正式的、可发布的知识；④发布：通过各种渠道把知识发布出去；⑤利用：知识被用户和馆员访问并加以利用；⑥更新：知识在使用过程中不断得以改进和更新；⑦淘汰：过时的知识被逐渐淘汰。

管理知识活动，就是要注意检查和监控知识生命周期中的各个步骤环节，了解各个环节的执行情况，查找其中存在的问题，并加以解决，从而使各项知识活动都能够顺畅进行。

（二）图书馆内部知识的交流与共享

只有经过交流，知识才能得到发展；也只有通过共享，才可能产生新的知识。对一个组织来说，创新是竞争优势之源，而创新本身归根到底是一种新知识的创造，也是组织知识资源的一种积累。因此，在图书馆内部各个部门以及各个员工之间，在内部与外部之间，都必须加强知识的交流与共享，否则就不可能实现创新。这方面有大量工作要做，比如建立图书馆内部信息网以便于员工进行知识交流，利用各种知识数据库、专利数据库储存和积累信息，从而在馆内营造有利于员工生成、交流和验证知识的宽松环境，并制定激励政策鼓励员工进行知识交流，通过放开对员工在知识应用方面的

控制，鼓励员工在馆内进行个人创业来促进知识的生成。

（三）驱动以创新为目的的知识生产

随着技术的不断发展，图书馆面对的市场竞争也日趋激烈。在知识经济时代的市场竞争中，知识是竞争力之源。图书馆要想立于不败之地，就必须拥有比别人领先一步的知识产品、技术或管理优势，而这些优势必然来源于以创新为目的的知识生产。无论是什么知识，只要是先人一步掌握，就能给创新带来极大的便利与可能，甚至带来巨大的利润。因此，创造适宜的环境与条件，充分开发和有效利用图书馆的知识资源，进行以创新为目的的知识生产，是知识管理的一项重要内容。

（四）支持从外部获取知识，并提高消化吸收知识的能力

图书馆的知识资源是创新的源泉。因此，图书馆要使创新不断进行，就必须积累和扩大自己的知识资源。这种知识积累又不能仅仅依靠图书馆自身知识的生产，因为这是很有限的，所以必须注重从外部获取相应的知识，并进行消化吸收，成为图书馆自己的资源。供应商、用户和竞争对手等利益相关的动向报告、专家及用户的意见、员工情报报告系统的信息、行业领先者的最佳实践调查等，都可以成为外部知识的来源。

（五）将知识资源融入图书馆知识产品或服务及其生产过程和管理过程

知识管理的直接目的是创新，使图书馆赢得持久竞争力。创新是使图书馆的知识资源转化为新产品、新服务、新的组织管理方式等，因此，创新离不开知识资源与知识产品或服务及其生产过程和管理过程的融合。所以，知识管理的一个重要内容，就是要明确图书馆在一段时间内所需的知识以及开发的方式和途径，贯彻相应的开发和利用战略，保证图书馆的知识生产和知识资源的积累与扩大，以及产品、服务、生产过程和管理过程紧密结合。

（六）图书馆知识资本的管理

知识资本主要包括四个方面：市场资产（来自用户关系的知识资产）、知识产权资产（纳入法律保护的知识资产）、人力资产（知识资产的主要载体）、基础结构资产（组织的潜在价值）。图书馆的知识资本包括知识产品、知识服务、知识型员工、组织文化和馆藏资源。

第二节　图书馆知识管理的原则与方法

一、图书馆知识管理的任务和职能

（一）图书馆知识管理的任务

图书馆知识管理是现代化信息技术下的一种新型的图书馆管理理念和工作方法。因此，图书馆知识管理的任务具有明显的时代特征。图书馆知识管理的任务，就是要通过提高图书馆馆员的工作积极性，不断开发和利用图书馆文献中的知识与信息，致力于推进这两类知识的创新、挖掘、整合与共享，促使其充分发挥科学研究、教育教学与社会服务等方面的综合效益。

1.合理组织与利用以知识资源为主的图书馆各种资源（包括物质资源、技术资源、人力资源、知识资源与组织资源），使之充分发挥作用

①加强对各种类型载体的储存和传递方式的研究，即如何使读者方便、准确、便捷地获取所需要的各种类型的资料，满足读者阅读要求。

②加强对信息加工、信息检索方式及技术的研究，最大限度地缩短读者获取信息的时间。

③主动参与网络资源的编目工作，及时下载有价值的知识信息，使之成为本馆的信息资源，并对无序的网络资源进行编目，把无序的网络空间变成有序的数字图书馆。

2.促进图书馆内部员工知识发展

包括隐性知识与显性知识的交流、共享与利用，拓展图书馆知识资本。

3.构建知识型或学习型组织以优化工作效率

4.加强人力资源或人本资源管理以提高工作效率

5.营造创新型图书馆文化，营造图书馆知识管理环境

6.拓展知识服务以提升服务层次和水平

①做好专业性的网络导航，加强学科门户网站的建设，满足人们对专业性和专题化信息的需求。

②实行信息推送服务。信息推送是基于高度智能化的网络信息服务系统，突出个性化服务的主动性，变"人找信息"为"信息找人"。

7. 评价图书馆知识管理实践以改善知识管理水平和效率

图书馆知识管理是图书馆工作的新理念和新实践，有许多理论问题需要研究，有许多方法技术问题需要探讨，有许多实践经验问题需要总结，随着图书馆知识管理理论和实践的不断发展，一定会推动图书馆学的理论和实践的不断创新，不断发展。

在理论方面，有许多问题，如知识管理的内涵、知识系统的结构、知识系统的构建、知识系统之间的关系等，都需要进行深入研究。对这些问题进行研究，可以大大提高图书馆的广度和深度，可以使我们从更高的角度来总结和思考图书馆学问题。

（二）图书馆知识管理的职能

传统图书馆管理具有决策、计划、组织、指挥、协调及控制六种基本职能，而图书馆知识管理的主要职能体现为外化、内化、中介、共享、学习和认知（创新）。

1. 外化

外化是以外部贮藏库的形式捕获知识，并根据分类框架或标准来组织它们。

2. 内化

内化是设法发现与特定需求相关的知识结构。在内化过程中，从外部数据库里提取知识，并以最适合的方式重新布局或展示信息，通过信息过滤来发现与用户相关的信息内容或知识。

3. 中介

中介是指把与某一研究领域相关的人和知识联系起来，通过群件、内部网、工作流和文件管理系统，进行明确、固定的知识匹配和传送。

4. 共享

成功的知识管理系统能促进知识共享，能帮助员工从知识库中发现对自己有用的知识，甚至可以从中获得启发和智慧。

5. 学习和认知（创新）

知识管理能帮助组织与个人解决学习问题，包括学习的目的、内容、程度与方法等，涉及知识的收集、整理、积累（储存）、共享，从而激励员工不断学习与更新知识，使图书馆成为一个学习型组织。

认知是在外化、内化和中介的基础上创造知识的过程，即知识创新的过程。图书馆知识管理可以帮助用户获得相应的知识，并提供最新的信息，是推动知识创新的前提条件；也可以直接参与科学研究、知识生产等过程，成为国家知识创新体系的有机组成部分，更要关注知识在社会和用户间的扩散和传递，促进知识创新成果向现实生产力的转化。

二、图书馆知识管理的基本原则

（一）开放性原则

要建立一个开放的图书馆知识管理平台，让所有成员能把自己的新知识添加到知识管理平台中去，同时也吸收和利用外部知识，丰富图书馆的知识库。

经济改革给整个社会带来了巨大的变化，社会的经济资源被激活了，市场使资源的配置趋向合理了。教育知识领域有别于经济，知识管理有自身的规律，经济改革的具体做法不能简单地套用到教育领域中来。不过它的成功经验是将经济改革置于开放的系统中，调动了整个社会多元主体的积极性，激活了全社会的经济资源。教育领域是可以借鉴它的成功经验的。作为图书馆，应建立开放的知识服务观。图书馆形态的变化和管理模式的变化，已使图书馆有所改观。图书馆的开放性特征更加明显，图书馆不再是单纯的书籍世界、文献世界，而进入了涵盖书籍世界、文献世界的知识世界。

（二）共享性原则

知识管理的一个重要任务，就是要建立知识的共享网络，即数据库和知识库，从而在技术上给知识的共享提供一个支撑平台。当图书馆成员间的知识得到共享时，图书馆的知识存量将成倍地增长，而转让知识并不损失成员任何东西。而且由于知识的共享是一个过程，需要转让者和接受者共同参与，成员在转让知识的过程中，便能使自己的知识得以深化，或者获得一些新的知识。当员工能及时分享和运用知识，继而就能创造新的知识，最终使组织取得绩效，获得竞争优势。建立在知识共享的原则上，需要为知识共享搭建基础平台，如建立图书馆知识管理系统，创建学习型组织，使图书馆成为学习资源中心，创建知识共享的组织文化，营造知识共享的环境与氛围，建立知识共享的激励机制，促进员工参与知识共享等。

（三）层次性原则

图书馆知识管理可分为三个层次：一是信息管理，即对信息的收集、整理、储存、查找和利用的过程；二是对知识的管理，即包括对读者的知识加以识别、获取、分解、储存、传递、共享、创造、价值评判和保护，并使这些知识资本化和产品化的过程；三是对图书馆知识资本的管理，也就是对图书馆人力资本、市场资本、结构资本和知识产权资本的管理。

（四）发掘性原则

图书馆应该认识到知识在图书馆产品及其服务的价值创造中所具有的关键作用，图书馆需要明确知识的价值，并将其挖掘出来。网络环境下的图书馆知识管理工作的着眼点，应当是充分发挥优势潜力，向读者提供各种形式的信息资源服务。以依靠图书馆丰富的馆藏资源与网络资源为基础，以图书馆专业人员的知识信息服务能力为依托，提供满足读者特定需求的某一具体信息和内容的服务。

（五）增值性原则

由于知识具有收益递增的特性，图书馆员工通过知识共享，可以分享个人的知识和经验，减少团队的学习时间，实现知识价值的增值与功能放大。这正如美国著名教授凯尼格（Michael Koenig）指出的："知识管理对图书馆最直接的效果体现在图书馆与信息工作的转换中，以及图书馆文化由'服务提供'到'增值服务'的转变。"在知识管理中，学习是核心。个人与组织是一个双学习系统，个体通过学习不断获取新思想，并将知识用于行为的改善。组织和团体通过学习形成人才梯队，激发群体智慧，人员交流渠道畅通。个体、团体和组织相互间与个体间、群体间和组织间开展多向的交互学习模式，它们相互促进，工作与学习良性互动，最终创造学习型组织来保证对知识资本的管理。

（六）参与性原则

知识管理强调的是"人人被管理，人人皆管理"的管理思想，即强调组织成员都要参与到组织管理中来。要培养馆员参与图书馆知识管理的积极性，鼓励馆员参与知识管理的各个环节，并善于发现他人的思维价值，要使馆员意识到自己所从事的工作是图书馆整个知识管理过程中不可缺少的一环，以此来激发馆员参与的积极性。个体参与原则，既体现了管理者对馆员的尊重，又可以锻炼馆员的思维能力，并在组织中建立集体智慧的动力机制，使管理人员能够更好地决策，并使更多的馆员主动配合决策的执行。同时，联系读者、服务读者，是图书馆存在的基础，得到反馈、发现需求，又使图书馆不断调整发展的方向。图书馆可实施以下举措加强与读者的交流，读者调查。一是图书馆一般在做出重大决策或推出服务新举措之前，多数会做相应的读者调查，根据民意来判断改革是否可行。二是在进行调查的各种活动中，互动构成了读者对图书馆整体印象的一部分。加强图书馆与读者间的互动，让读者参与，能扩大图书馆的社会影响，增强图书馆在读者中的亲和力和忠诚度，将有助于服务推广活动的顺利进行。

（七）协作性原则

基于知识共享性，图书馆团队间的协作活动变得非常重要。只有团队活动，才能真正将知识资本挖掘出来并加以形式化和资本化。因为只有在知识得到共享之后，知识才与知识的拥有者——图书馆馆员的个人知识相融合。只有在此时，才能说明图书馆对知识有了更大的所有权。此时，当某个图书馆馆员离开图书馆时，他们的知识才会留存在图书馆中。

（八）创造性原则

创新是知识管理的灵魂，图书馆知识管理要突出创新原则。图书馆应本着创新性原则来实施知识管理策略。也就是说，要用知识创新的观点来构建图书馆知识管理理论，并加强其组织建设、制度建设与文化建设。图书馆通过知识管理，实现组织与文化的创新，建立学习型图书馆，充分发挥用户的主观能动性，激活人的潜在能力，促进知识的不断再生与创新，实现主动学习的信息获取机制。

三、图书馆知识管理的基本方法

图书馆知识管理方法，是指管理者行使管理职能和实现图书馆管理目标的手段、措施与途径等的总称。知识管理作为一种新的管理理论，其管理方法和管理手段仍在摸索中。比较适宜的知识管理方法，主要有目标管理方法、科学管理方法和全面质量管理方法三种。

（一）目标管理方法

图书馆目标管理，是在重视成果的思想指导下，图书馆主管人员与下属人员共同选定一定时期的共同目标，即制定方针，层层分析目标，落实措施，安排进度，具体实施，取得成果，严格考核与评价图书馆内部自我控制、自主管理达到管理目标的一种科学管理方法。图书馆目标管理具有如下主要特点：

1. 整体性

图书馆目标管理，是通过相互衔接、相互制约的目标体系而开展的一种有组织的群体活动，它主要是一种纵向连锁、上下控制的关系，存在横向关联，通过纵横的相互制约、相互联系，构成一套整体的目标体系。

2. 有序性

图书馆目标管理往往是从确立总体目标开始，然后对总体目标进行层层分解，分解为高层目标、中层目标、基层目标、个人目标等，使之成为一个有序的、层次分明的目标体系。

3. 成果性

图书馆目标管理采用一种注重成果、讲究实绩的哲学管理观念，通过目标的实现程度，来评定组织和个人的工作成绩。它是一种成果型的管理。

4. 参与性

图书馆目标管理运用参与、授权理论和自我控制理论，发动图书馆全体人员参与制定、实施、评价目标的全过程。在实施过程中，强调自我管理、自我控制，因此它实际上是一种参与型的管理。

5. 激励性

图书馆目标管理以激励理论为基础，引进竞争机制，激发人们的工作热情与兴趣，不断创新，使人们自觉地为实现目标作出贡献，是一种激励型管理。

（二）科学管理方法

图书馆的科学管理，是指图书馆工作和图书馆事业达到计划性、合理化、规格化的要求，并具有先进水平的一种组织活动。它包括三方面内容：①图书馆科学管理的范围，包括图书馆工作组织和图书馆事业组织；②图书馆科学管理工作，可划分为行政管理、业务管理、设备管理、干部管理等；③图书馆管理工作的内容，包括计划、组织管理、规章制度、统计、标准化以及分工协调等。图书馆科学管理，应遵循集中统一原则、民主管理原则、计划管理原则、经济效果原则和责任制原则。

知识管理发展了科学管理。主要表现在以下方面：①创新精神的发展。泰勒（Taylor）指出，科学管理的实质，就是在一切企业或机构中的工人们的一次完全的思想革命——这些工人对待他们的工作责任，对待他们的同事，对待他们雇主的一次完全的思想革命。这个伟大的思想革命，就是科学管理的实质。泰勒（Taylor）的这种思想变革，闪烁着创新精神的光芒。知识管理把创新作为自己的灵魂与主旋律，从内容与功能上更加强调了创新的作用。②组织结构的创新。泰勒（Taylor）提出的职能型组织结构存在一个无法克服的缺陷，即它违反了统一指挥的原则，结果必然导致管理上的混乱局面，因而职能型组织结构并没有在企业或图书馆普遍实行。知识管理从便于组织知识交流与共享入手，通过引进组织学习、建立学习型组织，实现组织结构的创新。③"知识观"的发展。泰勒（Taylor）指出在一切企业中，劳资双方必须实现这样的思想态度的改变：双方合作尽到生产最大盈利的责任；必须用科学知识来代替个人的见解或个人的经验知识。知识管理不仅把知识作为组织战略资产来进行管理，而且以知识为核心来设计组织结构、建设组织文化、构建组织核心能力，从而发展了科学管理的"知识观"。④"学习观"的发展。泰勒（Taylor）认为：在科学管理中，管理人员要主动承担的第二项责任，就是科学地选择和不断地培训工人，发现每一个工人向前发展的可能性，并且逐个系统地训练、帮助和指导每一个工人，为他们提供上进的机会。知识管理把学习作为创新的源泉动力，积极推广与实施组织学习。这种组织学习，是组织全体成员在组织运行过程中通过实践、互动和创新来进行的团体学习，它超越了组织内部个人学习的简单相加。在这里，组织成员通过共同的观察、评价并采取一致的行动，来迎接组织面临的挑战。因此，知识管理发展了科学管理中的"学习观"。

（三）全面质量管理方法

图书馆全面质量管理，是图书馆为保证和提高信息服务质量，动员图书馆的各个部门和全体员工，综合运用管理技术、专业技术、思想教育、经济手段和科学方法，建立健全服务质量保证体系，对服务的全过程实行有效控制，从而经济地开发、设计、生产和提供用户满意的信息产品与信息服务，做到最高质量、最低消耗、最优生产和最佳服务，最终实现不断提高服务质量的目标。图书馆全面质量管理具有如下特点：①它是一种全面的、全过程的和全员参加的"三全"质量管理；②它以是否适合图书馆用户需要、用户是否满意，作为质量的衡量标准与最终目标；③它是一种突出质量改进的系统的、动态的、持续的管理。图书馆实施全面质量管理，有助于打破部门间的障碍，加强为内部顾客服务的意识，实现持续改进。

知识管理方法与全面质量管理方法也有许多相似之处。如全面质量管理强调图书馆员工的"全员参与"，这与图书馆知识管理倡导的知识共享有相同之处。全面质量管理对员工的培训很重视，认为只有提高员工的技能，才能生产高质量的产品，这形同于知识管理重视学习一样。知识管理把学习看作是创新的动力与源泉。只有不断加强个人学习与组织学习，图书馆才能提供卓越的知识服务。全面质量管理要求实现"持续改进"，在发现问题、解决问题的过程中不断提高产品和服务质量，这也形同于知识管理中的"知识螺旋"，在不同类型与不同层次的知识转换与共享中实现和创新，都是一种持续不断的过程。总之，知识管理方法发展了全面质量管理方法。

四、图书馆知识管理的基本策略

策略是实现战略任务而采取的步骤和手段。它根据战略任务的要求，规定一定历史阶段内的局部性的具体路线和具体任务，具有灵活性。战略决定策略，策略为战略服务。二者的区分又是相对的，在一定范围内的战略任务，在另一更大范围内可以是策略任务，反之亦然。

将图书馆知识管理策略概括为两方面：一是内部化策略，涵盖内容有分析与整合图书馆内部现有的知识资源、信息系统资源、人力资源，建立图书馆知识管理系统，构建图书馆知识型团队组织，规划知识管理部门及人员的职能，加强对图书馆人力资本、结构资本与知识产权资本的开发和利用，实施以人为本的管理，建立图书馆知识管理的运行机制与评价机制，挖掘与利用各种知识管理技术，加强图书馆内容知识交流与共享，创建学习型图书馆；二是外部化策略，涵盖内容并与其他信息机构进行知识整合，建立知识联盟和知识网络，建立开放的具有互操作性的图书馆知识管理平台，建设面向社会的知识服务系统等。

在实际操作中的基本做法如下。

（一）内部化策略

1.创新图书馆的组织模式

知识管理强调以人为本。内部管理有着开发利用拥有专业技能的人，对外活动贯彻以用户为中心，以知识型团队组织为表现形式，要求组织结构灵活、柔性且具有协作性。知识型团队是一种以知识的创建、传播与应用为出发点，由相互协作的个体所组成的正式群体。图书馆知识型团队，应由高层管理团队、事务工作团队、资源建设团队、技术支持与开发团队和信息服务团队组成。高层管理团队负责规划、组织和控制本馆发展与建设的目标、步骤与进度，构建图书馆知识管理的平台，促进馆员之间的相互交流与学习，协调本馆部门间、馆际间的相互关系，进行人事和财务管理，组织对外学术交流等。事务工作团队负责诸如典藏、流通、采编、阅览、用户培训等业务工作以及后勤保障等。资源建设团队负责各种信息资源的收集、整理、数字化转换、描述和加工。技术支持与开发团队负责图书馆新理论、新技术、新工具、新标准的研究与开发，系统设备的更新与维护，数据系统的升级与维护，数据长期保存与安全保护等。信息服务团队主要负责图书馆服务项目的设计与创新，为用户提供各种各样的信息服务与知识服务。

2.加速知识管理在图书馆的应用与创新

（1）以知识创新为龙头，将知识管理应用于图书馆

知识创新是显性知识和隐性知识之间动态转化的过程，通过从显性到显性、显性到隐性、隐性到显性和隐性到隐性的四种知识转化模式，实现不同程度的知识创新。通过有意识地引导组织的知识创新，有效地提高图书馆员工的知识运用水平，提高图书馆的知识共享和知识创新能力，在理念上和制度上真正将图书馆的以实物资本为主导的资源配置体系，逐步转向以知识为主导的资源配置体系。

（2）对技术资源进行知识管理

图书馆技术资源是支持图书馆知识管理实践的各种技术，包括信息技术、Web浏览器、记录管理、查询与检索、文件内容管理系统、协作软件、搜索引擎、图书馆信息管理系统和知识门户软件等。知识管理可以采用这些先进的信息技术，来保证知识的存储、传播与共享，组织知识资源。

（3）开展服务创新

图书馆的服务创新，意味着服务要以用户为中心，坚持"以读者为本"，将用户、信息资源和信息技术紧密结合起来，针对用户结构、阅览倾向、各群体数量及比例、利用图书馆的频率和方式、服务的需求层次和满足程度、将来可能的发展变化等参数，深入研究用户信息需求，建立明确有序的用户信息反馈渠道和科学、可行、系统化的测评指标，借以客观、准确地反映和评价图书馆服务运维的状态和效率，从而扩大图书馆的知识服务。

（4）加强显性知识管理

在加强显性知识管理的过程中，文献资源管理是其基础。因为文献资源是图书馆的基础，对文献资源的管理是图书馆管理工作的核心。要加强图书馆的知识管理，就要使文献资源的开发利用效益达到最优。因此，馆员可以通过书目推荐和宣传报道，建立健全和完善图书馆目录体系，开展参考咨询服务和课题跟踪服务等，来揭示、宣传和推送文献资源，从而实现知识的快速传递与交流，最大限度地发挥图书馆知识体系的功效。

（5）加强隐性知识管理

图书馆知识管理不仅仅停留在显性知识的数字化上，也要注重隐性知识资源的管理和利用。在一定程度上，可以说知识管理的关键在于人。许多事实表明，在显性知识资源基本得以保障的条件下，如何对隐性知识资源进行管理，充分发挥人的作用，是推进图书馆进一步发展的关键。总的来说，图书馆隐性知识资源的管理，主要是人力资源的管理。图书馆的决策者要以振兴图书馆事业为出发点，培养高素质的图书馆专业技术人员。不但要做好馆员的培训和继续教育工作，而且要进行弹性管理，让一部分人参与到管理中来，发挥他们的管理才能，使组织目标与个人目标得以实现。要引导和发挥工作人员的智慧潜能，把开发馆员头脑中的知识作为提高效率的重要途径。每个馆都拥有较多的专业技术人员，隐性知识十分丰富。应创造一种环境，推进一种机制，构建一种平台，以利于各类人才把他们头脑中的隐性知识贡献出来，与他人共享。

3. 构建基于知识管理的图书馆学、情报学教育整合模式

从图书馆学、情报学理论研究的成果和发展趋势来看，知识管理对图书馆学、情报学教育的影响不仅表现在理念上，而且体现在教学计划及课程

整合等实践中。因此，构建基于知识管理的图书馆学、情报学教育整合模式，是实现知识管理"以人为本"思想的重要举措，也是提升图书馆学、情报学毕业生知识管理能力与水平的有效途径。课程整合就是打破已有的科目，构建新的课程分类形式。从知识组织、知识优化、知识导航、知识创新的角度，重新调整和选择教学内容。在增设知识库系统、知识挖掘、学习型组织与核心竞争力、知识管理与组织设计等新课程的同时，重新调整原有的课程。如在知识组织这一专题中，就可以涵盖分类语言、主题语言、标引语言、检索语言等诸多内容。在教学方法方面，课程、实习和作业三部分，各不偏废，理论与实践相结合，注重知识技能的培养。

在知识成为第一生产力的今天，从知识经济和知识管理的角度来重新认识图书馆学、情报学，重新认识图书馆的本质与价值，就会发现图书馆学、情报学的宗旨，从根本上说就是促进知识成长，提供知识服务。因而，图书馆学、情报学专业教育的当务之急，是把握图书馆学、情报学的发展方向，使得培养出来的人才在具备良好的知识素养和丰富的知识面的同时，成为能够胜任图书馆及相关专业岗位的专业人士，而不是看起来什么都学过，真正运用起来又什么都不精通的"万金油"。图书馆学、情报学专业教育的出发点，应该着眼于知识的发现、应用和创新。

4. 实现科学的人力资源管理

知识管理理论的一个重要思想，就是强调人在管理过程中的核心作用。人既是管理的主体，也是管理的客体。人力资源是图书馆知识资源中最具创造力的资源，要建设一流的图书馆，必须有一流的人才。图书馆馆员应具备较高的信息素养和知识素养，成为一个独立的终身学习的人，成为知识的创造者、知识的中介者、信息的提供者。要引进竞争机制，倡导加强理论学习，提高业务技能之风，营造人员岗位竞争的氛围，以培养出更多具备知识管理技能的知识型馆员。图书馆人力资源管理，就是以培养高素质的专业人才，实现知识产业可持续发展为根本出发点，创造一种催人奋进的学习氛围，进行内在的知识累积，进而实现知识创新之目的。因为图书馆知识管理的各个环节都离不开现代化的人才，特别需要具有广、博、精、专的技术人才，具有敏锐的信息洞察力的管理人才。有了人力资源，才能及时跟上信息技术发展的趋势。在实践工作中，应充分重视馆员的需求，做好专业人员的继续教育工作，以便发挥他们的管理才能，使组织目标与个人目标得以实现。

5. 建立和健全图书馆知识管理的激励机制

知识本身的外部性，导致知识可以低成本共享，并且共享程度越高，越能更多地展现知识的网络效应；而知识创新具有高成本性、高风险性以及收益和分配的不确定性。显然，这是知识管理需要解决的一个矛盾。另外，随着知识更新周期的加快，知识创新过程的长期性和知识使用寿命的短期性，构成了另一对矛盾。知识拥有者为了规避风险、回收投资，自然会对拥有的知识有意"垄断"，而这与知识只有通过大范围的共享才能充分发挥其效益形成冲突。一般来讲，图书馆知识管理的激励系统，应该由知识运行、知识明晰、知识绩效和知识奖惩四大机制组成。

（1）知识运行机制

图书馆知识运行机制的主要作用，是促进知识创新、共享与应用。它包括图书馆服务信号收集机制、知识分类与标准化制度、文档积累与更新制度、知识型项目管理机制、外部知识内化机制以及知识宽松交流机制。

①图书馆服务信号收集机制

对于读者的不满，比如投诉，一般图书馆领导和员工都会采取息事宁人的态度，受理投诉的领导也可能是多一事不如少一事。因此，一些代表着未来需求和发展方向的微弱服务信号就会消失掉，这对一个图书馆的发展是不利的。挑剔的读者所提出的问题，可能正是图书馆下一步攻关的方向，代表了未来的服务需求，是知识创新、技术创新和服务创新的起点。因此，图书馆应该建立起服务信号收集机制，鼓励员工将读者的不满收集起来，及时反馈给相关部门。

②知识分类与标准化制度

为了使图书馆的知识更好地被共享和应用，必须建立知识分类制度和知识标准化制度。知识分类既要根据岗位、专业分类，又要按照局部知识和全局知识、例常知识和例外知识进行分类。局部知识是指一个班组、一个部门应该共享的知识，全局知识则是指图书馆所有部门都应该共享的知识。例常知识是指那些经过实践检验已经很成熟的知识，而例外知识是指那些还主要依靠人参与，特别是行家里手根据实际情况灵活处理的知识。这部分知识个性化较强，需要进一步完善、成熟，并接受实践的考验。

③文档积累与更新制度

建立文档积累制度，就必须有具体的知识管理人员，将图书馆工作的技术诀窍、最佳实践，整理成文字材料，将图书馆的服务战略和优秀的服务方法与技术整理成材料，分类存档，供全体员工分享。因为一个部门的成功经验和最佳实践，被整理成规范的文档之后，通过有效的知识分发机制，可以被其他兄弟机构共享，从而避免由于知识共享不够、信息交流不畅引起不同分支机构重复开发某项技术、重复摸索某种服务方法造成的资源浪费。

建立文档定期更新制度，就要求知识管理人员在规定的时间，必须重新审视已经存档的文件是否有过时的内容、失效的内容、繁杂的内容或互相冲突的内容，以此确保存档文件的有效性、精练性和一致性。

④知识型项目管理机制

知识型项目与传统项目不一样，它更依赖于人的智慧和创新能力。因此，对于知识型项目，更重要的是强调人本管理和目标管理，而不是过程管理。强调目标管理，就是要求在规定的成本和时间内完成既定目标，而不必要求在整个过程内严格遵守有关的规章制度，如打卡、坐班等。对知识型项目的参与人员，还要强调柔性管理和弹性管理，这是因为项目的目标有可能随服务环境的改变而改变。知识型项目的激励机制不但要考虑近期激励，还要考虑远期激励，并且根据项目风险的增加，增加远期激励的比重。这是因为有些项目的收益目前不一定能显现出来，这时图书馆往往会低估项目的价值，而项目参与人员一般会高估项目的价值。如果采用远期激励，充分考虑委托人与代理人利益的相容性，则项目实施就会顺利得多。

⑤外部知识内化机制

图书馆的规模再大、实力再强，也不可能将与图书馆专业有关的所有专家和学者集于麾下，这就给图书馆提出了一个问题：如何将外部图书馆学、情报学专家和学者的知识转化为图书馆内部人员的知识？解决这一问题，必须建立起相应的外部知识内化机制。由于大多数图书馆都没有建立起外部知识内化的机制，相关机制也没有实现制度化和规范化，一般都是请外单位专家来做讲座、咨询、评审或鉴定，具有临时性和偶然性。建立外部知识内化机制，就是要制订长期、中期乃至短期规划，按照规划定期请专家来讲解最新的图书馆业务技术、管理技术和管理思想，并且将外部专家所传授的知识整理成规范的文档，定期更新，成为馆内可共享的知识。

⑥知识宽松交流机制

知识运行机制很重要的一点，就是要建立知识宽松交流的机制和环境。相对环境而言，机制的建立对于图书馆来讲更为迫切。定期开展学术交流会议、组织专题讲座、外出参观学习、出席各类会议、组织申报各类课题等，都是可以具体操作的制度。

（2）知识明晰机制

知识明晰机制，就是要将图书馆知识管理的目标和员工的知识成果明晰化，包括阶段性知识管理目标发布制度、员工知识成果申报制度等。

①知识管理目标发布制度

图书馆要进行知识管理，就必须有目标和规划，这样才能整合所有员工的知识，引导员工朝着同一个目标和方向前进。以往一些图书馆也发布重大攻关项目、技术改选项目和科学研究项目的信息，但这些项目一般都比较重大和正规，对于各部门的知识管理目标关注得不多。阶段性知识管理目标发布制度，不仅要发布上述项目，还要求各部门对下一阶段本部门的知识管理目标予以发布。这些目标有可能只是小革新、小改造。另一方面，以往发布的往往是有关知识创新课题的信息，而对于知识管理的另外两个目标，即知识共享和知识应用关注得不多。在这里，阶段性知识管理目标，不但包含知识创新目标，还包括知识共享目标和知识应用目标。

②知识成果申报制度

为了激励员工，必须对取得知识成果的员工予以嘉奖。而要嘉奖，首先必须明确每位员工都有哪些知识成果。因此，图书馆应该建立员工知识成果申报制度。在时间上，员工的知识成果申报制度，要求员工在每个月末都向其主管领导或主管部门申报近一个月来的知识成果，将其作为每月考评的依据之一。在内容上，员工不但要申报知识创新成果，还要申报知识共享成果和知识应用成果；要求员工汇报一个月来与其他员工交流了多少专有知识，并将多少知识应用于生产实践。这样，每个员工都有成果申报，每个员工都能感到知识管理与其相关，从而兴起一个知识创新、知识共享与知识应用的良好氛围。

（3）知识绩效机制

知识绩效机制的作用，是对员工申报的知识管理成果进行审查和评定，确定其业绩和效果。它包括员工知识成果稽核制度、知识成果价值的计算机联合评价系统等。

①知识成果稽核制度

员工申报了知识成果，馆领导和相应的知识管理人员，应对其进行真实性审查和有效性评定。这就需要建立员工知识成果稽核制度。该制度要求各级主管人员定期将员工申报的知识成果予以核实，并评价其价值，填写稽核单，送交知识管理部门。

②计算机联合评价系统

员工申报的有些知识成果，可以用计算机来进行处理。显然，用计算机来辅助知识管理，是未来的发展趋势之一。对于收益不确定或很难衡量的知识成果，则可以采用专家背靠背投票的方法或专家面对面协调的办法予以确定。这些专家，不一定是图书馆外部的，图书馆内部精通该知识成果领域的员工，都应该算作该具体成果的评审专家。

（4）知识奖惩机制

知识奖惩机制将员工的绩效具体化为员工愿意接受的收益，并对不能实现知识管理目标的员工进行处罚。通常，奖励机制包括知识薪酬支付制度、知识晋升制度、知识署名制度和知识培训制度等，惩罚机制包括知识老化型员工淘汰制度等。

①知识薪酬支付制度

将收益比较容易确定的知识成果与员工的近期收益联系起来，通过增发薪水与酬金来激励图书馆工作人员。

②知识晋升制度

对那些既取得了较大知识成果，又具有较强管理能力，并且对经济利益的刺激不太敏感的图书馆工作人员，采用晋级、晋职的方法来激励，促使他们取得更大成果。

③知识署名制度

对那些取得了较大知识成果，对经济利益的刺激不太敏感，但对名望非常重视的图书馆工作人员，采用知识署名的方法来激励，促使他们取得更大的成果。这样既可以让被署名的员工受到鼓舞，也可以通过具体的人名将这些成果形象化，使得这些成果更容易被推广和共享。

④知识培训制度

在知识经济时代，知识已经成为一种重要的资本。知识培训制度就是对那些取得了较大知识成果，对经济利益的刺激不太敏感，但对进一步深造非常重视的图书馆工作人员，采用知识培训的方法来激励。其实，员工深造是外部知识内部化的方法之一，并且这些员工深造后更容易出知识成果，从而形成知识成果的良性循环。

⑤知识老化型员工淘汰制度

对于不能实现图书馆知识管理目标的员工，应建立淘汰机制。这样，就能从反面推进知识管理目标的实现。

总之，图书馆是知识的殿堂、文化的宝库。其知识管理的实施，应以知识创新为龙头，以人本思想为服务理念，以文献资源管理为基础，以信息网络技术为支撑，以知识服务为核心竞争力，以建立知识资源库和知识共享服务体系为目标，并营造出知识共享与创新的文化氛围。这样才能不断提升图书馆的知识创新能力，顺利完成知识经济时代赋予图书馆的新使命。

（二）外部化策略

1.开展基于内容的专业化垂直服务

这种服务是读者目标驱动的面向解决方案的服务。它需要馆员具有超前意识，即超前于读者的现实需求，主动出击，深入读者群体，把读者需求调研与图书馆提供信息服务的宣传结合起来。通过对信息的分析和重组，来形成符合需要的知识产品，并对知识产品的质量进行评价。它要求与读者的联系更明确、更紧密，建立起针对具体读者的服务责任制。如挑选有学科专业背景及业务知识丰富的馆员，作为图书馆信息服务的联系人，负责全面深入了解院、系、所的教学、科研任务及其对图书馆文献保障服务的综合需求。在图书馆主页上为各院、系、所提供学科文献信息导航服务，逐步向重点学科组开展门户网站的学科信息推送，以定期或不定期的形式组织并联系有关院、系、所读者，参加图书馆举办的有关电子数据库检索和利用培训讲座。

2.开展虚拟参考咨询服务

为适应数字图书馆建设的需要，近几年来，已涌现出数字参考咨询服务、虚拟参考咨询服务和网上参考咨询服务。所有这些，都是基于网络的参考咨询服务，只是使用的名称和形式上有所区别而已。这些服务一方面进一步完善技术机制，另一方面正努力建立工作流控制、质量保障和面对面咨询的协调机制，以充分利用网络环境和分布的参考咨询资源。

国内一些图书馆也已把虚拟参考咨询服务作为数字图书馆建设的一个重要组成部分。在图书馆主页上，开辟了网上参考咨询台，主要由实时解答、常见问题库和学习中心等组成。实时解答系统是在汲取国内外先进经验的基础上推出的，能实时帮助读者解决在使用数字图书馆中第一时间所发生的问题。咨询馆员不受地点的限制，只要打开某台联网的计算机，以咨询馆员的身份登录后，就可在网上解答读者的疑问。当咨询馆员和读者在线交流结束时，系统可以把整个交谈记录的副本通过电子邮件发送给读者。常见问题库收集了读者在使用图书馆时经常会遇到的问题，具有简单的关键词检索功能，以方便读者快速地找到相关的提问；同时，由专职的参考咨询馆员负责，将每天实时解答的问题进行分析整理，经过筛选后，将有价值的问题加入常见问题库中。

3. 以读者为中心，开展个性化信息服务

以用户为中心，是知识管理应用于图书馆管理的服务取向，要采取灵活多样的服务方式，尽可能地打造独具特色的服务品牌。在服务内容上，应强化知识性。一方面，要扩充知识内涵，实施知识挖掘与知识发现，使原有信息和知识系统化、综合化，产生针对性和适应性更强的再生知识，实现知识资本的更新、整合和增值。另一方面，尽量扩展相关问题的知识涵盖面，充分利用图书馆现有各种实体资源和网上虚拟资源，依靠现代信息技术，为图书馆提供更广的信息服务和知识服务。知识管理下的图书馆，作为传统服务的采编、阅览和流通等传统服务，将逐渐失去其在图书馆服务中的核心位置，仅作为某种辅助性、支撑性活动以支持知识服务。随着知识需求的变化，知识服务正在向"个性化"方向发展。所谓个性化，即针对每一位读者独特的信息需求，提供有针对性的服务。个性化信息服务按所依赖和采用的技术，目前可分为以下三种形式。一是个性化推送服务或个性化定制服务：利用信息推拉技术，向读者提供定制的 Web 页面、信息栏目，实施查询代理服务；或基于电子邮件的信息推送，根据读者的定制提供相应的信息栏目。国内有些图书馆在这方面进行了尝试。如虚拟参考咨询服务中的"学习中心"采用网上课堂的教学方式，既可让读者随意浏览各数据库的使用指南，也可作为门户的形式向读者开放。读者在经过注册后就可进入学习，进行个性化定制，选定自己需要学习的内容，通过此平台提问、自学，直至熟练掌握这些数据库的使用。如果该读者所选定的数据库的界面已经发生变化，读者通过门户网站可及时得到通知。二是个性化推荐服务：可根据读者的特性提供具有针对性的信息，而且还能通过对读者专业特征、研究兴趣的智能分析，主动向读者推荐其可能需要的信息。三是个性化知识决策服务：利用数据仓库、数据挖掘、知识提取、人工智能等技术，对信息内容进行深加工，向读者提供能够用于决策支持、智能查询、科学研究和解决问题的策略。

4. 实现读者自由利用知识

所谓自由利用知识，简单地说，就是用户在没有任何障碍的情况下，按自己所需去充分利用知识。自由利用知识的前提是高效率的知识组织管理。图书馆的知识组织管理，就是运用知识对存储知识的媒体及知识本身进行管理。图书馆要进行高效率的知识组织管理，须从两个方面着手。首先是有效地选择文字信息，其次是对包含在文献信息中知识的组织。运用现代信息技术和新型的管理方法，使那些在知识获取方面受到物理限制的人能够自由利用知识，是图书馆知识组织管理的重要目标。因此，图书馆要运用系统化的方法，有效地进行知识的发掘、传播和利用，以保证知识的创造、共享和使用。

5. 实现以用户为中心的动态管理

知识传播管理要以高品质的服务为目标。在现代技术条件下，传统的静态服务模式已经不能适应用户的需要，必须向主动、多维的动态服务模式转换，千方百计地为用户服务。为用户提供个性化、主动化的服务，可采取多种方式：一是为他们推荐一些专业性强的数据库，帮助他们调整检索策略；二是根据他们的需求，利用计算机技术，对各种类型数据库（包括光盘数据库、网络数据库、互联网数据库）的知识进行知识重组，以形成有效的专题知识；三是提供专题图书目录、索引、文摘、汇编、综述、述评等，供他们利用。

第七章 智慧图书馆知识服务

第一节 智慧图书馆知识服务理论

一、智慧图书馆知识服务的目标

智慧图书馆知识服务延伸要从过去的资源驱动型向服务主导型转变。具体表现：在资源建设上，从以图书馆为中心的资源拥有，向以用户需求为导向的资源获取上转变。在资源形态上，从以纸质资源为主向纸电（纸质和电子）资源合理搭配、空间资源再造和人力资源再造上转变。在服务内容上，从简单提供文献和数据向提供信息、知识和智慧的服务转变，从单一的文献提供向立体式的创客空间、学习平台提供的转变，从整册文献的借阅服务向碎片化知识的获取转变。智慧图书馆知识服务延伸涉及的过程从保存和提供研究成果扩大到提供信息、参与分析研究过程的转变。智慧图书馆知识服务延伸功能从以文献提供为主的服务向以信息输送、数据挖掘、空间再造、知识发现、智慧服务功能为主的"以人为本"的服务功能转变。因此缩小用户个性化、多层次的知识需求、感知体验与实际使用状况之间的差距，即智慧图书馆知识服务延伸的目的，需分别升级优化智慧图书馆知识服务的互联情境、资源情境和服务情境的易用性、有用性、激励性等功能，实现从平台技术、资源内容、服务程度的关注跃迁到对用户的关注。总之，智慧图书馆知识服务延伸的最终目标是提高智慧图书馆知识服务能力和水平，满足用户日益丰富的多样化、个性化需求。具体来说，智慧图书馆知识服务延伸是利用物联网技术实现资源的数据化，应用元数据收割，建立数据仓库；在数据互联的基础上进行大数据的存储与计算，形成第一手可靠的信息资源；在信息采集的基础上，对资源进行重组，通过资源再造，建立知识库体系，实现信息的知识化；在情境感知的基础上，构建精准化服务平台，提供个性化的知识服务产品，实现知识的智慧化，并最终利用大数据分析工具，进行机器学习，挖掘用户偏好，推荐个性化知识产品，实现精准化服务。

互联情境是智慧图书馆知识服务情境功能的技术保障，互联情境的无障碍化联通与普及取决于物联网的支持性情境技术及知识服务平台的易用性与受众感知。资源情境是智慧图书馆知识服务的物质基础，为提高资源内容质量而进行的资源重组及资源再造关系着用户知识挖掘、知识联想、知识利用与知识创造等活动的顺利开展。特别是人力资源又成为智慧图书馆知识服务延伸的第一资源，是应用新兴技术于知识服务过程中并进行资源再造、知识创造和智慧服务的关键所在。服务情境是在技术互联情境与资源情境联合作用下，通过服务个性化和精准化适配激励功能来体现智慧图书馆知识服务的最终绩效。互联情境、资源情境和服务情境在智慧图书馆知识服务延伸机制中交叉融合与相互作用，共同影响并决定着知识服务水平及用户的感知体验与满意度。

综上所述，在新的技术环境下，以关注用户的需求为导向，具体实现以下几个方面的目标。

（一）关注平台与技术升级

平台与技术升级就是要对用户需求变化及体验感知完全实现无障碍互联且以提高用户的感知易用性为目标。在互联情境构建中，着力提升智慧图书馆知识服务平台对不同类型互联终端、不同地理空间环境、不同区域时段的交互支持力度，以满足不同类型和不同层次用户在任何时间、任何地点的信息交互需求，提升互联场景的易用性功能。设备的易用性指的是用户在使用知识服务平台时感知的易操作性以及平台的兼容性、流畅性、反应速度以及安全性等，各种互联设备的操作界面设计更加符合人性化要求，感知易用和美观并符合用户的使用习惯，保证服务平台支持系统的可维护性、可拓展性和可修复性，提升知识服务多平台的数据切换与共享以及保障资源组织的科学合理。

（二）关注资源建设质量，实现资源再造

资源质量的保障主要通过对资源采购与组织活动进行监管，实现资源内容的精细化重组与语义化情境再造，从而提高资源利用过程中用户的感知有用性与针对性。在资源情境构建中，既要保证智慧图书馆知识服务应用中资源的更新速度，以满足用户前沿的信息需求；又要保证信息资源的专业化水准、内容的契合程度，以满足用户精准的信息需求。在资源再造情境构建中，要通过语义化情境再造完成对资源内容的精细化重组，保障用户信息获取的标准化、知识化和可视性，有必要促进平台信息描述、符号价值和意义的统一，确保信息表达与组织的结构性、系统性、直观性、多维性与融合性。

（三）关注人力资源的培养、开发与利用

专业馆员服务能力和要求的转变，应该以其职能的转换升级为导向，以馆员能力培养为依托。在智慧图书馆知识服务中馆员的能力至关重要，起着首要作用。馆员能力不仅可以激发服务对象的潜在需求，协调馆员与用户之间的关系，提高管理水平，而且主导着图书馆服务的广度与深度，因此加强专业馆员人才的培养就显得尤为迫切。知识服务馆员能力要求逐步从简单到复杂，从单学科到多学科，从数据、信息服务到知识、智慧服务，所要求的专业技术水平不断提高，知识服务所要求的专业馆员朝着专业化、集成化、学科化和技术化方向发展。因此提出具有竞争激励机制的制度安排和符合实际的培养方案，是图书馆知识服务迈向成功的保障。

（四）关注服务激励与适配性

服务的激励是指通过服务资源情境的优化、互联情境的升级吸引和带动知识服务主客体以更加热情的态度投入智慧图书馆知识服务的实践中，从而完善和发展知识服务的内容和功能。为此，要从两个方面着手：一方面，应扩大知识服务的柔性机制，为用户着想，减少其时间、精力投入，使其以最小成本便利快捷地获取信息，保证服务过程的流畅性、友好性与安全性，以实现服务流程的标准化；另一方面，服务过程应根据用户个性情境进行"私人定制"，平台发布信息的数量应考虑用户的接受能力，以使用户的信息诉求得到快速的响应，也就是要提供服务情境的个性化，根据协同创造的要求在知识创造、协同利用、共建共享中保证服务的舒畅与融合，最终实现各服务功能与服务情境内容的个性化。

二、智慧图书馆知识服务的原则

智慧图书馆知识服务的受体是用户，以用户的需求为导向是图书馆知识服务的根本原则，因此一切知识服务活动都应该围绕提高用户的满意度和改善其感知体验进行，这也是提高智慧图书馆知识服务延伸质量的关键。具体应遵循以下设计原则。

（一）用户需求导向原则

这是智慧图书馆知识服务延伸的根本原则。用户是智慧图书馆知识服务的受体（或对象），是智慧图书馆知识服务的接受者、体验者和评价者，是智慧图书馆开展知识服务活动的内在动力来源。所谓用户需求导向原则就是要以用户为中心，想用户之所想，挖掘开发其需求，尽图书馆的能力解决用户的现实问题，此外还应该充分发挥用户的能动性，促使其参与到智慧图书馆知识服务中，配合图书馆资源情境建构与服务平台的推广应用，对服务绩效进行反馈，提出改良建议。总之，知识服务延伸一定要调动用户对智慧图书馆知识服务参与的主动性和积极性，激发用户的持续使用意愿。

（二）包容性原则

智慧图书馆知识服务是新兴事物，在服务流程尚未实现标准化以前出现这样或那样的问题都是难免的，因此需要各方都有一种包容的态度，允许出现一些不完善的问题甚至错误，只要是出于对用户知识服务负责的态度，抱着解决问题、开展服务的心思意念，任何的错误都是可以谅解和消除的。

（三）互联情境的易用性原则

智慧图书馆知识服务所依赖的技术情境也是不断发展构建的，用户对智慧图书馆知识服务平台的利用不再局限于一家图书馆或一个平台等物理空间，而是实现突破时空限制的泛在层面的利用，是期待智慧图书馆知识服务应用能更人性化和便捷化，突破时间、地域空间、物理设备支持的局限，可以随时随地实现跨平台与多情境的信息资源共享、协同创造与开发，因此智慧图书馆知识服务应努力提高互联情境的易用性。

（四）资源重组与资源再造的有用性原则

提高信息资源的利用率，发挥资源情境功能在知识服务中的作用，这是提高智慧图书馆知识服务绩效、降低服务成本的重要手段，也是智慧图书馆知识服务得以顺利开展的重要途径。图书馆各种资源既是智慧图书馆知识服务开展的根基，也是智慧图书馆知识服务成效实现的依据。智慧图书馆知识服务资源情境建设与资源再造升级是否成功，关键看其利用率与有用性功能的发挥，这是衡量智慧图书馆知识服务绩效的重要内容。用户在资源情境中的获得与感知体验取决于资源建设情境的权威性、准确性、专业性、新颖性和时效性，以及资源再造情境后碎片化重组的关联性和语义化知识的专业性，使资源情境中的信息或再造资源更具知识性、专业性、智慧性及可视化。

（五）服务的适配性原则

服务适配可以激发用户持续使用的兴趣，也是智慧图书馆知识服务流程标准化和情境内容个性化、精准化的发展方向，是实现智慧图书馆知识服务绩效的重要保障，体现在知识服务整个过程的及时性、适量性、针对性、协调性、适应性和有效性，其总体适配程度是衡量和影响智慧图书馆知识服务绩效的关键性因素。

（六）情境功能的拓展性原则

知识服务过程中的信息交互是智慧图书馆知识服务延伸的必要程序，信息交互行为可以减少知识服务过程中的磨合与无序行为，增强服务的愉悦性与自适应匹配功能，促进用户在智慧图书馆知识服务情境中的良好感知生成。因此，从互联情境、资源情境到服务情境进行交互拓展性功能设计，可以提升智慧图书馆知识服务延伸的丰富性和可能性。互联情境要以易用性、便捷性和可用性为重点进行服务平台设计；资源情境要以有用性、专题性为重点进行内容甄别、筛选，实现情境再造与整合；服务情境则要以激励性为重点，实现服务流程的标准化和情境内容的个性化配置。

第二节　智慧图书馆知识服务框架

纵观知识服务的发展过程，知识服务多与知识密集型服务业、知识密集型服务、知识密集型服务活动等概念关联。伴随知识经济的兴起与发展，"知识管理""知识服务"被引入图书情报领域。进入 21 世纪，国内掀起知识服务的研究热潮，认为知识服务是一种提供以内容为基础的组织产出，是通过创新来满足外部用户需求的一个过程，并与知识管理、学科服务、情报服务等一起形成不同的研究方向和分支。知识服务不仅促进了图书馆从信息服务到知识服务的转型发展研究，而且从更深层角度激发了研究者对图书馆服务转型的更多思考，特别是更加密切地关注国内外教育科研环境的变革、国家战略发展的重心变化以及所在组织或机构关于自身长远发展的规划，期望通过资源、服务、人员、技术等的整合与调整，发挥图书馆对"知识"的管理与服务效益，增强在行业及所在机构中的价值存在感，提升图书馆服务对机构创新发展的贡献度。

当前，国家科技创新的新态势和转型发展的新部署日渐明晰，以创新协同中心和智库建设为代表的科技创新活动，内容之广泛、形式之多样，可谓日新月异、举世瞩目，日益显现对国家创新和战略发展的重要支撑作用。在此形势下，如何更好地为创新活动、为科技管理、为决策支持提供助力，包括知识组织、知识管理、知识评价、平台建设等，成为知识服务发展面临的新问题和新形态，也是知识服务进一步深入发展的新起点和新机遇。从这个角度来说，图书馆作为知识管理部门，应积极地开展知识服务，进一步对知识服务的深度发展和深层价值进行研究、探索和实践，以寻求图书馆发展新的生长点与转型之路。

一、深度知识服务发展进程及内涵

知识服务在国内仍备受关注，研究重点主要集中在知识服务基本理论研究、知识服务与信息服务关系研究、知识服务运营模式研究、知识服务系统及相关技术研究等方面。一种观点是把图书馆知识服务定义为一种实体知识的服务，把知识当成一种商品；另一种观点是注重知识服务的虚拟服务，把知识服务理解成图书馆馆员的隐性知识的转移。作为一种创新性服务，知识服务的内涵是不断发展的，随着数字化、网络化技术的应用不断深入，知识服务的内涵包括了信息管理、知识管理、战略性学习的相关内容与工具，面向研究、决策制定、创新等提供服务，由此促进知识服务不断深化，向着深层次和深度方向发展。

（一）知识服务深度发展进程

在实践中，图书馆将知识服务作为一种创新服务，成为未来发展的核心能力。以中国科学院文献情报系统为代表的专业研究型图书馆，顺应数字化科研信息服务的发展趋势，率先探索知识服务深度发展实践，开展了不同层次的知识服务，已经在嵌入科研一线的知识服务中积累了大量经验，形成了中国科学院文献情报系统特有的知识服务模式，包括面向科研一线的文献需求的资源保障分析与咨询，围绕科研人员信息获取能力提升的信息素质培训服务，围绕科研项目和科研管理的专题情报研究服务、战略情报研究服务，围绕研究所文献信息环境和研究项目信息环境建设的专题信息平台、文献信息平台，形成面向专题领域和项目的知识环境。同时，部分图书馆在学科化服务的推进过程中，涌现出多样化的支持科研创新的学科化知识服务和个性化的支持决策与管理的情报分析服务实践案例。从知识服务的深度发展来看，实践成果多于理论研究，特别是关于嵌入科研全过程和支持管理决策的研究，案例研究较多，理论研究相对较少，且多与学科服务、情报服务等结合，成为理论研究的分支，而关于深度知识服务整体研究的成果较少。

（二）深层知识服务的内涵与要素

深度知识服务作为知识服务的深层次发展，是在知识服务总体框架下开展的一种以需求为驱动，以知识为内容，以创新为主导，专注服务于科研创新及科研管理的高度精准化、深度集成化、个性定制化、开放可视化的知识增值服务，可谓是知识服务向"高精尖"发展的一种新的表现形态。

1. 服务环境

深度知识服务密切关注服务环境的变革与发展，当前，重点关注科研数据管理、大数据、开放创新等环境的变化，这将对服务需求的调整与重整带来显著影响。

2. 服务对象

深度知识服务注重服务对象的具体化或专职化，主要以学术科研及科研管理人员甚至是创新领军人才为服务对象。这类人员作为从事学术研究和创新的主力军，在新的科研环境下，需求更为典型。

3. 服务内容

深度知识服务强调不是简单或单一地提供文献或信息，也不是对知识的简单整合，而是对知识的深度集成，使得提供的知识产品能够满足用户个性化的、定制化的需求。

4. 服务方式

深度知识服务注重服务效率和质量，只有精准化、个性化、定制化的服务方式才能确保服务的质量与效率。同时，还将在服务过程中加强各类专业技术手段的应用，不仅有助于改进用户体验，而且可以提升服务效率，增强服务的可感知度。

5.服务过程

深度知识服务是为用户的需求提供知识解决方案的服务，其中需要一个时期或时段的跟进，是一个连续的过程。在服务过程中，要积极嵌入科研用户环境，对服务进行全程化跟踪。

6.服务成效

深度知识服务最终提供的是增值型知识服务，并以用户需求的满足和问题的解决为目标，为用户的创新活动提供支持，这也是衡量深度知识服务成效的关键。

（三）深度知识服务实现的路径

与一般知识服务相比，深度知识服务的最终目标在于通过馆员的增值服务，实现对用户科研创新的支持。在深度知识服务的实践中，需要始终围绕这一方向，全方位整合图书馆的资源、人员、设施、技术、空间等服务条件和能力，积极营造和构建适合创新的环境，为深度知识服务的开展建立畅通的服务机制，高效率地为用户的创新活动提供全方位服务支持。为了更有效地开展深度知识服务，需要重点在以下方面寻求突破，以长效推进深度知识服务。

1.注重创新需求的准确挖掘与精准对接深度知识服务

在开展之初，首先需要正确地定位需求。无论是用户主动表达出来的需求还是馆员帮助用户确定的需求，均需要深入地了解与研究当今的创新环境和需求内容。在此基础上，与用户密切合作，就需求细节进行全面的梳理、讨论，在这个过程中，还可以从服务视角激发用户新的创新思想，帮助用户挖掘潜在的需求，进一步确认需求的正确性和完整性，不断完善用户的创新需求。对需求有了初步的学习、研究之后，才能在服务中精准对接用户的需求，成功迈出深度知识服务的第一步。对深度知识服务而言，需求的准确定位和精准对接，是服务成功开展的关键，但通常也是具有较高难度的一项工作，需要与用户建立充分的信任关系，并形成高度协同的合作机制，经过多次反复与修正，才能准确掌握用户的需求，制订正确的知识需求实现方案。在具体内容上，合作过程可包括问题识别、解决方案、应用实施和价值利用。

2.重新对新时代图书馆馆员进行角色定位

（1）云图书馆馆员定位

在新时代图书馆馆员职能定位中，云计算作为超级计算模式，通过虚拟技术的运用可以构建虚拟化的数据模式，结合信息内容，进行计算机及储备设备的运用，将其运用在图书馆管理工作中，可以实现计算机及信息的有效储存，满足现代图书馆的服务需求。在云图书馆馆员定位中，通过云图书馆馆员职能规划，可以为图书馆提供高效化、低成本及安全性的服务价值。例如：通过云存储资源的利用，可以逐渐解决数字资源与单个图书馆藏之间的矛盾，提高图书馆信息资源的使用效率。图书馆馆员在工作中，若不能及时了解云计算内容、思想及方法等，会给图书馆的信息资源运用带来影响。因此，在云图书馆馆员角色定位中，应该构建新型的服务管理方案，及时解决云服务中存在的限制性问题。

（2）嵌入式学科馆员定位

通过对新时代图书馆服务工作的分析发现，嵌入式学科服务作为一种全新的管理模式，为图书馆服务工作的创新提供保障。在嵌入式与契合科研中，需要结合学科馆员在图书馆服务环境下对用户的学科服务，需要学科馆员在信息化背景下拓展服务模式，并为现代图书馆服务工作的创新提供支持。在嵌入式学科馆员角色定位中，应该融入问题处理的过程，将用户服务作为重点，结合用户需求进行信息资源的优化整合，并为用户提供专业性的知识服务体系。在信息服务过程中，不能只是进行馆藏资源的分析，还应围绕用户需求进行服务资源的运用，深入了解用户需求，构建知识化的馆员服务体系。图书馆馆员在角色定位中，应该结合多种课题、多个领域及多种科研需求等，构建专业性知识背景，提高馆员的文化水平，实现科研人员与读者的专业沟通。嵌入式学科馆员在角色定位中，应该逐渐积累知识，充分满足用户的需求，展现科学服务及营销能力的价值性，同时要善于沟通，结合多种宣传方法，展现嵌入式学科馆员服务的价值性。

（3）数据馆员定位

新时代图书馆馆员角色定位，应该针对数据服务的基本状况，提高馆员的专业素养。在数据馆员角色定位中，数据馆员可以帮助研究者提供专业化的数据资源，并将数据产品作为馆藏建设内容，提高咨询功能构建的整体价值。对于数据服务内容而言，其核心目的是为用户提供数字信息定位支持，结合科研项目确定基础参考服务，在服务相对复杂的背景下，对馆员能力提出了更高的要求。因此，在数据馆员角色定位中，应该提高自身的专业素养，通过统计学算法、计算机操作及数据导入等技能的提升，强调信息管理的专业性，并为数据馆员职能定位提供参考。

3.建设可视化的评价性知识资源平台

深度知识服务需要依托各类知识资源形成知识需求解决方案，知识资源的来源、质量将直接影响到服务的质量。从服务可持续发展来看，需要将服务切入点从媒介层面转化为知识内容层面，把知识服务嵌入科技发现过程中，为用户的科研及科研管理建设一个类型多样、数据全面、质量优良的知识资源平台，辅助深度知识服务对资源的利用与分析。在内容上，知识资源平台不仅包括常见的各类显性文献信息资源，而且需要对这些显性知识进行知识单元的组织、揭示，建立基于宏知识的知识资源平台，满足知识资源深层次应用需求。在表现方式上，知识资源平台主要是保存和展示优良学术资源，同时，要辅助进行科研数据的保存与管理。最主要的是，在功能上，知识资源平台需要具备强大的展示、分析与评价功能，既可以通过可视化技术对其中的知识内容进行分析与揭示，又可以借助专业的分析工具，对知识资源进行计量性的评价与判定，辅助知识资源内容的开发、整合与集成。从这个角度来说，当前快速发展的机构学术成果库、数字资源库、科研管理平台等都不同程度具备相关功能，也正向支持科研成果评价与分析的方向发展。

4.重视业务规范与科学管理的制度建设

制度建设是确保深度知识服务长效推进的有效措施。深度知识服务作为连续性服务，非常注重服务过程的完整性和服务效果的创新性，为增强服务的规范性，需要制定业务规范，保持业务规范对深度知识服务的指导性和方向性。业务规范应尽可能反映出不同研究阶段、不同服务环节所运用的相关方法、技术、数据和标准。同时，加强服务的过程性管理，特别是服务实施后的创新评价与反馈，以促进深度知识服务方法与实践的验证、比对，把握服务的质量与成果，增强服务的调节与修正能力。在科学管理中，要注重从馆员和用户双方了解深度知识服务开展过程中出现的困难、偏差，识别管理的重心和难点，并制定相关的对策。作为制度建设的一部分，深度知识服务的业务规范和管理需要注意规范和管理的动态调整和有力的执行与监督，确保制度建设的可持续发展。

二、心智、心智模式、共同心智模式的概念

（一）心智

心智是人们对已知事物的沉淀和储存，通过生物反应而实现动因的一种能力总和。简单来说就是将知识、社会和他人的经验转化成个体的智慧的能力。国外学者乔治·博瑞（C. George Boeree）博士指出虽然每个人都拥有心智，但其心智都存在着很大的差异，有的强，有的弱，这些差异也直接导致了人生轨迹的不同。

（二）心智模式

心智模式最早是在 1943 年由苏格兰心理学家肯尼思·克雷克（Kenneth Craik）提出的。他将心智模式理解为当人的大脑在看到外界事物之后，外界事物在人的大脑中的一种反馈，抑或称之为"一种重组"。人类运用自身的心智模式观察世界、认知世界、理解世界。人类在日常生活中大部分时间都与外界事物进行长期重复性的互动，通过心智模式在大脑中对外界事物进行重组时，有利于人类更快地做出反应，更好地适应外界环境。

（三）共同心智模式

在一个队伍中，每个人都拥有自己的心智，所以每个人对同一事物的看法也各不相同，一个队伍是否需要将成员的心智达成一致以便更高效地工作。共同心智模式是指在团队中每个成员都拥有自己的心智，为了更好地工作和完成任务，力图将所有成员的知识结构达成统一，每个成员都应进行自我调整以便在工作中与其他成员达成默契，使团队作业能够更好、更高效地完成。共同心智模式概念的提出有助于理解和解释为什么不同的团队在完成同样的任务时有着不同的质量和效率。

第三节　智慧图书馆知识服务过程

一、图书馆与读者之间的共同心智

当读者来到图书馆使用计算机查阅资料的时候，图书馆就会利用智能技术提取到该读者所查阅资料的历史记录，通过历史记录分析读者的查阅习

惯、喜好、擅长的领域等，做到与读者达成共同心智。达成共同心智后，图书馆就会根据每个读者的情况为读者提供不同的个性化智慧服务。

比如读者为了寻求某种知识（这种知识还需某种知识的铺垫才能完全了解，而读者自己不知道）来到了图书馆，当图书馆捕捉到读者查询这一知识时，就应当做出适时的反应，罗列出了解知识所需的一切资料，包括知识铺垫的资料。这样，当读者查询时就会很清楚自己该做什么，从哪一方面入手，这种做法无疑方便了读者，也会让读者感到图书馆智慧服务的利好。

再比如读者只是来图书馆进行简单的借还书服务，图书馆应该在其每个楼层都设立多个自助借还书系统，就像我国现在的高铁火车站所设立的自助取票系统一样，完全做到自动化，使读者方便、高效率地完成借还书。与此同时，应该在自助借还书系统显示屏上详细记载读者的借还书记录，并根据读者借书的记录分析出读者的喜好或其擅长的领域，通过智能技术为读者推荐一些其感兴趣的领域的其他书目。

二、馆员之间的共同心智

一个图书馆内的所有馆员可以被看成一个团体，这个团体是为了图书馆蓬勃发展而存在的。我国有很多图书馆，但是每个图书馆服务的质量和态度都不一样，大城市图书馆的服务质量和态度未必会高于小城市。造成这种状况的缘由并不全是因为资金、技术匮乏，最主要的应该是馆员的问题，如果可以将馆员的心智达成一致，那么他们工作起来必然会更有效率，图书馆的发展自然也会更快。图书馆内有很多部门，例如流通、采编、参考咨询等，这会导致每个馆员被分配的工作都不一样，但是不能因为工作性质的不同就缺少彼此之间的交流，在工作中，无论哪个部门的馆员都应该勤沟通，交流彼此的知识和工作经验，尤其是同一个部门下的馆员更应该做到这一点。因为只有这样，馆员之间才能产生互动，才有可能达到共同心智，一旦馆员们达成了共同心智，工作效率会大大提升，遇到突发状况时也会一起从容面对。当馆员达成共同心智后，在他们工作时我们经常可以看到一种心领神会的默契，往往馆员之间的一个眼神就会理解对方的意思。馆员们之所以能够在烦琐复杂的环境下高效率地完成工作，一个很重要的原因是馆员们在这种环境下完成工作或解决问题的方法、思路都是基本一致的。此外，各个图书馆之间应该打破以往保守的传统，让各个馆的馆员有机会接触并进行沟通，吸取对方的经验并使他们也达成共同心智，这对图书馆的发展是有百利而无一害的。最后，条件允许的话应该让全国乃至全世界的图书馆馆员都有机会进行交流，从而开阔自己的视野，提升自己的知识储备和经验，当为读者提供服务时，毫无保留地将自己所知道的知识提供给读者，让读者通过自己的服务提升其心智，从而实现智慧图书馆的初衷。

三、馆员与读者之间的共同心智

商业圈里有句俗话："顾客就是上帝。"此话同样适用于图书馆，读者就是图书馆的灵魂，图书馆本身就是一个为人民服务的机构。试问一个没有读者愿意去访问的图书馆，它的存在又有什么意义呢？当代图书馆的大楼建得越来越高，越来越现代化，资料和信息越来越丰富，但是读者数量却没有因此而增多，这就表明读者在乎的并不是这些表面上的东西，而在乎的是其本质的东西，即人文智慧服务。虽然图书馆现在利用智能技术可以提供很多便捷服务，但是有些东西是不能通过机器传递给读者的，比如人生阅历、经验。

要想使馆员与读者之间达成共同心智，首先最重要的就是改变馆员的传统服务观念，即"为人作嫁衣"的被动服务观念。馆员的最主要任务就是将文献资源介绍给需要它的人，起到一个中介的作用，换一种说法就是为人作嫁衣。以前这种被动的服务观念往往会令馆员产生些许消极心态，馆员往往将自己的能力限定为图书的上架下架、借还以及编目索引等简单的工作，认为自己得不到社会的认可，在外人看来自己只是一个普通的图书管理员。但是当我们换一种认识，将"为人作嫁衣"看成"服装设计师"，也就是当图书馆馆员为读者介绍和推荐文献资源时，馆员无疑为知识和智慧的普及作出了不小的贡献从而推动了社会的发展。至此，图书馆馆员就不再是简单的图书管理员，而是利用自身的智慧将文献资源所含的有用信息最大程度地传播到社会的各个角落，即图书馆馆员是智慧的传播者，是社会与智慧的桥梁，只有这样图书馆的服务及馆员自身的价值才能获得社会的认可。

在改变自身服务观念的同时，馆员应该还注重以下两点。

第一，馆员在工作中，在"管书"的同时还要学会"用书"，通过阅读大量的资料来了解社会发展的动态，提升自己的知识储备和智慧，加强自身的心智。我国历史上有许多伟人都在图书馆工作过，在图书馆增长自己的见识，提升自身的智慧，最后利用其所学所悟为社会的发展作出巨大的贡献。

第二，当读者来到图书馆后，馆员应该摒弃以前的被动服务方式，主动找读者询问其是否需要帮助，通过自己的智慧为读者服务，争取与读者达成共同心智，真正了解读者的需求并做出合理高效的智慧服务。读者绝大多数情况下会欣然接受帮助的，这种做法会让读者觉得很温馨，来到了图书馆就像回到了自己的家一样。读者也会很欣赏图书馆的这种做法，自然也就愿意来到图书馆。由此可见，图书馆只有注重人文智慧才能吸引更多的读者。

四、读者与读者之间的共同心智

当读者来到图书馆并向智慧图书馆提出某种诉求时，智慧图书馆会将这种诉求和其他读者的相匹配，如果有一样的内容，智慧图书馆会主动介绍给读者。这样就形成一个拥有相同诉求的小群体，形成一个虚拟社区。在这个虚拟社区中，读者可以共同合作与学习，争取解决自己的问题。在解决问题的过程中，通过彼此的深入沟通和交流，会自然地得到对方的隐性知识从而提升自己的心智，进而达成共同心智，更高效率地解决问题。同时，各个社区之间也可以进行交流，分享彼此的知识和经验，共同合作、共同进步。

第四节 智慧图书馆知识服务模式

在图书馆中，模式就是指在固有的、重复的服务中，根据以往的经验总结出的一种固有的解决问题的方法，并将该方法上升到理论高度。通过对智慧图书馆书书、书人、人人动态相连的特征和基于共同心智的智慧图书馆知识服务的分析、归纳，按照其特点和优势总结了以下几种智慧图书馆知识服务模式。

一、基于书与书共同心智的智慧图书馆知识服务模式

（一）知识管理服务模式

在当今社会中，图书馆正在转变其服务理念，由过去注重馆藏、被动服务等逐渐向以人为本、开展智慧服务、满足用户日益增长的个性化需求的方向转变。数字技术的迅速发展导致海量的信息涌现在人们面前，各种载体的资源不断充斥着人们的眼球。但当用户接触这些杂乱无章、多如牛毛并且种类、介质繁多的资源时，经常会感到迷惘，不知所措，不知道哪些资源才

适合自己，所以图书馆的资源整合计划必须提到日程上。从实质上说，用户越来越向往高速、高效率的服务。虽然资源很多，但是用户使用时往往需要进行大量的重复检索和筛选工作，这就大大降低了效率。现在用户注重的是馆藏资源是否精练，使用起来是否便利。所以，纵使图书馆拥有再多资源甚至是别的图书馆所没有的，这些对用户来讲都不是最重要的，用户最为关注的只是在图书馆能否高效且快速地得到所需求的资源。

知识管理服务模式是以智慧图书馆为前提，将所有图书馆和网络的信息、知识重新进行提取、加工和管理。采用智能技术和数据库技术，依照学科或某种体系结构将海量错杂的信息进行重新分析和归纳，建立全新的专业化、智能化的导航库。在此基础上，对重新整理好的知识信息进行深度的理解，探索知识与知识间的潜在关联，通过馆员的智慧创造出独一无二的全新知识产品供用户使用。在大数据的影响下，智慧图书馆应该对信息资源进行深度的挖掘，将信息资源进行简化、浓缩，找到隐藏在信息资源中的有用知识并提炼、整合出来，以便于人们识别和理解知识；通过智能技术，将每个用户通过该导航库查询的知识进行记录和保存，一旦其他用户也查到和之前用户相同的知识领域时，自动列出之前用户所查询的信息并设立留言板块，方便用户之间进行知识的交流，达到知识的最大化利用。

此外，图书馆还可以建立一个新型的软件系统，该软件可以根据用户输入的请求在现有资源中搜索出符合用户需求的主题信息，并经过分析、整合，按照用户的个性化需求，对用户进行定向服务、专题服务和跟踪服务。

（二）知识导航服务模式

知识导航服务模式的核心宗旨是解决用户的问题，以用户为核心的服务。在互联网环境下海量的信息和知识资源往往令用户眼花缭乱，用户所需的资源往往要耗费大量的时间才能找到。知识导航服务模式就是能在海量的网络资源里帮用户快速、高效地找到其所需要的资料，节省用户的时间。它将图书馆馆员转变成了知识的导航员，在复杂的网络环境中为用户保驾护航并提供引导咨询和主动的个性化服务。在智慧图书馆体系的支撑下，知识导航服务模式得以最大限度地发挥，因为各馆之间都完成了相连，馆员可以利用网络穿梭在任意一个图书馆为用户寻找资源。

现今，用户所要求的服务越来越专业化、智能化和深层次化。图书馆如果再不更新以往的服务方式势必会走向没落。知识导航服务模式是图书馆为了与时俱进，迎合用户多样化的要求而诞生的。它也包含了许多新的特点，如服务对象面向全人类，服务内容载体的多样化，服务手段变被动为主动，并且呈现出多元化和个性化、服务流程一体化等特征。

二、基于书与人共同心智的智慧图书馆知识服务模式

（一）个性化定制与推送服务模式

1. 个性化定制服务

个性化定制服务模式是一种专门为满足个体的知识需求而设计的一种全新的服务方法。该方法是为了解决和满足用户日益增长的个性化需求而诞生的。来到图书馆寻求知识的用户是一个庞大的用户群，且类型复杂，他们由于职业等的不同所需求的服务也五花八门，其自身的信息获取能力也是各有不同，要想满足这些用户的各种需求，就要掌握这些用户的知识需求心理并做出全面客观的解析，然后根据用户的需求来整理和归纳资源，并通过对这些资源的再组织和深度挖掘，最后呈现给用户的是其所需的、个性化的知识精品，并且营造一个良好的个性化知识环境。具体来讲，一是要根据不同用户的不同知识需求提供个性化、专业化和特色化的知识导航；二是根据不同的用户建立个性化的用户界面，为用户推荐集成化的知识资源；三是积极设立用户定制服务，用户可以定制其所感兴趣的知识资源，图书馆定期自动地将用户所需资源通过个性化的定制服务传递给用户。以上这三种方法都可以通过短信提示、电子邮件、微信平台等方式来完成。此外，个人定制服务要时常跟踪，定期向用户进行资料更新，咨询用户的使用情况，调查用户的检索内容并总结出适合用户的检索过程，逐步建立起属于用户自己的知识系统，直到彻底解决问题。个人定制服务的出现将会大大提高智慧图书馆知识服务的质量，提高效率，节省读者时间。

2. 个人推送服务

个人推送服务模式是指智慧图书馆为用户提供账号，用户通过这个账号向图书馆提供自己所需要的资源范围、需要资源的时间、检索词汇或检索方法等，智慧图书馆会根据用户所界定的要求，在规定的时间内将用户所需资源推送给用户。信息推送是利用数字技术，将所需传送的资源利用多地址发送的方式，传递到用户手中。目前信息推送服务有很多种，例如利用电子

邮箱或微信平台，但这两种方法都需要馆员的人工服务。还有利用智能软件来完成推送，过程是用户先使用软件将要求输入进去，系统接收到指令时会由系统或人工按照用户指定的方式进行检索，检索成功后，再把资源传递给用户。

（二）自助性服务模式

自助性服务模式是建立在智慧图书馆已经拥有健全的知识服务系统和用户较高的实际操作能力及较多的知识储备或内涵的基础之上的，该模式要求用户的指令直截了当并且具体。用户通过智慧图书馆建立的全新的、专业化、智能化的导航库所提供的标准化服务和解决方案，自行检索和简单分析即可得到问题答案。自助性服务模式是图书馆依据以往的经验，将需求量大且技术含量较低的服务，依靠智能化技术让用户采用自助服务的方式独立解决自己的问题。随着数字技术、人工智能等高端技术的不断发展，建立拥有知识查找、重组能力的自助式智慧服务平台成为可能，用户可以通过智能手机、电脑或是其他数字设备来享受智慧图书馆所提供的自助性服务。

因为自助服务模式的双方交互活动是间接的，所以智慧图书馆作为服务提供方要听取用户的反馈意见去进行服务的改造和升级，并要源源不断地向智慧服务平台注入新鲜的知识咨询，这样才能保证自助服务的质量，满足用户的各种个性化需求。

三、基于人与人共同心智的智慧图书馆知识服务模式

（一）智慧化参考咨询服务模式

参考咨询服务是众多图书馆服务中不可或缺的一部分，它由美国学者萨穆埃尔·S. 格林（Samuel S. Green）首次提出。时至今日，参考咨询服务依然活跃在各个国家和地区中，这足以证明其在知识服务中的地位。它是基于问答方式的一种方便用户的服务，用户向图书馆提出问题，图书馆就会让馆员或专家通过各种方式和手段解决用户的问题。随着数字技术的迅猛发展，参考咨询服务正渐渐地向数字化方向发展。

智慧化参考咨询是以数字化、智能化为基础，运用智能技术将参考咨询提升到一个全新的高度。智慧化参考咨询服务模式是智慧图书馆知识服务中的一个不可或缺的基本服务方式。基于之前图书馆参考咨询服务的经验，智慧化参考咨询服务可以分为以下几种。

1. 实时资讯

实时资讯是最直接也是最高效的参考咨询服务。在智慧图书馆中，图书馆应该建立一个专门的参考咨询服务平台，用户可以通过平台提出问题或者是点名选择想要的馆员来为之进行服务，当服务平台接收到用户的请求时，应快速地传递给馆员，馆员根据用户的要求来指定人员为用户提供实时交互的参考咨询服务。实时资讯的方式很多，如微信、QQ、网络聊天室等，这种服务方式的特点是针对性强，能快速高效地帮助用户解决问题。

2. 异步式参考咨询服务

异步式参考咨询是指用户和馆员或专家之间没有形成实时的互动，互动是非即时的。在智慧图书馆环境下，图书馆所建立的参考咨询服务平台应该将以往所提供的服务的答案和解决问题的步骤全部收录并整合到一起，另外图书馆还需提供一种类似搜索引擎的系统，当馆员和专家不能提供实时参考咨询服务时，用户仍然可以将自己的问题输入到该系统中，系统会根据用户的问题，通过智能筛选，将之前类似该问题的回答罗列给用户，并将完成该回答的馆员或专家的联系方式留给用户（出于对用户隐私的考虑应将提问者的信息隐去），这种方式会对用户有一定的帮助。如果仍然没有解决用户的问题，用户可以根据自己的实际情况选择老式的异步式参考咨询服务，如通过邮件、BBS等将问题提交给图书馆或者联系之前回答问题的馆员或专家。这种全新的异步式参考咨询虽然仍存在用户与咨询人员缺乏实时的交流，从而导致咨询结果不能得到及时反馈的缺点，但是通过这种不受时间、空间限制的新型异步式参考咨询，还是能在一定程度上解决用户的问题，既节省了用户的时间，也节省了图书馆的人力资源。

3. 联合式参考咨询服务

联合式参考咨询服务就是运用智慧图书馆能将多馆和多馆的资源链接到一起的优势，将图书馆的人力资源、文献资源等整合在一起，共同为用户提供高效的服务。当用户来到图书馆寻求参考咨询服务时，如果该图书馆不能完成用户的提问，那么可以将问题转交到其他图书馆，让能解答该问题的其他图书馆帮助完成用户提问。

4. 层次化参考咨询服务

层次化参考咨询服务模式是以人力资源和信息资源的纵向分类为特点

而展开的，以满足用户个性化、深层次信息需求为导向的一种服务方式，其主要特点是细分咨询体系，建立层次结构，深化和拓展咨询服务内容。图书馆将收集到的咨询问题按难易程度、利用方式、专业类型等标准划分成若干层次分别给予解答，从而提高参考咨询服务的质量。

（二）学科馆员服务模式

学科馆员服务模式是图书馆指派一些具有某种专业特长的馆员为相关专业的学生答疑解惑。时至今日，我国已有相当一部分图书馆提供学科馆员服务，但是我们也应该看到有相当一部分图书馆的学科馆员服务都属于盲目跟风，仅仅局限于形式，只在图书馆的网站上发布一些学科馆员的名单及所擅长的专业和联系方式，根本没有实质性的工作内容。

在智慧图书馆环境下，要重新定位学科馆员。学科馆员在某些领域上较其他普通馆员拥有独到的见解，并具有将该领域的知识进行重组、提供专业化服务的能力，同时学科馆员还应具有一个图书馆馆员所必须拥有的全部图书馆学基础知识和技能。虽然学科馆员与一般的图书馆馆员相比，领域知识比较扎实，但是不能因此就把学科馆员的专业水平与该专业领域内的科研人员进行比较，学科馆员的专业知识不可能达到与科研人员同样的深度。所以学科馆员的本质还是一个图书馆馆员，其服务的主要内容是将其所擅长的专业知识经过自身的理解、整理、归纳和重组，将自己对该知识的领悟或经验采用各种高效、便捷的方式主动地提供给用户。学科馆员与科研人员最大的区别就是学科馆员只负责专业知识的搜集、整理、重组、挖掘和传递，而不是对专业知识的深层研究。因此，学科馆员应该是专业知识的检索者、整合者、分析者和监督者。此外，学科馆员服务是基于人的服务，所以要求学科馆员在相关领域上不断学习和进步，了解该领域的最新消息，与时俱进，在努力提升自己专业知识的同时，也就间接地提高了用户的专业知识水平。目前，有一种称为"学科馆员——功能专家"的研究体系，即将学科馆员和该领域的专家联合起来形成一个团队，共同为用户服务，这样既可以提高学科馆员自己的专业素养，也提高了为用户服务的质量。在服务时，应该改变以往被动服务的做法，变被动服务为主动服务，主动了解用户掌握专业知识的情况，了解他们的需求，为用户推荐相关书籍和资料，也可做一些问卷调查从中获取用户的心声，做到心中有数，有针对性地为用户服务。同时，在服务方式上也应该求新求变,例如开展智慧化的参考咨询服务、学科网络资源导航服务等。此外还应注重用户知识素养的教育,学科馆员可以定期安排一些图书馆知识讲座,让用户了解图书馆所有的服务和使用方法的同时,介绍相关专业领域的知识检索方法、数据库的使用等。当图书馆引进用户感兴趣的新资源时,应立刻告知用户,使用户也能抓住该专业领域的第一手消息和资讯,使用户能够在寻求知识服务时首先想到利用图书馆。

四、任何时间任何地点可用的智慧图书馆知识服务模式

(一)移动便携模式

现今我国在人们利用互联网的方式中,通过移动端(智能手机、平板电脑、小型计算机等)浏览互联网所占的比重越来越大,各式各样的服务行业也都涉足移动端,比如网购、手机银行、移动杂志等。近年来,智能技术在图书馆中的应用越来越明显,智慧图书馆完全有能力在移动端建立自己的服务平台为用户提供各式各样的知识服务,用户可以通过服务平台进行借还书、预订座位、申请参考咨询服务等。移动便携模式的发展潜力是巨大的,它使图书馆知识服务越来越便捷和人性化,用户完全可以摆脱时间和空间的限制随时随地享受图书馆所提供的知识服务。在建立移动端服务平台的同时,还可以在微信上建立智慧图书馆公众服务平台,用户可以关注平台,而平台会定期推送用户感兴趣的内容,会把新的消息第一时间推送给用户。

(二)智能交互模式

智能交互模式是使各种各样的智能交互设备融入用户的日常生活中,比如在公交站、地铁站设立专门的 LED 滚动信息屏或数字电视实时地传递社会新闻和最新资讯,还可以在公共场所单独设立一个小型的类似阅览室的地方,供公众阅览知识和休息,等等。另外图书馆最好能设计出各种人性化的智能软件辅助用户获取知识,增强知识获取的准确性。通过智能软件的感知系统感知用户查询资源时的特点,心智的强弱,从而帮助用户找出最适合自己的知识获取方法。智能软件还应该利用其智能系统尽量保证操作的简洁性,让用户一目了然,使用时得心应手,将复杂的挖掘过程简单化,进行智能化的去重和重组,优选出最好的知识精品供用户使用。

参考文献

[1] 韩春磊. 公共图书馆馆藏文献资源数字化建设 [M]. 长春：吉林摄影出版社，2022.01.

[2] 陶功美. 智慧图书馆建设及新兴技术的应用研究 [M]. 长春：吉林人民出版社，2021.11.

[3] 高桂雅. 大数据时代智慧图书馆科学化服务体系构建 [M]. 长春：吉林出版集团股份有限公司，2021.11.

[4] 高莉. 图书馆管理与档案资源建设 [M]. 长春：吉林人民出版社，2021.06.

[5] 郑辉，赵晓丹. 现代公共图书馆智慧服务平台建构研究 [M]. 长春：吉林人民出版社，2020.12.

[6] 魏东原，张军. 数字时代的科技知识服务 [M]. 广州：广东科学技术出版社，2020.11.

[7] 傅春平. 公共图书馆智慧服务的探索与实践——以深圳市福田区总分馆为例 [M]. 广州：世界图书出版公司，2020.10.

[8] 蒋永福. 文献之道与图书馆之道 [M]. 哈尔滨：黑龙江大学出版社，2020.11.

[9] 赵杰，杨海亚，葛洁敏. 图书馆管理新论 [M]. 上海：上海交通大学出版社，2020.

[10] 中国社会科学情报学会. 图书馆、情报与文献学研究的新视野 11 中国社会科学情报学会 2018 年学术年会论文集 [M]. 北京：中国书籍出版社，2019.01.

[11] 黄葵. 智慧图书馆视角下的阅读推广研究 [M]. 天津：天津科学技术出版社，2019.05.

[12] 吴慰慈，董焱.图书馆学概论 [M].北京：国家图书馆出版社，2019.03.

[13] 李艳红.智慧图书馆优化服务策略研究 [M].长春：吉林文史出版社，2019.07.

[14] 邱芙蓉.我国公共图书馆智慧服务研究 [M].延吉：延边大学出版社，2019.09.

[15] 陈群."互联网+"图书馆智慧服务研究 [M].长春：吉林出版集团股份有限公司，2022.06.

[16] 王世伟.智慧图书馆引论 [M].上海：上海大学出版社，2022.07.

[17] 贾虹.智慧图书馆及其服务创新研究 [M].北京：中国农业出版社，2022.04.

[18] 阚丽红.智慧图书馆建设与服务创新研究 [M].长春：吉林文史出版社，2022.08.

[19] 王春梅，杨红岩，张广伟.智慧图书馆的发展与技术应用研究 [M].哈尔滨：北方文艺出版社，2022.

[20] 李杏丽.智慧社会建设背景下大数据与图书馆管理研究 [M].长春：吉林摄影出版社，2022.01.

[21] 褚倩倩.现代图书馆文献信息资源建设与利用研究 [M].昆明：云南科技出版社，2022.03.

[22] 严栋.智慧图书馆概论 [M].大连：辽宁师范大学出版社，2021.12.

[23] 谢福明.智慧图书馆建设与应用研究 [M].长春：吉林出版集团股份有限公司，2021.12.

[24] 王志红，侯习哲，张静.智慧图书馆建设与阅读推广研究 [M].哈尔滨：哈尔滨出版社，2021.05.

[25] 王东亮.智慧图书馆与阅读推广工作研究 [M].北京：中国国际广播出版社，2021.09.

[26]《智慧图书馆探索与实践》编委会.智慧图书馆探索与实践 [M].北京：国家图书馆出版社，2021.09.

[27] 林立.智慧图书馆的理论与实践 [M].福州：福建科学技术出版社，2021.06.

[28] 吴小冰. 智慧图书馆视角下的阅读推广研究 [M]. 郑州：郑州大学出版社，2021.09.

[29] 张海波. 智慧图书馆技术及应用 [M]. 石家庄：河北科学技术出版社，2020.05.

[30] 郑辉，赵晓丹. 现代公共图书馆智慧服务平台建构研究 [M]. 长春：吉林人民出版社，2020.12.

[31] 于志敏. 智慧图书馆建设 [M]. 乌鲁木齐：新疆文化出版社，2020.09.

[32] 唐燕，王娟，申峰. 智慧图书馆建设与服务创新 [M]. 哈尔滨：黑龙江美术出版社，2020.12.

[33] 邓润阳. 图书馆阅读服务与现代信息管理 [M]. 长春：吉林出版集团股份有限公司，2022.06.

[34] 孙建丽. 现代图书馆管理与信息技术应用研究 [M]. 沈阳：万卷出版公司，2022.03.

[35] 王蕴慧，张秀菊. 公共图书馆的服务体系建设与创新 [M]. 北京：中国纺织出版社，2021.12.